市政建设与给排水工程

刘 勇 徐海彬 邓子科 主编

吉林科学技术出版社

图书在版编目（CIP）数据

市政建设与给排水工程 / 刘勇 , 徐海彬 , 邓子科主
编 . —— 长春 : 吉林科学技术出版社 , 2023.3
ISBN 978-7-5744-0326-0

Ⅰ . ①市… Ⅱ . ①刘… ②徐… ③邓… Ⅲ . ①市政工
程—道路施工—研究②市政工程—桥梁施工—研究③市政
工程—给排水系统—工程施工—研究 Ⅳ . ① U415
② U445 ③ TU99

中国国家版本馆 CIP 数据核字 (2023) 第 067208 号

市政建设与给排水工程

主　　编	刘　勇　徐海彬　邓子科	
出 版 人	宛　霞	
责任编辑	马　爽	
封面设计	刘梦杏	
制　　版	刘梦杏	
幅面尺寸	185mm×260mm	
开　　本	16	
字　　数	360 千字	
印　　张	17.75	
印　　数	1-1500 册	
版　　次	2023年3月第1版	
印　　次	2024年1月第1次印刷	

出　　版　吉林科学技术出版社
发　　行　吉林科学技术出版社
地　　址　长春市福祉大路5788号
邮　　编　130118
发行部电话/传真　0431-81629529 81629530 81629531
　　　　　　　　　　81629532 81629533 81629534
储运部电话　0431-86059116
编辑部电话　0431-81629518
印　　刷　廊坊市印艺阁数字科技有限公司

书　　号　ISBN 978-7-5744-0326-0
定　　价　110.00元

前　言

随着历史的演进，世界各大城市的道路都有不同程度的发展，自发明汽车以后，为保证汽车快速安全行驶，城市道路建设发生了新的变化。除了道路布置有了多种形式外，路面也由土路变为石板、块石、碎石以至沥青混凝土路面和水泥混凝土路面，以承担繁重的车辆交通，并设置了各种控制交通的设施。

近年来，随着国家经济建设的迅速发展，市政工程建设已进入专业化的时代，而且市政工程建设发展规模不断扩大，建设速度不断加快，复杂性不断增加，因此需要大批市政工程建设管理和技术人才。针对这一现状，近年来，不少高等院校开办市政工程技术专业，因此写作市政建设类相关的专著，能为市政工程技术专业的发展添砖加瓦。

另外，市政给排水工程建设的好坏也关系着城市市政工程的质量，影响着居民的人居环境。市政给排水规划设计是城市基础设施规划设计的基础、重点，它对于城市人居环境、生态环境有着非常重要的影响力。

本书参考了大量的相关文献资料，借鉴、引用了诸多专家、学者和教师的研究成果，其主要来源已在参考文献中列出，如有个别遗漏，恳请作者谅解并及时和我们联系。本书的写作得到了很多专家学者的支持和帮助，在此深表谢意。由于能力有限，时间仓促，虽经多次修改，极力丰富本书内容，力求著作完美无瑕，仍难免有不妥与遗漏之处，恳请专家和读者指正。

目　录

第一章 市政道路桥梁建设的基础理论

第一节 道路桥梁分类

按结构体系划分，道路桥梁有梁式桥、拱桥、刚架桥、悬索桥四种基本体系，此外还有几种由基本体系组合而成的组合体系等。

一、结构体系划分

（一）梁式体系

梁式体系是古老的结构体系。梁作为承重结构是以它的抗弯能力来承受荷载的。梁分简支梁、悬臂梁、固端梁和连续梁等。

（二）拱式体系

拱式体系的主要承重结构是拱肋（或拱箱），以承压为主，可采用抗压能力强的圬工材料（石、混凝土与钢筋混凝土）来修建。拱分单铰拱、双铰拱、三铰拱和无铰拱。拱是有水平推力的结构，对地基要求较高，一般常建于地基良好的地区。

（三）刚架桥

刚架桥是介于梁与拱之间的一种结构体系，整个体系是压弯结构，也是有推力的结构。刚架分直腿刚架与斜腿刚架。刚架桥施工较复杂，一般用于跨径不大的城市桥或公路高架桥和立交桥。

（四）悬索桥

悬索桥就是指以悬索为主要承重结构的桥。悬索桥是大跨桥梁的主要形式。

（五）组合体系

组合体系包括连续刚构，梁、拱组合体系，斜拉桥。

二、桥梁种类划分

（一）板式桥

板式桥是公路桥梁中量大、面广的常用桥型，它构造简单、受力明确，可以采用钢筋混凝土和预应力混凝土结构。板式桥可做成实心和空心，就地现浇为适应各种形状的弯、坡、斜桥，因此广泛应用于一般公路、高等级公路和城市道路桥梁中。尤其是针对建筑高度受到限制和平原区高速公路上的中、小跨径桥梁，板式桥特别受欢迎，可以降低路堤填土高度，少占耕地和节省土方工程量。

1.板式桥的特点

实心板一般用于跨径13m以下的板桥。因为板高较矮，挖空量很小，空心折模不便，可做成钢筋混凝土实心板，立模现浇或预制拼装均可。空心板用于等于或大于13m跨径的板桥，一般采用先张或后张预应力混凝土结构。先张法用钢绞线和冷拔钢丝，后张法可用单根钢绞线、多根钢绞线群锚或扁锚，立模现浇或预制拼装。成孔采用胶囊、折装式模板或一次性成孔材料，如预制薄壁混凝土管或其他材料。

2.板式桥的发展趋势

钢筋混凝土和预应力混凝土板桥，其发展趋势为：（1）采用高标号混凝土，为了保证使用性能尽可能采用预应力混凝土结构；（2）预应力方式和锚具多样化；（3）预应力钢材一般采用钢绞线。

板桥跨径可做到25m，目前有建成35～40m跨径的桥梁。跨径太大，用料不省，板高矮、刚度小，预应力度偏大；上拱高，预应力度偏小，可能出现下挠。若采用预制安装，横向连接不强，使用时容易出现桥面纵向开裂等问题。由于吊装能力增大，预制空心板幅宽有加大趋势，1.5m左右板宽是合适的。

（二）梁式桥

1.简支T形梁桥

（1）简支T形梁桥的特点。T形梁采用钢筋混凝土结构的已经很少了，16～50m跨径的桥梁，都是采用预制拼装后张法预应力混凝土T形梁。预应力体系采用钢绞线群锚，在工地预制，吊装架设。

（2）简支T形梁桥的发展趋势。①采用高强、低松弛钢绞线群锚；混凝土标号40～60号；②T形梁的翼缘板加宽，25m是合适的；③吊装重量增加。

为了减少接缝，改善行车，采用工型梁，现浇梁端横梁湿接头和桥面，在桥面现浇混凝土中布置负弯矩钢束，形成比桥面连续更进一步的"准连续"结构。预应力混凝土T形梁有结构简单、受力明确、节省材料、架设安装方便、跨越能力较大等优点。其最大跨径以不超过50m为宜，再加大跨径不论从受力、构造、经济上都不合理了。大于50m跨径以选择箱形截面为宜。

2.连续箱形梁桥

箱形截面能适应各种使用条件，特别适合预应力混凝土连续梁桥、变宽度桥。因为嵌固在箱梁上的悬臂板，其长度可以较大幅度变化，并且腹板间距也能放大；箱梁有较大的抗扭刚度，因此箱梁能在独柱支墩上建成弯斜桥；箱梁容许有最大细长度；应力值较低，重心轴不偏一边，同T形梁相比徐变变形较小。

（1）连续箱形梁桥的特点。箱梁截面有单箱单室、单箱双室（或多室），早期为矩形箱，逐渐发展成斜腰板的梯形箱。①箱梁桥可以是变高度，也可以是等高度；②从美观上看，有较大主孔和边孔的三跨箱梁桥，用变高度箱梁较为美观；③多跨桥（三跨以上）用等高箱梁具有较好的外观效果。

由于连续箱梁在构造、施工和使用上的优点，近年来建成预应力混凝土连续箱梁桥较多。

（2）连续箱桥梁的发展趋势。①减轻结构自重，采用高标号混凝土40～60号；②随着建筑材料和预应力技术的发展，其跨径增大，葡萄牙已建成250m的连续箱梁桥，超过这一跨径，也不是太经济。

3.T形构桥

这种结构体系有致命弱点。从20世纪60年代到80年代初，我国公路桥梁修建了几座T形刚构桥，如著名的重庆长江大桥和泸州长江大桥，80年代以后这种桥型基本不再修建了，这里不赘述。

4.连续刚构桥

连续刚构可以多跨相连，也可以将边跨松开，采用支座，形成刚构连续梁体系。其优点如下：①一联内无缝，改善了行车条件；②梁、墩固结，不设支座。

合理选择梁与墩的刚度，可以减小梁跨中弯矩，从而可以减小梁的建筑高度。所以，连续刚构保持了T形刚构和连续梁的优点。连续刚构桥适合大跨径、高墩。高墩采用柔性薄壁，如同摆柱，对主梁嵌固作用减小，梁的受力接近于连续梁。柔性墩需要考虑主梁纵向变形和转动的影响以及墩身偏压柱的稳定性；墩壁较厚，则作为刚性墩连续梁，如同框架，桥墩要承受较大弯矩。由于连续刚构受力和使用上的特点，在设计大跨径预应力混凝土桥时，优先考虑这种桥型。当然，桥墩较矮时，这种桥型会受到限制。

5.钢筋混凝立拱桥

拱桥在我国有悠久历史，属我国传统项目，也是大跨径桥梁形式之一。石拱桥因为自重大，材料加工费时费工，所以大跨石拱桥很少修建了。山区道路上的中、小桥涵，因地制宜，采用石拱桥（涵）还是合适的。大跨径拱桥多采用钢筋混凝土箱拱、劲性骨架拱和钢管混凝土拱。钢筋混凝土拱桥的跨径，一直落后于国外，主要原因是受施工方法的限制。我国桥梁工作者一直在探索，寻求安全、经济、适用的方法。根据近几年的实践，常用的拱桥施工方法有：主支架现浇，预制梁段缆索吊装，预制块件悬臂安装，半拱转体法，刚性或半刚性骨架法。

钢筋混凝土拱桥自重较大，跨越能力比不上钢拱桥。但是，因为钢筋混凝土拱桥造价低，养护工作量小，抗风性能好，仍被广泛采用，特别是在我国崇山峻岭的西南地区。

6.斜拉桥

斜拉桥是我国大跨径桥梁最流行的桥型之一。

我国斜拉桥的主梁形式有：①混凝土以箱式、板式、边箱中板式；②钢梁以正交异性极钢箱为主，也有边箱中板式。

现在已建成的斜拉桥有独塔、双塔和三塔式，以钢筋混凝土塔为主。塔形有H形、倒Y形、A形、钻石形等。斜拉桥的钢索一般采用自锚体系。

7.悬索桥

悬索桥是特大跨径桥梁的主要形式之一，可以说是跨千米以上桥梁的唯一桥型（从目前已建成桥梁来看是唯一桥型）。

我国幅员辽阔，经济发展水平参差不齐，经济上总体水平不高，道路桥梁发展还是要着眼于量大、面广的一般大、中桥，这类桥梁仍以预应力混凝土结构为主。首先，要着重抓多样化、标准化，绘制适用、经济的标准图，提高施工水平和质量，然后再抓住跨越大江（河）、海湾的特大型桥梁建设，不断总结经验，既体现公路人的建桥水平，又保证高标准、高质量建桥。

第二节 道路桥梁构造

道路桥梁工程一般由路基、路面、桥梁、隧道工程和交通工程设施等部分组成。

一、路面体结构层次

（一）路基工程

路基是用土或石料修筑而成的线形结构物。它承受着本身的岩土自重和路面重力，以及由路面传递而来的行车荷载，是整个公路构造的重要组成部分。公路路基主要包括路基体、边坡、边沟及其他附属设施等部分。

（二）路面工程

路面是用各种筑路材料或混合料分层铺筑在公路路基上供汽车行驶的层状构造物。其作用是保证汽车在道路上能全天候、稳定、高速、舒适、安全和经济地运行。路面通常由路面体、路肩、路缘石及中央分隔带等组成。其中，路面体在横向又可分为行车道、人行道及路缘带。路面体按结构层次自上而下可分为面层、基层、垫层或联结层等。

（三）桥隧工程

桥隧工程是高等级公路的重要组成部分，包括桥梁、涵洞、通道和隧道等。

1.桥梁的组成部分

桥跨结构（或称桥孔结构，上部结构），是在线路遇到障碍而中断时，跨越障碍的主要承重结构。

桥墩、桥台、墩台基础（统称下部结构），是支承桥跨结构并将恒载和车辆等荷载传至地基的建筑物。

桥台设在桥的两端，桥墩则在两桥台之间。桥台除了支承桥跨结构的作用外，还要防止路堤滑坡，并与路堤衔接。为保护桥头路堤填土，每个桥台两侧常做成石砌的锥体护坡。

2.墩台基础

墩台基础，是埋入土层之中，并使桥上全部荷载传至地基的结构部分。在桥跨结构与墩台之间，还需设置支座，它不仅要传递荷载，而且要根据结构体系的不同，保证桥跨结构能产生一定的变位。

除上述基本结构外，桥梁还常常建造一些附属结构物，如护坡、护岸、挡土墙、导流结构物、检查设备等。

3.桥梁全长

桥梁全长简称桥长，是桥梁两端两个桥台的侧墙或耳墙后端点之间的距离。在一条线路中，桥梁和涵洞总长的比重，反映了它们在线路建设中的重要程度。

4.桥梁高度

桥梁高度简称桥高，是指桥面与低水位之间的高差，或为桥面与桥下线路路面之间的距离。

5.桥下净空高度

桥下净空高度是指设计洪水位或计算通航水位至桥跨结构最下缘之间的距离。它应保证排洪和该河流通航所规定的净空高度。

6.建筑高度

建筑高度是指桥上行车路面标高至桥跨结构最下缘之间的距离。公路定线中所确定的桥面标高与通航净空顶部标高之差，又称为容许建筑高度。显然，桥梁的建筑高度，不得大于容许建筑高度，否则就不能保证桥下的通航要求。

7.净矢高

净矢高是指拱式桥从拱顶截面下缘至相邻两拱脚截面下缘最低点的连线的垂直距离。

8.计算矢高

计算矢高是指从拱顶截面形心至相邻两拱脚截面形心的连线的垂直距离。

9.矢跨比

矢跨比是指计算矢高与计算跨径之比，也称拱矢度。

10.涵洞

涵洞是来宣泄路堤下水流的构造物。凡是单孔跨径小于5m的泄水结构物，均称为涵洞；管涵及箱涵不论管径或跨径大小、孔数多少，均称为涵洞。

二、桥梁的分类

桥梁有不同的分类方式，每一种分类方式均反映出桥梁在某一方面的特征。

但是，桥梁按结构体系分类，是基本的分类方法，不同的体系对应不同的力学形式，表现出不尽相同的受力特点。

（一）桥梁的基本体系

按结构体系及受力特点，桥梁可划分为梁、拱、索三种基本体系，以及由基本体系组成的组合体系。

1.梁式桥

梁式桥的特点是其桥跨的承载结构由梁组成。在竖向荷载作用下，梁的支承处仅产生竖向反力而无水平反力（推力）。梁的内力以弯矩和剪力为主。梁式桥可分为简支梁桥、连续梁桥和悬臂梁桥。简支梁桥的跨越能力有限（一般在50m以下），当计算跨径小于25m时，通常采用混凝土材料，而计算跨径大于25m时，更多采用预应力混凝土材料。

2.拱式桥

拱式桥的主要承重结构是拱圈或拱肋。其特点是结构在竖向荷载作用下，两拱脚处不仅产生竖向反力，还产生水平力（推力），由于水平推力的作用使拱中的弯矩和剪力大大降低。设计合理的拱主要承受拱轴压力，拱截面内弯矩和剪力均较小，因此可充分利用石料或混凝土等抗压能力强而抗拉能力差的圬工材料。

拱式桥是推力结构，其墩台基础必须承受强大的拱脚推力，因此拱式桥对地基要求很高，适建于地质和地基条件良好的桥址。拱式桥构造简单，承载能力大，造型美观，是桥梁工程中广泛采用的桥型之一。

3.悬索桥

悬索桥又称吊桥，其特点是桥梁的主要承重结构是桥塔和悬挂在塔上的高强度柔性缆索及吊索，吊索将其传至缆索。主缆索是主要承重结构，但其仅受拉力。缆索本身是几何可变体，但可通过桥塔平衡受力结构体系。主缆索的拉力通过对桥塔的压力和锚锭结构的拉力传至墩台基础和地基。这种桥型充分发挥了高强钢缆的抗拉性能，使其结构自重较轻，能以较小的建筑高度跨越其他任何桥型无法比拟的特大跨度。

4.组合体系

组合体系桥是指承重结构采用两种基本结构体系，或一种基本体系与某些构件（塔、柱、索等）组合在一起的桥。代表性的组合体系有以下几种：

（1）刚架桥。刚架桥是梁与立柱（墩柱、竖墙）刚性连接的结构体系。

刚架桥的特点是在竖向荷载作用下，柱脚处不仅产生竖向反力，同时产生水平反力，使其基础承受较大推力。结构中梁和柱的截面均作用有弯矩、剪力和轴力。由于梁和柱结点为刚结，梁端部承受负弯矩，使梁跨中弯矩减小，跨中截面尺寸也可相应减小。与一般墩台不同，刚架桥的支柱（墩台）不仅承受压力，还承受较大弯矩，通常采用较小的钢筋混凝土或预应力混凝土构件。由于刚架桥的上述特点，在城市中当遇到线路立体交叉或需要跨越通航江河时，常采用这种桥型以降低线路标高，减少路堤土方量。当桥面标高已确定时，能增加桥下净空。

T形刚构是目前修建较大跨径预应力混凝土桥梁的常用桥型之一，与其他刚架桥的受力特点不同，它属于无推力结构。它是由单独立柱与主梁连接成整体，形成T形，各T形刚架之间以剪力铰或挂梁相连，在竖向荷载作用下，无水平力产生。T形刚架桥的悬臂部分主要承受负弯矩，预应力筋通常布置在桥面，与悬臂施工方法实现高度协调一致。T形刚架桥的悬臂一般为对称布置，使支柱仅在活载作用时才有弯矩作用。

（2）梁、拱组合体系。在梁和拱的组合体系中，梁和拱都是主要承重结构，两者相互配合共同受力。由于吊杆将梁向上（与荷载作用方向相反）吊住，这就显著减小了梁中弯矩，同时由于拱和梁连接在一起，拱的水平推力就传给梁承受，这样梁除了受弯矩以外还受拉力。这种组合体系桥能跨越较一般简支梁桥更大的跨度，而墩台没有推力，因此对地基的要求就与一般简支梁桥一样。拱置于梁的下方，通过立柱对梁起辅助支撑作用。

（3）斜拉桥。斜拉桥是典型的悬索结构和梁式结构组合的结构体系。

这一结构体系由主梁、缆索和塔架组成，充分利用了悬索结构和梁结构的特点，其组合相当合理。在结构体系中，梁结构直接承受桥面外荷载引起的弯矩和剪力，桥塔两侧的斜拉索张紧后为梁结构提供弹性支承，同时承受由荷载引起的拉力，其拉力的竖向分量通过桥塔传至基础和地基；斜拉索中荷载引起拉力的水平分量，使桥结构承受轴向压力，相当于对梁结构施加预应力。

此外，调整斜拉索间距可改变弹性支承的间距，使梁内力分布得更加均匀合理，因而减小了主梁的建筑高度，提高了跨越能力。与悬索桥相比，斜拉桥的斜拉索直接作用于主梁结构，使结构体系的抗弯、抗扭的刚度大大增强，抗风稳定性也明显改善。因为斜拉索拉力的水平分量由梁结构承担，所以也不再需要巨大的锚锭结构。

（二）交通工程设施

交通工程设施是针对高等级公路行车速度快、通过能力大、交通事故少、服务水平高的特点而设置的，它包括交通安全设施、服务设施和管理设施三种。

1.交通安全设施

交通安全设施指的是为保障行车和行人的安全，充分发挥道路的作用，在道路沿线所设置的人行地道、人行天桥、照明设备、护栏、标柱、标志标线等设施的总称。交通安全设施包括交通标志、标线、护栏、隔离栅、轮廓标、诱导标、防眩设施等。

2.交通服务设施

交通服务设施是指为保障城市交通系统安全正常运营而设置的轨道、隧道、高架道路、车站、通风亭、机电设备、供电系统、通信信号、道路标线等设施的交通设施概况。

3.交通管理设施

交通管理设施是适用于道路、桥梁、隧道、广场及停车场（库）等的交通管理设施工程，包括交通标志、交通标线、交通信号设施、交通隔离设施、管道的管理、电缆保护、反光镜安装、交通岗位设施等。

第三节　道路桥梁设计

一、道路桥梁设计的措施

（一）道路桥梁的使用寿命

1.延长道路桥梁的使用寿命

通常情况下，道路桥梁的使用寿命只有50年，高速公路上的道路桥梁使用寿命也在100~150年。为了延长道路桥梁的使用寿命，在设计过程中应充分考虑到桥梁的结构形式和组织结构形式等多方面内容，并且设计过程中遵守安全性和经济性原则，在确保道路桥梁安全性的基础上尽量考虑经济性。除此之外，道路桥梁在投入使用之后要加强维护和保养工作，一旦出现问题应该及早解决，确保道路桥梁在设计寿命内能够安全使用。

2.制定科学合理的设计方案

在道路桥梁设计过程中应该选择最科学合理的设计方案。应根据道路桥梁所在地的具体情况、桥梁的结构形式以及桥梁的跨度等多方面因素综合考虑选择最佳设计方案。通常情况下，选择最标准的跨径桥梁在施工段上进行施工，这样做既可以节约成本，还能降低施工的难度。为了确保道路桥梁设计的安全性应选择合理的跨径组合。

3.进行设计方案的创新

为了确保道路桥梁的安全性和使用寿命，应将施工技术充分考虑到设计方案中，确保设计方案在施工过程中的可行性，确保设计所采用的施工工艺以及道路桥梁的类型能够在施工过程中按质完成。设计过程中应该在保证施工技术可以完成的前提下进行设计方案的创新，这样就可以保证道路桥梁工程的施工难度不大，不仅可以实现设计的创新，还能保证在合同工期内完成施工，并且做到经济性设计。

（二）道路桥梁设计的调研

道路桥梁设计过程中应充分考虑到通行车辆的最大载重量，并通过限制最大的载重量来降低道路桥梁出现裂缝的可能，进一步延长道路桥梁的使用寿命。

1.调研内容

众所周知，道路桥梁在投入使用以后难免会出现超载现象，因此在设计时就应该考虑到这一问题，这就要求在设计之前对超载情况进行认真的调研，避免出现道路桥梁的疲劳现象，防止出现因为长期的超载造成的道路桥梁损害。

2.获取书箱资料

由超载造成的道路桥梁损害无法修复，严重影响了道路桥梁的安全性和使用寿命。因此，在设计之前应做好充分的调研，对当地的车流量进行统计，获取最准确的数据资料，确保设计出的道路桥梁能够满足最大负载量的要求，确保道路桥梁的安全。

二、城市道路整治及改造设计思路

城市道路整治及改造是一项关乎民生的系统工程，整治和改造过程中应该遵循为百姓服务的原则，以方便百姓生活环境为核心，以提高城市道路交通质量为出发点。因此，在进行城市道路的整治及改造过程中应该做到求真务实，不做面子工程，切实解决道路交通问题，让百姓从中受益。

（一）道路整治分类

城市道路整治及改造可以分为市政工程、环境景观、市容市貌、交通保障及文明施工等内容。

1.平面改造

城市道路整治及改造和重新建设新道路有很大的差别，这是因为道路周边有许多已经成型的建筑物，很难拆迁，所以只能保持道路原来的平面线型的走向，在整治改造过程中对现有的平面线型进行拟合评价，对于不能满足整治改造要求的进行适当的调整。

2.纵断面改造

在进行城市道路的整治改造过程中，进行纵断面的设计时应该对现有的路面标高进行拟合，然后依据多道路周边的建筑物的高程来确定整治改造之后的道路的标高。除此之外，新建路面的结构路段可以在路面的基层进行纵坡调整。对纵断面进行改造时应该注意将断面的调整控制在合理的范围内，不宜过大。在道路交叉口进行竖向设计时应该遵循"先主干道、后次干道、最后支路"以及"先实施为主，后实施为辅"的改造原则。

3.横断面改造

在进行城市道路的整治改造过程中，首先应该制定一个沿线交通路网设计方案，据此制定一个未来的路网设计并进行定位，之后进行道路横断面的重新分配和改造。

（二）工程设计

工程设计包括全线的道路主体改造、交通环境改造、附属工程改造、道路景观改造四个方面。

1.道路主体改造

道路主体改造包括车行道的病害处理、面层出新，人行道及路牙的出新或新建。

2.交通环境改造

交通环境改造由一块板改造为四块板结构，并采用人行道与非机动车道共板形式。对交通标志（标识）、交通信号、交通监控等交通设施进行规范统一；对公交站台有条件进行渠化的地方设置港湾式公交站台，方便候车，减小公交车对直行交通的干扰。

3.附属工程改造

附属工程改造包括架空杆线下地及完善排水设施，做到设施完善，功能齐全，确保道路各部位质量技术良好。

4.道路景观改造

道路景观改造新增中分带和侧分带，实现"四季常绿，四季花开，四季花香"的效果。

道路桥梁反映了城市的形象，同时体现了城市的管理水平和发展前景。经济的发展推动了道路桥梁建设的飞跃，但是目前的道路桥梁设计中却存在许多问题，文章结合多年的经验对这些问题进行了分析探讨，并综合多方面因素给出了具有针对性的解决措施，从而提高道路桥梁的设计水平。

（三）道路桥梁设计与施工

高度重视道路桥梁的设计与施工，才能提高桥梁设计标准，确保桥梁施工质量，不断提升公路交通的建设质量和水平。

三、道路、桥梁设计的基本要求

作为公路交通重要组成部分的道路桥梁在工程中的地位十分突出，有些甚至是控制性工程，决定着公路交通建设的质量。因此，必须高度重视道路桥梁的设计与施工，提高桥梁设计标准，确保桥梁施工质量，不断提升公路交通的建设质量和水平。应对道路桥梁的设计与施工进行探讨，以期探讨道路桥梁设计与施工的有效途径与方法，提高设计与施工的效益。

对资源利用是否经济合理，是否技术先进，是否尊重实际，是否实事求是，是否科学，在很大程度上取决于设计的水平和质量。具体而言，在设计中应坚持以下原则：（1）严格执行国家现行的设计规范和国家批准的技术标准。（2）尽量采用标准化设计，积极推广应用"可靠性设计方法""结构优化设计方法"等现代设计方法。（3）注意因地制宜，就地取材，节省建设资金。在切实满足建设功能要求的同时，千方百计地节约投资、节约多种资源，缩短建设工期。（4）积极采用技术上更加先进、经济上更加合理的新结构、新材料。

四、提高设计与施工水平的有效对策

（一）采用国内外先进技术

一个优质的道路桥梁工程，离不开优秀的桥梁设计人员。所以，桥梁设计单位和人员要有充分的时间去考虑、查勘、了解与道路桥梁工程综合相关的因素，利用科学合理的设计，采用国内外成熟、先进技术的设计原则，保证工程质量安全可靠。

（二）严谨科学的态度

设计过程中，要处理好成熟技术与创新技术之间的关系，既不能提倡为创新而冒险，又要在设计中体现创新意识。作为桥梁设计人员，要用科学的眼光和可持续发展的观点看待道路桥梁的安全耐久性问题，延长桥梁结构的使用寿命；要熟悉施工工作，尽量选择施工风险较小，施工质量易于检查、控制的结构和施工方法。对于重大工程和工程关键部分，一定要用严谨科学的态度，全力做好桥梁设计和施工工作。

（三）做好防患设计和施工管理

桥梁的设计人员要把桥梁寿命周期内的综合费用和桥梁的经济性和社会效益作为理念，并运用先进的智能化仪器和计算机辅助手段，进行有效的优化组合、整合分析、仿真设计，积极借鉴国内外成功经验和做法，在桥梁设计理念、结构体系和加强施工质量管理等多方面做好防患设计和施工管理。

（四）认真勘察施工进度

施工前要了解工程概况，加强施工管理，提前做好预防工作，才能确保工程顺利开展：首先要设计适用的标准图纸、有关技术规范和操作规程，看懂设计要求及细部、节点章法，弄清有关技术资料对工程质量的要求；其次要熟悉施工组织设计及有关技术经济文件对施工顺序、施工方法、技术措施、施工进度及现场施工总平面布置的要求，弄清施工任务中的薄弱环节和关键部位；最后对施工现场进行勘察和了解。只有这样认真地有组织地、有步骤地、有规划地把握工程情况，掌握工程施工进度，才能更好地顺利开工并确保施工质量。

（五）提高施工和管理水平，加强施工安全监理

1.建立自检系统

应建立质量自检系统，加强组织、设备配置和管理。创建工程质量保证体系制度，强化各级领导能力，建立项目工程部质量责任小组，加强质量预控制点，制定事前防范措施。

2.认真执行监理制度

认真执行工程监理制度，落实安全监理巡查，严格按照相关要求执行。配备专职质量检查工程师，建立自检、专检相结合的工程质量检查制度。

3.加强质量安全教育

加强施工人员质量安全思想教育，要职工牢固树立质量第一、安全第一就是效益的思想，制定安全实施规范和实施细则并进行安全培训，使施工人员每人都懂得安全技术规范，确保安全生产。

经济的发展是将交通事业作为支撑，交通建设是其中的重要构成因素，因此道路桥梁的作用就显得尤为突出。道路桥梁的建设质量水平直接地影响该地区的经济发展，因此在加快经济建设的同时必须加强对道路桥梁施工质量的把控，对道路桥梁设计进行严格的把关，有效地提升道路桥梁质量，根据建设地区的实际情况，设计出与该地区高度匹配的道路桥梁，并尽力弥补其中存在的不足。

五、道路桥梁设计上遵守的原则

在道路桥梁设计时需要坚持以下原则：严格执行我国现行的道路桥梁设计标准；设计要做到与实际相结合，将控制工程造价作为根本目的，在达到建设要求的条件之下就地取材，避免劳民伤财，密切关注工程的工期，使其在预计工期内完成；在工程的设计阶段，达到设计标准化的原则，尽量使用现代设计的方法，例如可靠性设计方法及结构优化设计等；使用新技术及工艺，使设计更为合理化、科学化、环保化。

第四节　道路桥梁维修与加固

一、道路桥梁维修与加固的意义

（一）桥梁的常见病害及维修

1.桥梁的常见病害

（1）缺陷问题

桥梁在日常使用中表现的缺陷问题：根据桥梁结构形式、构件种类、建桥环境、施工质量以及使用情况等不同，在基本构件上缺陷产生的部位、种类和程度也不同。

（2）混凝土缺陷

对于混凝土公路桥梁上部结构的基本构件，缺陷通常有混凝土开裂、剥离、断面破损、钢筋外露及锈蚀、混凝土本身质量不足、异常变形等。其表现为表面裂缝、蜂窝、麻面、空洞、露筋、剥落、游离石灰、缝隙夹层等现象。

对于公路混凝土桥梁，由于某一缺陷经过日积月累的变化，加上环境影响，有扩大的危险。另外，在混凝土公路桥梁中，缺陷和原因不是一一对应的，不少情况是某一个原因为诱发源，其他则多为促进缺陷发展的原因。

2.桥梁自身的结构病害

（1）裂缝的种类。桥梁结构裂缝的具体种类有：网状裂缝、下缘受拉区的裂缝、腹板竖向裂缝、腹板斜向裂缝、梁侧水平裂缝、梁底纵向裂缝。

（2）维修方法。首先，对于混凝土公路桥梁上部结构的基本构件形成的缺陷问题，如蜂窝、麻面、空洞、剥落等，在进行维修的时候，一定要先把松散的部分清除，然后按照实际情况采用高标号砼或水泥砂浆填补。

其次，对于梁体出现的露筋的现象以及保护层出现剥落的问题，我们采取的维修办法是凿出松动的保护层，然后清除钢筋上的诱发源，使用环氧砂浆进行修补，但这只能用来对付小面积的损坏，针对大面积的损坏，可喷射高标号水泥砂浆进行修补。

最后，对于钢筋砼简支梁产生的裂缝，在进行维修时，第一，针对超出限值规定的裂缝，要运用灌注环氧树脂胶的压力灌浆法进行维修；第二，在裂缝发展极为严重时，要查明原因，然后按照不同的情况采取不同的维修、加固措施，并随时对其进行观察。

（二）桥梁的加固

1.加固的方法

（1）塞缝灌浆。塞缝灌浆是指把配置好的水泥（砂）浆以及环氧树脂（砂）浆，通过喷浆机在一定的压力下，将其灌入结构物的缝隙内，可以发挥填塞裂缝的作用，以及预防钢筋锈蚀和加强整体结构强度。

（2）上部结构加固。上部结构加固是在根据对旧桥进行调查并经过合理研究的基础上来改建的。通过合理完善地对技术、经济进行比较研究，在原来旧桥的基础上进行了加宽，采用板式结构代替桥台拱式结构的加固办法，对于超载运输来讲对桥不会造成太大的影响。

2.桥面铺装层的加固（沥青砼或水泥砼）

在确定铺装层结构厚度的情况下，铺装层的模量在影响上要超出铺装层的受力状态。

第一步，将桥梁的原铺装层清除。在这个清除的过程中，对于处理的厚度要特别重视。如果通过机械方式清除的话，那么不要损坏旧桥的预制梁板的构造以及伸缩缝，同时还要对其加强保护等。

第二步，对于旧的桥面要认真地清洗。刨洗后的旧桥的铺装层要马上运出，而废旧料一定要用人工对其进行清扫，然后对于旧桥的梁板顶面要选用高压水进行冲洗，达到清洁干燥的目的。

第三步，要重新铺设桥面。在进行水泥桥面铺装过程中，浇筑后的强度要达到设计要求后方可通车，这时，车辆荷载要小于设计的荷载。若是采用快硬水泥砼铺装的话，必须经过试验确定后才可以通车。若采用沥青砼桥面铺装的话，要待铺设的混合料全部冷却之后，表面的温度小于50℃的时候，才可通车。如果提前通车的话，需要喷洒冷水降温。在安装完伸缩装置后，预留槽浇筑的砼强度必须符合设计的强度才可通车。

由此可见，桥梁的维修与加固的目的是确保桥梁结构的安全、稳定，不受病害的影响。因此，我们要在桥梁使用过程中，尽早地对其进行养护，对于出现的一些病害现象要及时地采取措施维修与加固，这样才能保证延长桥梁的使用寿命，确保过往车辆的安全，减少交通事故的发生。所以说，做好桥梁的维修与加固工作对于公路的建设发展起到了十分重要的作用。

二、道路桥梁常见问题解析

（一）道路桥梁常见的结构病害

1.桥面铺装层产生裂缝

造成桥面铺装层裂缝的原因主要包括：道路桥梁在施工过程中，当温度变化幅度较大的时候会出现裂缝。如今我国的桥面铺装层大部分是半刚性结构，不仅能将铺装层的强度加大，还能提高压实度。但桥面铺装层在很大程度上受温度波动的影响，尤其是温差较大的北方地区，出现这种裂缝情况的概率较大。此外，还受到车辆行驶的影响，行驶在道路上的车辆经常会出现急刹车以及超载情况，会对桥面造成挤压和磨损，从而导致裂缝的出现。最后是混凝土的配比出现失误，施工人员对初凝期的锯缝没有掌握准确的时间。

2.路桥地基沉降不均匀

当路桥地基沉降不均匀的时候，路桥面就会受力不均匀，造成路桥面出现裂缝。而出现这种情况的原因，首先是工程前期没有进行合理的设计和勘探，在施工前设计师应该前往施工现场进行勘察，再设计出合理的图纸；其次是实际施工中操作不规范，可能有偷工减料的情况出现；最后还会受到环境的影响，如果周围的其他工程打桩深挖不规范，会使工程地基不稳固。

3.梁端头局部破损

这种情况的破损是很难修复的，当梁端头塑封出现变形和损坏情况时，其原因首先为工程前期的设计中存在失误，并没有进行科学的设计，对伸缩量值计算不准确；其次是施工中的操作失误和日后的养护工作不到位，桥梁的结构被破坏，使用年限也会相应减少。

4.混凝土的碳化

当空气中的CO_2与混凝土中的$Ca(OH)_2$发生化学反应时，会形成新的物质$CaCO_3$，将会造成混凝土碳化，使其pH值不断下降，而混凝土里面的钢筋通常不进行防腐工作，很容易使钢筋遭到腐蚀，严重时可造成安全事故。

（二）桥梁维修与加固的基本要求

虽然桥梁加固的方法比较多，但如何进行选择，要充分考虑具体的工程，应依照以下的原则：采用加固方案之前，须先考虑耗费少、功效快、不中断交通、技术上可行、有较好耐久性等方面的要求。补强加固是通过加大或修复桥梁构件来提高局部或整座桥梁承载能力的措施。因此，桥梁加固工作一般以不更改原结构形式为原则，在兼顾经济性的前提下，只有在较复杂的情况下，才可考虑更改结构形式。选择桥梁加固方式时，必须考虑旧桥现状、承载能力减弱的程度以及日后交通量，最好参考已经成功完成补强加固的桥梁的施工。采用扩大或增加桥梁构件断面的方法进行加固前，应考虑增加部分与原有部件的结合效果。

（三）桥梁修复与加固的一般程序

一般桥梁修复与加固工程应遵循的工作程序包括：鉴定结构可靠性，确定修复与加固方案，加固设计，施工组织设计，修复与加固施工，组织验收。

鉴定结构可靠性，主要是诊断病害结构的病情。修复与加固方案受到主客观等多种因素的影响。加固设计主要参照现行规范及有关标准来深化加固方案。修复与加固施工是按加固设计对被加固结构进行加固的施工过程，很多大型结构的加固需要在施工前编制施工组织设计。

桥梁修复与加固工程作为一项复杂的系统工程，不仅需要全面考虑施工全过程，还要选取综合措施充分挖掘桥梁的内部潜力。但是，在桥梁加固过程中，病害诊断出错，或加固方案和设计不周，或施工组织不完整就会造成无法想象的严重后果。

三、桥梁的维修与加固技术

（一）上部承重结构维修加固的方法

1.粘贴钢板加固法

粘贴钢板加固法是采用黏结剂和锚栓将钢板粘贴锚固于混凝土结构受拉面或其他薄弱部位，使钢板与加固混凝土结构形成整体，以提高构件的抗弯、抗剪能力，提高原结构的刚度，限制裂缝的开展，改善钢筋与混凝土的应力状态。当粘贴钢板拟提高梁的抗弯强度时，钢板粘贴在梁的底面。此时将钢板和混凝土作为整体考虑，对钢板与混凝土的局部剪切强度进行控制设计。

当拟提高梁的抗剪强度时，钢板可粘贴在构件侧面，并与原构件内抗剪钢筋方向一致。粘贴钢板补强加固的合理设计应控制在钢板发生屈服之前，以保证混凝土不出现剪切破坏。

2.桥面补强层加固法

桥面补强层加固法是通过在梁顶（桥面）上加铺一层钢筋混凝土层，使其与原有主梁形成整体，从而达到增大主梁有效高度和抗压截面，增加桥面整体刚度，提高桥梁承载能力的一种常用且有效的方法。为了减小补强层增加的恒载，常将原有桥面铺装层凿除，而且能使新老结合良好，共同受力。

3.增大梁截面积加固法

钢筋混凝土简支梁桥上部结构往往由于原结构或施工质量不佳等原因导致在长期运营过程中出现裂缝等现象，从而使结构的承载能力降低，这种情况下通常采用增大构件截面、增加配筋、提高配筋率的加固方法。这种方法是增大梁底面或侧面的尺寸，增配主筋，提高梁的有效高度和抗弯强度，从而提高桥梁的承载力。该法被广泛用于梁桥及拱桥拱肋的加固。

4.锚喷混凝土加固法

该法是借助高速喷射机械，将新混凝土混合材料连续地喷射到已锚钢筋网的受喷面上，凝结硬化而形成钢筋混凝土，从而增大桥梁的受力断面，增加补强钢筋，加强结构的整体性，使其能承受更大的外荷载作用。这种锚喷加固法主要用于拱式桥梁，施工工艺简单，而且加固效果好。

（二）桥梁的下部结构维修加固的方法

1.扩大基础加固法

桥梁的基础承担着桥梁的全部自重及桥面上的可变作用，因而桥梁基础的加固成为桥梁加固工程的重点。对于原基础为扩大基础的桥梁，如果因基础的病害导致基础承载力不足、基础产生沉降或不均匀沉降、基础产生滑移和倾斜、基础局部掏空或损坏的情况，可采用扩大桥梁基础底面积的加固方法进行加固，该方法因受力明确、施工简单、造价低廉而在实际加固工程中被广泛采用。

2.增补桩基加固法

增补桩基加固法是指在桩式基础的周围补加钻孔桩或打入钢筋混凝土预制桩，并扩大原承台，以此提高基础承载力、增加基础稳定性的方法，这种方法的优点在于不需要抽水筑坝等水下施工作业。

3.桥墩套箍加固法

对于桩柱式桥梁，当桥墩由于基础冲刷严重、埋置深度不够，施工质量控制不严等因素导致墩台露筋及破损时，一般可对受损的墩台采用钢筋混凝土套箍进行补强加固。套箍可以沿墩台身或桩身外侧布设，做成圈梁形式。

道路桥梁施工的质量决定道路桥梁后期的使用效果，同时，道路桥梁后期的修改和加固工作也至关重要，这对于延长道路桥梁的使用寿命很有意义，因此分析道路桥梁维修、加固和施工技术非常重要。

四、桥梁加固的工作内容及步骤

（一）桥梁加固的工作内容

1.桥梁的改造

改造桥梁，是因为原有桥梁的现有状况已经无法满足现阶段的通行能力，为了适应目前的经济发展水平和交通运输状况，需要对原有桥梁进行加宽，加强改造。

2.桥梁的维修

对桥梁的维修主要是因为现有桥梁已经无法继续发挥功能，其建设材料的老化和使用性能的退化，使桥梁的使用寿命缩短，已经无法再继续使用，需要对桥梁进行维修加固。在对其维修以后，使其能够满足现有的交通运输水平，延长桥梁的使用寿命，更好地为经济建设服务。

在对桥梁进行改造与维修的施工中，应该严格按照施工规范执行，其主要内容包括：对服役桥上部构件进行加固，对服役桥下部构件进行加固，拓宽桥梁的行车道或人行道，升高桥梁上部构造的高度，更换桥梁行车道路面或引桥路面的结构，部分或全部更换桥梁损坏或破旧的结构物。

桥梁的加固与改建工作，应充分利用原有的部分，凡能加固的，则不宜改建。若能部分改建的，则不应全部改建。

（二）桥梁加固的工作步骤

对服役桥进行维修加固，一般可采用如下步骤：

1.检查

对现在的桥梁使用状况进行检查，查看构件损坏的原因，因为哪些方面的原因而不能够继续使用，在这个过程中及时地发现问题，不仅是为现有桥梁的维修奠定基础，也为以后在新建桥梁时提供了一定的参考依据和借鉴资料。

2.调查了解

调查需要维修的桥梁在建设初始时的设计情况和施工时需要注意的方面，了解了初始时的具体状况，以便为维修桥梁做好准备工作。然后需要调查了解需要维修的桥梁现在的使用状况，交通量怎么样，以便为重新设计施工准确定位，不至于维修后使用时出现问题。

3.分析探讨

调查了解之后，就需要针对现有的问题进行分析探讨，研究出一套维修或者改建的方案，针对现有的状况加以改进，形成比较系统的设计方案。

4.方案确定

经过反复的推敲验证之后，方案确实可行，那么就要付诸实践，开始进行维修加固或者改建。

（三）道路桥梁施工技术

1.材料的选择和配合比

混凝土是道路桥梁施工中的主要材料，而在混凝土的施工技术中材料的配合比在很大程度上决定着材料的使用性能。因而在道路桥梁的施工过程中，应重视合适的配合比，控制好水灰比以及塌落度。

（1）混凝土初凝时间的控制。就混凝土初凝时间的控制而言，一般为7小时左右，同时含气量应确保在1.7%范围内。要根据道路桥梁工程的质量需求来确定混凝土材料的选择和调试，一般来说，应选择高强度、颜色相同和级配连续的碎石作为骨料，并确保骨料符合工程的质量要求，不得有杂质出现，此外，还要综合考虑细骨料的颜色、细度和出产地。

（2）选择高效能的材料。一般选择高效能的材料作为减水剂，同时要根据工程质量的需要确定外加剂的掺入量。通常选取矿物掺合料作为掺合料，在施工的过程中可以适当地掺加细度模数大于二级、不含杂质的粉煤灰，以改善混凝土的流动性和后期强度。

2.钻孔灌注桩施工技术

在道路桥梁的施工过程中，钻孔灌注桩的施工技术工艺较复杂，因而较难控制质量，在施工前应做好充分的准备，为确保施工质量，严格规范施工操作的顺序。钻孔灌注桩技术施工前的准备工作包括审核工程设计、编制施工方案、检验和校正测量仪器、施工现场的排水和便道设置、调试安装施工设备、检验和取样施工材料。在灌注操作的过程中应注意集中拌合，为了避免出现离析现象，所使用的所有材料必须符合工程质量和相关规定的要求，另外在使用钢导管前应该测验水密承压和接头抗拉。

3.预应力技术

在道路桥梁的施工过程中，预应力技术可以增加钢筋混凝土结构的高抗渗性能和抗拉能力。

（1）预应力技术的作用。在道路桥梁工程的施工中，预应力技术的应用可以减小结构界面尺寸和结构自重，防止混凝土出现开裂，减小挠度，从而提高工程质量。低松弛的钢绞线被广泛应用于道路桥梁施工中，它作为一种新型的预应力施工材料，具有高效益、高实用性和高灵活性等优点，可以满足道路桥梁结构的美学标准。

（2）应用方法。在预应力技术施工的预埋阶段，应准确地进行曲线定位，曲线形状必须符合工程设计要求。在张拉和灌浆的施工阶段，应该严格控制张拉应力，将伸长值变化限制在设计规范的范围之内，要保证灌浆计量的准确性，孔道浆体应该饱满；在进行钢筋绑扎时，不能猛放或者猛扎，以防刺破预应力筋外皮；对施工操作水量要严格控制，全面控制施工过程，施工完毕要进行质量检验。

总而言之，为了提高道路桥梁维修、加固和施工质量，必须要深入地分析道路桥梁维修、加固、施工的各项施工要领，分析其中的关键性施工技术，提高施工的整体质量。

第二章　市政道路桥梁施工及管理

第一节　建设监理

一、建设监理概述

建设监理是指监理单位受建设单位的委托，对工程建设全过程或项目实施阶段进行监督和管理的活动。

建设监理大致包括对投资结构和项目决策的监理、对建设市场的监理、对工程建设实施的监理。目前，我国的建设监理还处于初级阶段，主要是对建设市场工程建设实施的监理。其对象包括新建、改建和扩建的各种工程项目。政府和公有制企事业单位投资的工程，以及外资、中外合资建设项目，必须实行招标承包制和建设监理。其他所有制单位投资的工程，也要引导实行这两种制度。

工程建设监理制度是我国建设体制深化改革的一项重大措施，它是适应市场经济的产物。建立并推行建设监理制度，是建立和完善社会主义市场经济体系的需要，也是开拓国际市场、进入国际经济大循环的需要，为此，《建筑法》作出"国家推行建筑工程监理制度"的法律规定。

二、工程建设监理的内容和作用

建设监理的实施，是指由专业的社会监理单位，受建设单位或投资者的委托，对工程建设项目的全过程或工程项目的某一阶段所进行的监理活动。

（一）监理的主要业务内容

（1）建设前期监理含投资决策咨询、编制项目建议书和项目可行性研究报告等。

（2）设计阶段监理包括选择勘察、设计单位，审查勘察报告与设计图纸，核查设计概（预）算等。

（3）施工招标监理含准备招标文件、协助组织招投标活动、协助签订承包合同等。

（4）施工阶段监理含协助承包单位写开工报告、选择分包单位、审查施工组织设计和施工技术方案、检查工程使用材料和设备的质量、检查工程质量、检查工程进度、签署工程付款凭证、检查安全措施、调解建设单位与施工单位的争议、组织工程竣工的初步验收、提出竣工验收报告、审查工程结算等。

（5）保修阶段监理含协助建设单位检查工程情况、组织鉴定质量问题、督促责任单位保修等。

（二）工程建设监理的作用

工程建设监理的作用是代表建设单位，对工程建设项目，用严格的监理制度，特殊的管理方式，按合同规范要求，进行全过程跟踪和全面监督与管理，促使工程建设项目的投资、工期、质量按计划实现，最终达到工程建设项目合法、合理、科学、经济。

三、工程建设监理的范围、依据和程序

建筑工程建设监理是指工程建设监理单位受建设单位委托，对建筑工程所进行的监督和管理的活动，以保证建设行为符合国家法律、法规和有关政策，防止建设行为的随意性和盲目性，促使工程建设的进度、投资、质量等按合同进行，保证建设行为的合法性和经济性。

（一）工程建设监理的范围

建筑工程实施强制监理的范围包括：

（1）国家重点工程，大、中型工程项目。

（2）市政、公用工程项目。

（3）政府投资兴建和开发建设的社会发展事业项目及住宅工程项目。

（4）外资、中外合资、国外贷款、赠款、捐款建设的工程项目。

（二）工程建设监理的依据

根据《建筑法》和建设监理的有关规定，建设监理的依据有：

（1）国家法律、行政法规。

（2）国家现行的技术规范、技术标准。

（3）建设文件、设计文件和设计图纸。

（4）依法签订的各类工程合同文件等。

（三）工程建设监理的程序

监理人按合同约定派出监理工作需要的监理机构（派驻该工程现场实施监理业务的组织），委派总监理工程师及其监理机构的主要成员，迅速实施工程建设监理。工程建设监理一般应按下列程序进行：

（1）编制工程建设监理规划。

（2）按工程建设进度，分专业编制工程建设监理细则。

（3）按照建设监理细则进行建设监理。

（4）参与工程竣工预验收，签署建设监理意见。

（5）建设监理业务完成后，向委托人提交工程建设监理档案资料。

我国建设监理起步晚，建设监理的法规建设还落后于建设监理的发展，要形成一套具有中国特色的建设监理法规体系，还需要不断探索、总结和完善。

第二节　道路与桥梁施工技术

一、道路施工技术

（一）路基的施工技术

路基的强度和稳定性不仅要通过设计予以保证，同时还要通过施工得以实现。路基是路面的基础，路基的施工质量直接影响路面的使用品质，坚固而稳定的路基是通过施工才实现的，只有通过精心施工才能建成高质量的路基工程。路基施工主要是挖掘路堑、填筑路堤、路堤基底处理、清理场地施工中的排水以及边沟、边坡的修筑等工作。

1.路堤填筑施工

为保证路堤的强度和稳定性，在填筑路堤时，要处理好基底，选择良好的填料，保证必需的压实度、正确的填筑方法和施工工艺。

（1）基底处理。路堤基底是指路堤所在的原地面。为使路堤填筑后基底不会产生过大的沉陷，并使路堤与原地面紧密结合，防止路堤沿基底发生滑动，应根据基底的土质、水文情况、坡度等对基底采取相应的处理措施。例如，路堤原状土的强度不符合要求时，应进行相应深度的换填；地下水影响路堤稳定性时，应采取拦截、引排地下水或在路堤底部填筑渗水性好的材料；地面横坡较陡时，应将原地面挖成台阶状，并进行夯实。

（2）填料选择。不论是土方路堤、石方路堤还是土石方路堤，填料选择时一般都以利用当地土石做填料为原则，尽量选择挖取方便、强度高、稳定性好并便于施工的土石作为路堤填料。可用于填筑的土石材料一般有巨粒土、石质土、砂土，而轻黏土、重黏土均不是理想的填筑材料。将某些含有泥炭、淤泥、冻土、强膨胀土、有机质等的土质作为填筑材料时，其含量均不得超过规范规定的含量。

（3）填筑方法。路堤基本填筑方法有分层填筑法、竖向填筑法、混合填筑法等。

①分层填筑法是按照路堤设计断面，自上而下逐层填筑，可以将不同性质的土层有规则地分层填筑和压实，可分为水平分层填筑和纵向分层填筑。水平分层填筑是指填筑时按照全宽分成水平层次，逐层向上填筑，是路基填筑的基本方法。纵向分层填筑是指依线路纵坡方向分层，逐层向坡上填筑，一般用于推土机从路堑取土填筑距离较短的路堤。

②竖向填筑法是从路堤一端或两端的某一高度把填料倾填于路堤底部，逐层推进填筑。此法填筑的填土厚度过厚，不易压实，仅适用于无法自下而上填筑的深谷、陡坡、断岩、泥沼等机械无法进场的路堤。

③混合填筑法是指路堤下层用竖向填筑而上层用水平分层填筑的方法，适用于因地形限制或填筑堤身较高，不可采用水平分层或竖向分层自始至终进行填筑的情况。一般沿线路分段进行，分段距离以20~40m为宜，多在地势平坦或两侧有可利用的山地土场的场合采用。

2.路堑挖方施工

根据路堑深度、纵向长短及现场施工条件，路堑的开挖方法有横向挖掘法、纵向挖掘法、混合式挖掘法等。

横向挖掘法就是对路堑的整个宽度，从路堑的一端或两端开始，以全宽及适当深度进行开挖。此法适用于挖掘浅且短的单层路堑或深且短的多层路堑。

纵向挖掘法又可分为分层纵挖法、通道纵挖法和分段纵挖法。分层纵挖法是沿路堑全宽以深度不大的纵向分层进行挖掘。通道纵挖法是先沿路堑纵向挖出一条通道，然后再把通道向两侧拓宽，以扩大工作面。分段纵挖法是在路堑上选择一个或几个适当位置，从一侧挖成一个或几个出口，把路堑分为几段，再分别沿纵向开挖。

混合式挖掘法是将横向挖掘法和通道纵向挖掘法混合使用，先沿路堑挖出一个通道，然后沿横向坡面开挖，或者沿横向挖出横向通道。

对于石质路堑来说，开挖方式需要根据岩体条件、开挖尺寸、工程量和施工技术要求，通过方案比较拟定合理的开挖方式，开挖方式有钻爆开挖法、直接使用机械开挖法、静态破碎法。

3.路基防护和支挡

路基防护工程是防治路基病害、保证路基稳定、改善环境景观、保护生态平衡的重要措施，防护工程一般有边坡坡面防护、冲刷防护、支挡建筑物及湿软地基加固等。用于防护的材料有植物防护、圬工防护、土工织物防护等材料。支挡建筑物一般采用挡土墙形式，挡土墙分为重力式挡土墙、加筋土挡土墙、锚杆挡土墙三种形式。用于湿软地基的有基底开挖换填、砂垫层、反压护道、抛石挤淤、砂井、塑料排水板、土工聚合物处置、旋喷桩等多种加固方法。

（二）路面的施工技术

行车荷载对路面的作用随着深度增加而逐渐减弱，同时路基的湿度和温度状况也会影响路面的工作状况，因此从受力情况、自然因素等对路面作用程度不同以及经济的角度考虑，一般将路面分成基层（底基层）、面层、垫层来铺筑。

1.基层（底基层）施工

（1）基层（底基层）的类型。基层的两大类型是粒料基层和无机结合料稳定基层。

粒料基层有嵌锁型和级配型两种类型，嵌锁型包括泥结碎石、泥灰结碎石、填隙碎石。填隙碎石可用于各等级公路的底基层和二级以下公路的基层，泥结碎石和泥灰结碎石可用于各级公路的基层。级配型包括级配碎石、级配砾石、级配碎砾石以及符合级配的天然砂砾等。其中，级配碎石可用于各级公路的基层和底基层，级配砾石、级配碎砾石以及符合级配的天然砂砾可用于轻交通的二级及二级以下的基层及各级公路的底基层。

无机结合料稳定基层包括水泥稳定基层、石灰稳定土和石灰工业废渣稳定土三大类型，其中水泥稳定土基层适用于各级公路的基层和底基层，石灰稳定土基层适用于各级公路的底基层和二级及二级以下公路的基层，石灰工业废渣稳定土适用于各级公路的基层和底基层。

（2）基层施工技术。

①粒料基层嵌锁型施工的方法有干法施工和湿法施工，干法施工的程序如下：

a.初压：用压路机初压，使粗碎石稳定就位。

b.撒铺填隙料：将干细填料均匀地撒铺在已压稳的粗碎石上，松铺厚度2.5～3.0m。

c.碾压：用振动压路机慢速碾压，将全部填料振入粗碎石间的孔隙中。

d.再次撒铺填隙料：再次将干填细料撒铺在粗碎石层上，松铺厚度2.0～2.5m。

e.再次碾压：在碾压过程中，对局部填料不足之处进行人工找补。

f.当填隙碎石表面孔隙全部填满后，在表面先洒少量水，再进行碾压，则干法施工完成。

湿法施工和干法施工的不同之处在于粗石层表面的孔隙全部填满后，用洒水车洒水直至饱和，再进行碾压，碾压完成后让水分蒸发一段时间，再将细料覆盖层扫除干净。级配型施工方法有路拌法施工和中心站集中拌和法施工。中心站集中拌和法施工是在中心站用多台机械进行集中拌和，拌和的机械有强制式拌和机、卧式双转轴浆液式拌和机、普通水泥混凝土拌和机。拌和的施工工序与路拌施工工序基本相同。

②无机结合料稳定基层施工备料有以下几点要求：

a.土料在预定的深度范围内采集，不应分层采集。

b.集料无机结合料使用的碎石、砂砾、各种粒状矿渣应满足规范要求的强度，与其他材料配合后应满足相应的规范级配要求。

c.水泥路拌法宜采用袋装水泥，场拌法宜采用散装水泥。

d.当石灰存放时间较长时，应覆盖封存。生石灰块在使用前应充分消除，消除后的石灰应保持一定的湿度，不得产生扬尘。

e.运到现场的粉煤灰应含有足够的水分以防止扬尘。场拌法施工宜选用经过工厂处理的符合规范的散装粉煤灰。施工方法有路拌法和中心站集中拌和法。

2.面层施工

（1）沥青面层施工。沥青面层经常采用的沥青材料有石油沥青、煤沥青、液体石油沥青和沥青乳液等。其中，石油沥青一般用于各类沥青面层。面层中另一类重要的材料是沥青混合料，即由沥青、粗集料、细集料和矿粉以及外加剂组成的一种复合材料。工程上一般采用热拌沥青混合料作为面层材料，其适用于各种等级公路的沥青面层。

（2）水泥混凝土面层施工。单水泥混凝土具有可浇性、经济、耐用、耐热能效高、能耗低、材料丰富等优点，但具有抗拉强度低、韧性差、体积不稳定的缺点。水泥混凝土路面包括普通混凝土、钢筋混凝土、连续配筋混凝土、预应力混凝土、装配式混凝土和钢纤维混凝土等面层板和基层组成的路面。水泥混凝土路面具有强度高、稳定性好、耐久性高、养护费用少、有利于夜间行车等优点。

水泥混凝土面层的铺筑技术方法有小型机具铺筑、滑模机械铺筑、轨道摊铺机铺筑和碾压混凝土铺筑等。

3.垫层施工

路面的垫层介于基层和土层之间，用以调节和改善土基的水温状况，保证面层和基层具有必要的强度、稳定性、抗冻胀性能及基层的荷载能力，减少土层所产生的变形。

根据所选用的材料不同，垫层分为透水垫层和稳定性垫层。透水垫层由松散的颗粒材料组成，最常用的是砂垫层。在砂垫层的施工中，首先注意砂垫层应该分层铺设，每层的厚度和密实度应该满足规范要求，其次是当地基表层承载能力不同时，采用的摊铺顺序有所不同。稳定性垫层是由整体性材料组成的，常用的有水泥土、石灰土等。在石灰土垫层施工时，施工前首先要对下卧地基进行检验，对局部软弱土坑应挖除换填，其次是注意分层松铺厚度。

二、桥梁施工技术

（一）桥梁上部结构的施工

桥梁的上部结构的形式是多种多样的，其施工方法种类也比较多，但除一些比较特殊的施工法之外，大致可分为就地浇筑法和预制安装法两大类。现将常用施工方法的特点和适用性分述如下。

1.就地浇筑法

就地浇筑法是在桥跨间搭设支架，在支架上安装模板，绑扎钢筋，现场浇筑混凝土，待混凝土达到一定强度后拆除模板、支架。就地浇筑法无须预制场地，而且不需要大型起吊、运输设备，梁体的主筋可不中断，桥梁整体性好。它的主要缺点是工期长，施工质量不容易控制；预应力混凝土梁由于混凝土的收缩、徐变引起的应力损失比较大；施工中的支架、模板耗用量大，施工费用高；搭设支架影响排洪、通航，施工期间可能受到洪水和漂流物的威胁。

（1）固定支架法。固定支架法是指在桥跨间安设支架，在支架上安装模板、绑扎钢筋、浇筑混凝土的施工方法。这种施工方法的特点是梁的整体性好，施工平稳、可靠，不需大型起吊设备，施工中无体系转换问题，但需要大量的施工支架，并需要大量的施工场地。这种方法适用于陆地上钢筋混凝土和预应力混凝土中小跨径连续桥的施工。

（2）逐孔现浇法。逐孔现浇法是指在支架上逐孔现浇施工的方法。与固定支架的区别在于逐孔现浇施工仅在一孔或两孔之间设置支架，完成后将支架整体转移到下一孔继续施工。它的特点是支架和模板周转使用，所花费用较少，适用于中小跨径及结构构造简单的预应力混凝土桥的施工。

（3）悬臂浇筑法。从桥墩开始，两侧对称进行现浇梁段。它的主要特点是桥梁在施工过程中产生负弯矩，桥墩也要求承受由施工产生的弯矩。施工简便，结构整体性好，施工中可不断调整位置，常在架设跨径大于100米的预应力混凝土T形刚构桥、变截面连续梁桥和斜拉桥时选用。

（4）顶推法。在沿桥纵轴方向的台后设置预制场地，分节段预制，并用纵向预应力筋将预制节段与施工完成的梁体连成整体，然后通过水平千斤顶施力，将梁体向前顶推出预制场地。之后继续在预制场地进行下一节段梁的预制，循环操作直至施工完成。

顶推施工法的特点是可以使用简单的设备建造大桥梁，施工费用低，施工平稳无噪声，主梁分段预制，连续作业，结构整体性好，宜在水深、山谷和高桥墩的桥梁上使用。

2.预制安装法

预制安装法是在预制工厂或在运输方便的桥址附近设置预制场进行梁的预制工作，然后采用一定的架设方法进行安装。预制安装法施工一般是指钢筋混凝土或预应力混凝土简支梁的预制安装，分预制、运输和安装三部分。

（1）自行式吊装法。采用一台或多台汽车吊、履带吊等机械进行梁跨的吊装，此法适用于中小跨径的简支梁的架设安装。

（2）跨墩龙门架。吊装以胶轮平板拖车、轨道平车或龙门架将预制梁运送到桥孔，然后用跨墩龙门架将梁吊起，再横移到梁设计位置，然后落梁就位，直至完成架梁工作。此法适用于架设地点地形平坦且良好，桥墩不太高的桥梁。

（3）架桥机。在空跨内安装导梁，以此作为支撑梁来架设梁体。按形式不同可分为单导梁、双导梁、斜拉式和悬吊式等。

（4）浮运架梁法。将梁体用船载运至架设地点，利用两套卷扬机组合提升吊装到位。

（5）逐孔拼装法。在施工的孔跨内搭设落地式支架或采用悬吊式支架，将节段预制快件按顺序吊放在支架上，然后在预应力孔道内穿入预应力筋，对梁施加预应力使其成为整体。

（6）悬臂拼装法。悬臂拼装法与悬臂浇筑法相似，从桥墩开始，将预制节段对称进行拼装。

3.转体施工法

转体施工法是将桥梁构件先在桥位处岸边（或路边及适当位置）进行预制，待混凝土达到设计强度后旋转构件就位的施工方法。转体施工的静力组合不变，它的支座位置就是施工时的旋转支撑和旋转轴，桥梁完工后，按设计要求改变支撑情况。转体施工法一般适用于各类单孔拱桥的施工，它的施工特点是结构合理、受力明确、节省施工用料、减少安装架设工序、施工速度快、造价低，而且不影响通航。转体施工可分为平转、竖转和平竖几何相结合的转体施工。

（二）桥墩、桥台的施工技术

桥梁墩台施工是桥梁工程施工的一个重要组成部分，其施工质量的优劣，不仅关系到桥梁上部结构的制作与安装质量，而且对桥梁的使用功能也关系重大。因此，墩台的位置、尺寸和材料强度等都必须符合设计规范要求。在施工过程中，首先应准确地测定墩台位置，正确地进行模板制作与安装，同时采用经过规范检验的合格建筑材料，严格执行施工规范的规定，以确保施工质量。

桥梁墩台施工方法通常分为两大类：一类是现场就地浇筑与砌筑，另一类是拼装预制的混凝土砌块、钢筋混凝土或预应力混凝土构件。

多数工程采用现场就地浇筑与砌筑，优点是工序简便，机具较少，技术操作难度较小，但是施工期限较长，需耗费较多的劳力与物力。近年来，交通建设迅速发展，施工机械（起重机械、混凝土泵送机械及运输机械）也随之有了很大进步，采用预制装配构件建造桥梁墩台的施工方法取得新的进展，其特点是既可确保施工质量、减轻工人劳动强度，又可加快工程进度、提高工程效益，对施工场地狭窄，尤其对缺少砂石地区或干旱缺水地区等建造墩台有着重要意义。

1.混凝土墩台的就地浇筑

混凝土墩台的就地浇筑施工有两个主要工序：一是制作与安装墩台模板，二是混凝土浇筑。

（1）制作与安装墩台模板。模板的设计与施工应符合如下要求：

①具有必需的强度、刚度和稳定性，能可靠地承受施工过程中可能产生的各项荷载，保证结构物各部形状、尺寸准确。

②尽可能采用组合钢模板或大模板，以节约木材、提高模板的适应性和周转率。

③模板板面平整，接缝严密不漏浆。

④拆装容易，施工时操作方便，保证安全。

模板一般用木材、钢料或其他符合设计要求的材料制成。木模重量轻，便于加工成结构物所需要的尺寸和形状，但装拆时易损坏，重复使用少。对于大量或定型的混凝土结构物，则多采用钢模板。钢模板造价较高，但可重复多次使用，且拼装拆卸方便。

常用的模板类型如下：

①拼装式模板是利用销钉将各种尺寸的标准模板连接，并与拉杆、加劲构件等组成墩台所需形状的模板。

②整体吊装模板是将墩台模板水平分成若干段，每段模板组成一个整体，在地面拼装后吊装就位。分段高度可视起吊能力而定，一般可为2～4m。

③组合型钢模板是以各种长度、宽度及转角标准构件，用定型的连接件将钢模拼成结构用模板。

④滑动钢模板适用于各种类型的桥墩。

在工程中，各种模板可根据墩台高度、墩台型式、机具设备、施工期限等条件，因地制宜，合理选用。模板安装前应对其尺寸进行检查；安装时要坚实牢固，以免振捣混凝土时引起跑模漏浆；安装位置要符合结构设计要求。

（2）混凝土浇筑。混凝土浇筑前检查混凝土的均匀性，按设计要求控制坍落度。混凝土应按一定的厚度、顺序和方向分层浇筑。应在下层混凝土初凝或能重塑前浇筑完上层混凝土，分层应水平，分层厚度不宜超过30cm。

在每层混凝土浇筑过程中，随混凝土的灌入及时采用插入式振动棒振捣。振动棒振动移动间距不超过振动棒作用半径的1.5倍；振捣过程中，振动棒与模板间距保持5～10cm，并避免碰撞钢筋，不得直接或间接地通过钢筋施加振动。振捣上层混凝土时，振动棒应插入下层混凝土出现的较大气泡内。对每个振动部位，必须振动到该部位混凝土密实为止。密实的标志是混凝土停止下沉、不再冒出气泡，表面呈现平坦、泛浆。

浇筑混凝土过程中，设专人检查支架、模板、钢筋和预埋件，当发现有松动、变形、移位时，应及时处理。浇筑完毕后，要进行收浆，并及时向表面洒水养护（水质与拌和用水相同），洒水养护时间一般为7天。当承台与流动性地表水或地下水接触时，应采取防水措施，混凝土在浇筑后7天内不得受水的冲刷和侵袭；混凝土强度达到设计强度的80%之前，不得使其承受各种外加荷载。

2.装配式墩台

装配式墩台（柱式墩、后张法预应力墩）施工适用于山谷架桥、跨越平缓无漂流物的河沟、河滩等的桥梁，特别是在工地干扰多、施工场地狭窄、缺水与砂石供应困难的地区，其效果更为显著。其优点是结构形式轻便，建桥速度快，圬工省，预制构件质量有保证等。

装配式墩有柱式墩、后张法预应力墩两种形式，其中装配式柱式墩将桥墩分解成若干轻型部件，在工厂或工地集中预制，再运送到现场装配成桥梁；后张法预应力墩分为基础、实体墩身和装配墩身三大部分。装配墩身由基本构件、隔板、顶板及顶冒四种不同形状的构件组成，用高强钢丝穿入预留的上下贯通的孔道内，张拉锚固而成。

第三节　道路、桥梁养护与维修

一、道路养护与维修

（一）道路养护概述

1.公路养护的目的与基本任务

公路养护是保证汽车高速、安全、舒适行驶的不可缺少的经常性工作。

（1）公路养护的目的。公路养护的目的是经常保持公路及其设施的完好状态，及时修复损坏部分，保证行车安全、舒适、畅通，以提高运输的经济效益。

（2）公路养护的基本任务。公路养护的基本任务是采取正确的技术措施，提高养护工作质量，延长公路的使用年限，以节省资金；防治结合，治理公路的病害和隐患，逐步提高公路的抗灾能力，并对原有技术标准过低的路线和构造物及沿线设施进行分期改建和增建，逐步提高公路的使用质量和服务水平。

2.公路养护的技术政策和措施

（1）技术政策。公路养护工作不只是一项技术性工作，同时也是一项政策性很强的工作。国家规定的公路养护政策主要有以下八条。

①公路养护工作必须贯彻"预防为主，防治结合"的方针，根据积累的技术经验资料和当地的具体情况，通过科学的分析和预先防范，消除导致公路损毁的因素，提高公路设施的耐久性和抗灾能力。

②因地制宜，就地取材，尽量选用当地天然材料和工业废渣；充分利用原有工程材料和原有工程设施，以降低养护成本。

③推广运用先进的养护技术和科学的管理方法，改善养护生产手段，提高养护技术水平。

④重视综合治理，保护生态平衡、路旁景观和文物古迹；防止环境污染；尽量少占农田。

⑤加强桥梁的检查、维修、加固和改善，逐步消灭危桥。

⑥养护工程设计应符合《公路工程技术标准》（JTG B01-2014）的规定：公路养护施工时应注重社会效益，保障公路畅通。

⑦加强以路面养护为中心的全面养护。

⑧大力推广和发展公路养护现代化。

（2）技术措施。①认真开展路况调查，分析公路技术状况，针对病害产生的原因和后果，采取先进、有效、经济的技术措施。②加强养护工程的前期工作和各种材料试验及施工质量的检测和监理，确保工程质量。③推广路面、桥梁管理系统，逐步建立公路数据库，实行病害监控，实现决策科学化，使有限的资金发挥最大的经济效益。④推广公路标准化与美化工程，实施公路的科学养护与规范化管理，改变现有公路面貌，提高公路的整体服务水平。⑤认真做好公路交通情况调查工作，积极开发和采用自动化观测及计算机处理技术，为公路规划、设计、养护、管理、科研等提供全面、准确、连续、可靠的交通情况信息资料。⑥改革养护生产组织形式，管好、用好现有的养护机具设备，积极引进、改造、研制养护机械，逐步实现养护机械装备标准化、系列化，以保障养护工程质量，提高养护生产效率，降低劳动强度，改善劳动环境。⑦加强对交通工程设施（主要有标志、标线、通信、监控等）、收费设施、服务管理设施等的设置、维护、更新工作，保障公路应有的服务水平。

3.公路养护工程的分类

公路养护工程按照公路养护的工程性质、规模大小、技术难易程度可分为以下四类。

（1）小修保养工程。小修保养工程是指对公路及其一切工程设施进行预防性保养和修补其轻微损坏部分，使之经常保持完好的状态。所谓保养，是指对公路及其沿线设施的日常保护工作，使其减少自然损失。

（2）中修工程。中修工程是指对管养范围内的公路及其工程设施的一般性磨损和局部损坏进行定期的修理加固，以恢复原状的小型工程项目。

（3）大修工程。大修工程是指对管养范围内的公路及其工程设施的较大损坏进行周期性综合修理，以全面恢复到原设计标准或在原技术等级范围内进行局部改善和个别增建，逐步提高公路通行能力的工程项目。

（4）改善工程。改善工程是指对公路及其工程设施因不适应交通量和载重需要，而应分期逐段提高技术等级，或通过改善显著提高其通行能力的较大工程项目。

（二）路基的养护

路基是公路的重要组成部分，是路面的基础。它贯穿全线，连接桥梁、隧道。路基的强度和稳定性是保证路面强度与稳定性的基本条件。桥头引道路基对桥梁的使用及破损亦有直接的影响。因此，必须通过路基养护，使之达到基土密实，排水性能良好，各部分尺寸和坡度符合规定并及时消除不稳定因素的要求。

1.路基养护的工作内容

路基养护应通过对公路各部分的日常巡视和定期检查，发现病害及时查明原因，采取有效措施进行修复或加固，消除病害根源。其作业范围应包括下列内容：

（1）维修、加固路肩和边坡。

（2）疏通、改善排水设施。

（3）维护、修理各种防护构造物。

（4）清除塌方、积雪，处理塌陷，检查险情，防治水毁。

（5）观察和预防、处理翻浆、滑坡、泥石流等病害。

（6）有计划、有针对性地对局部路基进行加宽、加高，改善急弯、陡坡和视距不良地段，使之逐步达到要求的技术标准。

2.路基养护的基本要求

为保证路基各部分完整，使路基发挥正常有效的作用，路基养护工作必须满足下列基本要求：

（1）保持路基土密实，排水性能良好，各部分尺寸和坡度符合规定并及时消除不稳定因素。

（2）路肩无车辙、坑洼、隆起、沉陷、缺口，横坡适度，边缘顺适，表面平整坚实、整洁，与路面接茬平顺。

（3）边坡稳定、坚固、平顺，无冲沟、松散，坡度符合规定。

（4）边沟、排水沟、截水沟、跌水井、泄水槽等排水设施无淤塞、高草，纵坡符合要求，排水畅通，进出口维护完好，保证路基、路面及边沟内不积水。

（5）挡土墙、护坡及防雪、防沙等设施保持完好无损坏，泄水孔无堵塞。

（6）做好翻浆、塌方、山体滑坡、泥石流等病害的预防、治理和抢修，尽力缩短阻车时间。

（7）为适应运输发展的需要，应对养护的路线逐步进行改善和加固，如改善路线的急弯和陡坡，添加挡土墙、护坡等结构物。

（三）路面的养护

路面养护是公路养护工作的中心环节，是质量考核的首要对象。路面养护从工程技术角度而言，一般是指为保持路面功能而进行的日常保养，如路面的清扫、洒水，轻微的路面修补、填补、接缝等。

路面维修是指日常养护难以完成的、较大的损坏，以恢复路面原有功能为目标的修理工程，如路面的翻修和罩面等。

本路面补强是指恢复或进一步改善原有功能的路面加层补强的大修或改建工程。

1.路面养护的目的

汽车在路面上行驶，除了克服各种阻力外，还会通过车轮把垂直力和水平力传给路面，水平力又分为纵向力和横向力两种。另外，路面还会受到车辆的振动力和冲击力作用，在车身后面还会产生真空吸力作用。在上述各种外力的综合作用下，路面结构层内会产生大小不同的压应力、拉应力和剪应力。如果这些应力超过了路面结构整体或某一组成部分的强度，路面就会出现断裂、沉陷、波浪、松散和磨损等破坏。因此，路面结构整体及其各部分必须通过养护，保持足够的强度，以抵抗在行车作用下所产生的各种应力。

在道路使用的过程中，路面还应有一定的抵抗变形的能力，即路面的刚度。如果路面结构整体或某一组成部分刚度不够，即使强度足够，在车轮荷载作用下也会产生过量的变形，而造成车辙、沉陷或者波浪等破坏。必须采取预防性养护和经常性养护、修理措施，使路面保有一定的强度、刚度及稳定性，使路面结构具有足够的抗疲劳强度以及抗老化形变累积的能力，确保其耐久性，并使路面平整、完好，路拱适度，排水畅通，行车顺适、安全；还应对原有路面有计划地进行改善，提高其技术状况，以适应运输发展的需要。

2.路面养护的要求

（1）及时、经常地对路面进行保养和修理，防止路面松散、裂缝和壅包等各种病害的产生及发展。

（2）通过对路面的保养和修理，保持和提高路面的平整度及抗滑能力，确保路面安全、舒适的行驶性能。

（3）通过对路面的修理和改善，保持及提高路面的强度，确保路面的耐久性。

（4）防止因路面损坏和养护操作污染沿线环境。

3.路面养护工程的分类及其主要内容

（1）小修保养工程。

①保养工程的主要内容包括清除路面上的泥土、杂物，保持路面整洁；排除路面上的积水、积雪、积冰、积沙，并进行处理；碎砾石路面扫匀面砂，添加面砂，洒水润湿，刮平波浪，修补磨耗层；处理黑色路面的泛油、壅包、裂缝、松散等病害；砂石路面刮平，修理车辙；水泥混凝土路面修理板边接缝及堵塞裂缝等。②小修的主要内容包括局部处理砂土路的翻浆、变形，添加稳定料；碎砾石路面的局部加宽、修补坑槽、整段修理磨耗层或扫浆铺砂；沥青（渣油）路面修补坑槽、沉陷，处理波浪、啃边等病害；水泥混凝土路面面板的局部修理和调整平整度。

（2）路面中修工程。路面中修工程主要包括砂石路面大面积处理翻浆，修理横断面；碎砾石路面局部地段加厚、加宽，调整路拱，加铺磨耗层和保护层，处理严重病害；沥青（渣油）路面整段封层罩面；沥青（渣油）路面严重病害的处理；水泥混凝土路面个别面板的更换、浇筑或加铺沥青磨耗层。

（3）路面大修工程。路面大修工程主要包括整线整段用稳定材料改善土路；整段加宽、加厚或翻修重铺碎砾石路面，翻修或补强重铺，或加宽高级、次高级路面。

（4）路面改善工程。路面改善工程主要包括分段提高公路技术等级，铺筑高级、次高级路面；新铺碎砾石路面等。

二、桥梁的养护与维修

（一）桥面铺装及桥面养护维修

1.沥青路面维修

（1）沥青混凝土桥面的养护、病害处理和修补应按国家现行标准《城镇道路养护技术规范》（CJJ 36-2016）要求进行。沥青路面加强经常性、预防性小修保养，对局部的、轻微的初始破损及时进行修理。

（2）桥面铺装可能出现的病害包括坑塘、壅包、龟裂、起砂、松散、车辙和纵、横向贯通裂缝等。发现铺装病害后应立即查明原因，及时修理，对于无法判明的铺装层病因可提出特殊检测的要求。

（3）对桥面裂缝的维修：对于黑色路面纵、横向裂缝，先清扫干净缝隙，并用压缩机吹去尘土后，用热沥青或乳化沥青灌缝撒料法去封堵。对大于3mm的桥面裂缝，应检查其发生原因。在确定无结构破坏和延续发展的条件下，可进行灌缝处理。

（4）对麻面或松散的维修：对局部地段的麻面或松散，可清扫干净，铣刨后重新摊铺。

（5）对壅包的维修：壅包范围内用直尺画出矩形（与中心线平行或垂直），用小型切割机切深4cm，再采用宽500mm铣刨机铣平。然后采用与原有结构层一样的沥青填补，并压实。

（6）对坑塘传统维修：测定破坏部分的范围和深度，用直尺画出矩形（与中心线平行或垂直），再凿到稳定部分，深度不小于3cm，坑壁要垂直。清除坑底后，在干净的坑底、坑壁薄洒一层黏结沥青，视坑塘深度，根据原路面结构层次填补混合料或沥青混凝土，填补后压实。坑塘的修补要求做到圆洞方补、浅洞深补、湿洞干补。例如，路面基层损坏，应针对损坏原因，先处理基层病害，再修复面层。

（7）对坑塘冷补维修：大桥是城市交通的主动脉，同时也是城市景观，因此对其坑塘的修补必须及时。公司将准备质量较好的进口、国产的冷补沥青混凝土，确保在连续阴雨天、节假日、沥青厂休假日补坑。当天发现当天修补。

（8）要确保材料质量，冷补料要有黏性不松散，热拌混合料外观应拌和均匀，色泽一致，无明显油团、花白或烧枯，到现场温度不得低于11℃。

（9）压路机碾压顺序是从两边到路中，缓慢、匀速进行，时速不得大于5km。不得在碾压层上掉头、转向或突然刹车，大型压路机严禁振动碾压。

（10）碾压成型的沥青混凝土面层在冷却到常温后方可开放交通，遇到紧急情况如需提前开放的话，则应采取相关的技术措施。

（11）对钢纤维混凝土铺装层维修：凿除碎裂部位，清理残留物，用空压机吹干净，适当湿润。

2.排水设施的养护维修

（1）大桥进水口都要进行清捞，保持进水口干净。进水口按每月三次频率清捞。对损坏、缺损的大桥进水口须及时进行更换维修，应采用与原设施性质相同的材料，进水口抹面要光洁。

（2）立管按每两个月一次疏通。立管修复时要擦净管口，涂刷胶水均匀，管道接好，要保证不渗水。管道安装抱箍要安放水平，螺栓要牢固。

（3）立管集水斗要定期清捞，每季度一次，汛期中要加大清捞频率。

（4）桥面泄水孔应完好、畅通、有效。

（5）发现泄水管损坏应及时修补，损坏严重的应及时更换。

3.伸缩缝的养护维修

（1）伸缩装置应每月保养一次，及时清除缝内的垃圾和杂物，使其平整、顺直、收缩自如、整洁，处于良好的工作状态。

（2）橡胶止水带损坏后应及时更换（满足原设计的规格和性能要求）。

（3）梳形板伸缩缝应经常检查紧固螺栓，防止梳齿板转动上翘，发现梳齿出现裂缝后，及时焊接修补。

（4）发现伸缩缝钢构件锈蚀时通过喷防锈漆予以处理，并使用油脂或润滑剂涂抹表面。

（5）伸缩缝出现损坏而无法修复时，宜选用原型号伸缩缝产品进行整体更换。

（6）伸缩缝的预埋部分与混凝土结合完好，上部各部位有局部损坏的，相应更换上部构件。

（7）伸缩缝预埋部分损坏与混凝土结合已脱离，凿除部分损坏的混凝土结合部位，重新焊接预埋件，再将预埋件与伸缩缝的主体钢与预埋件焊接，浇筑C40钢纤维混凝土，必要时更换损坏的伸缩缝装置。

（8）当伸缩缝整体损坏，边缘混凝土碎裂时，则采用整体更换的方法维修。

（9）采用环氧砂浆预埋钢筋或种植钢筋、打膨胀螺栓。若旧桥面铺装层较薄，可将桥面凿开从而将锚筋直接焊接在桥面钢筋上。安装新伸缩缝构件，涂界面剂，灌注钢筋混凝土。

4.附属设施养护维修

由于车辆不可避免地会对大桥附属设施造成轻微损坏，虽然不影响交通，但有碍观瞻，影响设施的面貌，故对附属设施的损坏也须做到及时修理。

（1）大桥的中心隔高栏、防撞护栏、人行道栏杆不得有断裂、松动、错位、缺件、剥落、锈蚀等损坏现象。

（2）经常性地检查栏杆的预埋钢板有无松动，连接螺栓有无丢失、锈蚀。

（3）桥面护栏应保持完好顺直，无油漆剥落、根部松动、开裂、变形。

（4）人行道护栏每日擦洗一次，中心隔离栏每10日擦洗一次。

（5）栏杆的维修：对损坏的栏杆先进行切除，修复栏杆要注意水平度和垂直度，控制好线性的顺直。焊接要进行满焊，并进行油漆，如焊接底板松动时先处理底板。

（6）中心隔离栏杆维修：隔离栏杆上部结构为钢制栏杆，下部为水泥混凝土墩，固定中心隔离栏杆发生小部分损坏时应及时进行修理，首先要立模板并用界面剂对破损面进行界面处理后，才可用混凝土进行修复。

（7）配电箱盖板维修：发现掉落要及时复位，发生部分锈蚀时进行敲铲油漆，发生严重锈蚀时进行更换。

（8）桥面上人行道铺装、盲道和缘石应完好、平整。当有缺损时，应及时维修或更换。

5.桥面防水层的养护维修

桥面卷材防水层的修补应符合下列规定：损坏的防水层，应及时进行修补。防水层维修应按施工要求进行。修补后的防水层，其防水性能、整体强度、与下层粘接强度和耐久性等指标应满足原设计要求。

防水混凝土结构层的维修应符合下列规定：

（1）当防水混凝土表皮脱落或轻微粉化而整体强度未受影响，且防水混凝土层与下层连接牢固时，应彻底清除脱落表皮和粉化物。

（2）当防水混凝土受到侵蚀，表皮严重粉化且强度降低或防水混凝土层与下层已脱离连接时，应完全清除该层结构重新进行浇筑。

（3）清理表皮脱落层时，应清理至具有强度的表面完全露出。

（4）清除损坏的结构层时，应切割出清理边界，然后再进行清除作业。清除应彻底，不得留隐患，应避免扰动其他完好部分。

（5）钢筋网结构的防水混凝土层清除作业时，应确保原钢筋结构的完整。

（6）在浇筑新混凝土前，作业面（包括边缘）应清洁、粗糙。

（7）选用的防水混凝土抗渗等级应高于P6，且不得低于原设计指标要求。在使用除雪剂的北方地区和酸雨多发地区，防水混凝土的耐腐蚀系数不应小于0.8。严禁使用普通配比混凝土替代防水混凝土。

（二）上部结构养护维修

1.梁底板混凝土碳化及钢筋锈蚀维修

（1）凿除损坏混凝土：凿除因锈蚀而损坏的混凝土，使钢筋全部露出；当混凝土易于清除时，钢筋周围2.5mm左右的混凝土，可保留到下一步骤清除。

（2）除锈：①手工除锈。先用刮刀、手锤、钢刷等工具铲敲、刷来除去浮锈、尘土，然后再用钢丝刷、砂布、砂轮等刷、磨来除去锈蚀并打磨光。②机械处理除锈。用风动刷、除锈枪或电动刷除锈，除锈后即对钢筋进行防锈处理。

（3）提高新老混凝土之间的黏结力，用丙酮清洗混凝土表面、钢筋，在处理表面上均匀涂上胶黏剂（或称界面剂）。

（4）浇筑新的混凝土。可采用普通混凝土、环氧混凝土或聚合物混凝土。

（5）表面处理，为防止混凝土表面产生中性化（碳化）而继续受损，对新浇混凝土进行表面处理，如涂上防水剂或涂料。

2.钢结构养护

（1）钢结构养护要求。

①钢结构梁的刚度、强度和稳定性应符合设计要求。运营中根据钢结构形式，应加强对各部分连接节点及杆件、铆钉、销栓、焊缝的检查、养护。对承载能力或刚度低于限值、结构不良的钢结构，应进行维修或加固。②钢结构外观应保持清洁，冬季应及时除冰雪。泄水孔应畅通，桥面铺装应无坑洼积水现象，渗漏部分应及时修好。当桥面积水时，应设置直径不小于50mm的泄水孔，钻孔前应对杆件强度进行验算。③钢结构应每年进行一次保养，每年做一次检测。检测时发现节点上的铆钉和螺栓松动或损坏脱落、焊缝开裂，应采用油漆标记并作记录。在同一个节点，缺少、损坏、松动和歪斜的铆钉超过1/10时，应进行调换。当焊接节点有脱缝、焊缝处有裂纹，应及时修补。对有裂纹及表面脱落的构件，应仔细观察其发展，做出明显的标记，注明日期，以备观察，必要时应补焊或更换。④钢梁杆件伤损容许限度超过规定时，应及时进行整修、加固或更换。⑤不良铆钉的容许限度超过规定时，应对不良铆钉进行更换，其他不良铆钉宜根据不良程度进行更换。

（2）钢梁有下列状态之一时，应及时维修。

①桁腹杆铆接接头处裂缝长度超过50mm。

②下承式横梁与纵梁加接处下端裂缝长度超过50mm。

③受拉翼缘焊接一端裂缝长度超过20mm。

④主梁、纵横梁受拉翼缘边裂缝长度超过5mm，焊缝处裂缝长度超过10mm。

⑤纵梁上翼缘角钢裂缝。

⑥主桁节点和板拼接接头铆栓失效率大于10%。

⑦主桁构件、板梁结合铆钉松动连续5个及以上。

⑧纵横梁连接铆钉松动。

⑨纵梁受压翼缘、上承板梁主梁上翼缘板件断面削弱大于20%。

⑩箱梁焊缝开裂长度超过20mm。

（3）新换钢梁或加固杆件的组拼应符合下列规定。

①组拼板件应采用螺栓均匀拧紧，板件密贴，边缘用0.3mm插片深入长度不得大

于20mm。

②组拼杆件应在无活载情况下进行，并不应少于1/3的孔眼安装螺栓及冲钉，其中2/3为冲钉，1/3为螺栓。

③无活载情况下铆合时，应每隔2个钉孔装一个螺栓，螺栓间距不得超过400mm，必要时应每隔1个钉孔装一个螺栓，每组孔眼应打入10%的冲钉。

④栓接梁使用的高强螺栓、螺母及垫圈应符合现行国家标准《钢结构用高强度大六角头螺栓》（GB/T 1228-2006）的规定，并应附有出厂合格证。

⑤在有活载情况下更换铆钉时，应拆除一个铆钉，同时上紧一个螺栓，必要时可使用不超过30%的冲钉。严禁使用锛斧和大锤铲除钉头。在为对结构承载力至关重要的构件更换铆钉时，应禁止车辆通行。

（4）高强螺栓的更换应符合下列规定。

①高强螺栓的施工预拉力应符合设计要求，欠拧值或超拧值均不应超过规定值的10%，各种型号的高强螺栓的设计预拉力值应符合规定。

②高强螺栓的初拧值应根据试验确定，宜取终拧值的40%~70%，终拧方法可采用扭矩法或转角法。

③对大型节点，同时更换的数量不得超过该节点螺栓总数的10%，对螺栓少的节点应逐个更换。在一个连接处（或节点）少量更换的螺栓、螺母及垫圈的材质、规格、强度等级应与原桥上使用的相同，不得混用。

④高强螺栓拧紧后，节点板四周的缝隙应采用腻缝封闭。高强螺栓、螺母及垫圈的外露部分均应进行涂装防锈。

（5）对栓接梁、全焊梁，当在焊缝及附近钢材上发现裂缝时，可根据裂缝的位置、性质、大小及数量，采取下列相应措施。

①在裂缝的尖端钻圆孔，孔径宜与钢板厚度相等，且不得超过32mm。

②高强螺栓连接加固，加固前裂缝尖端处应钻孔。

③抽换杆件或换梁。

（6）钢梁涂装养护。

①针对不同钢结构项目，尽量使用与原有材质相同的油漆涂料进行养护。

②用风动打磨机对钢梁表面进行除锈处理。

③钢材表面应无可见的油脂和污垢，没有附着不牢的氧化皮，底材显露部分的表面应具有金属光泽。

④清洁，去除油污。

⑤除锈后钢梁表面应清洁、干燥，雨后受潮要重新进行干燥处理。

⑥手工除锈如有无法铲除的部分，可采用高效脱漆剂，使其老化或比较硬的漆膜发生软化，再予以清除，保证达到部颁标准。

3.支座养护维修

（1）桥梁支座应定期检查和保养，并应符合下列规定：

①球形支座滚动面不平整，轴承有裂纹、切口以及个别辊轴大小不合适时，必须予以更换。

②支点承压不均匀时，应进行调整。调整时可用千斤顶把梁上部顶起，然后移动调整支座的位置（此项工作报业主专项审批）。

③支座板翘起、扭曲、断裂时应予更换或补充，焊缝开裂应予维修加固。

④如要抬高支座可采用捣筑砂浆垫层、加入钢板垫层或预制钢筋混凝土块的办法。

⑤支座各部分应保持完整、清洁、有效，应每年检查保养一次，冬季应及时清除积雪和冰块，梁跨活动应自由。

⑥滚动支座滚动面上每年应涂一层润滑油。在涂油之前，应先清洁滚动面。

⑦支座各部分除钢辊和滚动面外，其余金属部分应定期保养，不得锈蚀。

⑧固定支座每两年应检查锚栓牢固程度，支承垫板应平整紧密，及时拧紧接合螺栓。

⑨板式橡胶支座恒载产生的剪切位移应在设计范围内；支座不得产生超过设计要求的压缩变形；支座橡胶保护层不应开裂、变硬、老化，支座各层加劲钢板之间的橡胶应均匀和正常；支承垫石顶面不应开裂、积水；进行清洁和修补工作时，应防止橡胶支座与油脂接触。

⑩滚动盆式橡胶支座，固定螺栓不得有剪断损坏，应及时拧紧松动的螺母。

（2）支座的缺陷故障，应及时维修或更换，并应符合下列规定：

①滚动面不平整，轴承有裂纹、切口或个别辊轴大小不合适时，应更换。板式橡胶支座损坏、失效应及时更换。

②梁支点承压不均匀，应进行调整。

③支座座板翘曲、断裂，应予更换和补充，焊缝开裂应予维修。

④对需抬高的支座，可根据抬高量的大小选用下列几种方法：

a.抬高量在50mm以内可垫入钢板；抬高量在50～300mm的垫入铸钢板。

b.就地灌注高强钢筋混凝土垫块，厚度不应小于200mm。

⑤滑移的支座应及时恢复原位；脱空支座应及时维修。

⑥辊轴支座的实际纵向位移，应与计算的正常位移相符。当纵向位移大于容许偏差或有横向位移时，应加以修正；当辊轴出现不允许的爬动、歪斜或摇轴倾斜时，应校正支座的位置。

⑦小跨径（板）桥油毡支座的油毡垫层损坏、掉落、老化，应予更换。

⑧弧形钢板支座和摆柱式支座中的钢板不得生锈，钢筋混凝土摆柱不得脱皮露筋，固定锚销不得切断，滑动钢板不得位移，摆柱不得倾斜。对损伤和超过允许位移的支座钢板，应及时修理更换。

⑨球形支座应每年清除尘土，更换润滑油一次。支座地脚螺母不得剪断，橡胶密封圈不得龟裂、老化。支座相对位移应均匀，并记录位移量；支座高度变化不应超过3mm；应每两年对支座钢件（除不锈钢滑动面外）进行油漆防锈处理。

（三）下部结构的养护维修

当墩、台、柱由于混凝土温度收缩，施工质量不良及基础不均匀沉降等原因产生裂缝时，应视裂缝大小及损坏原因采取不同措施进行维修。

（1）裂缝宽小于规定限值时，可凿槽并采用喷浆封闭裂缝方法。

（2）裂缝宽大于规定限值时，可采用压力灌浆法灌注水泥砂浆、环氧砂浆等灌浆材料修补方法。

（3）支座失灵造成墩台拉裂，应修复或更换支座。

（4）台身发生纵向贯通裂缝，可用钢筋混凝土围带或粘贴钢板进行加固。如因基础不均匀下沉引起自下而上的裂缝，则应先加固基础，再采用灌缝或加筋方法进行维修。

（5）当混凝土表面发生侵蚀剥落、蜂窝麻面等病害时，应及时将周围凿毛洗净后做表面防护。

（6）当混凝土表面部分严重风化和破坏时，应及时清除损坏部分后用与原结构相同材料补砌，应结合牢固，色泽和质地宜与原砌体一致。

（7）当表面风化剥落深度在30mm及以内时，应采用M10以上的水泥砂浆修补；当剥落深度超过30mm，且损坏面积较大时，应增设钢筋网浇筑混凝土层，浇筑混凝土前应清除松浮部分，用水冲洗，并采用铆钉连接。

（8）墩台出现变形应查明原因，采取针对性措施进行加固。

（9）当墩台裂缝超过规范表限值时，应查明原因，采取下列措施进行加固：

①裂缝宽度小于规定限位时，应进行封闭处理。

②裂缝宽度大于规定限值且小于0.5mm时，应灌浆；大于0.5mm的裂缝应修补。

③当石砌圬工出现通缝和错缝时，应拆除部分石料，重新砌筑。

④当活动支座失灵造成墩台拉裂时，应修复或更换支座，并维修裂缝。

⑤基础不均匀沉降产生的自下而上的裂缝，应先加固基础，并应根据裂缝发展程度确定加固方法。

（10）桥台发生水平位移和倾斜，超过设计允许变形时，应分析原因，确定加固方案。

（11）桩或墩台的结构强度不足或桩柱有被碰撞折断等损坏，应查明原因，进行加固处理。

（12）桥台锥坡及八字翼墙在洪水冲击或填土沉落的作用下容易产生变形和勾缝脱落，修复时应夯实填土，常水位以下应采用浆砌片（块）石，并勾缝。

（四）其他维修

1.人行道破损养护

经常清除人行道范围内的杂物；对沉降不均造成的局部裂缝，及时用水泥砂浆勾缝，损坏的部件及时更换；人行道由于不均匀沉降，造成的不平整，应及时进行维修。

2.隔离栏养护

定期对隔离栏进行检查，确保基础稳定、隔离栏无损坏或锈蚀，及时补缺及更新，确保隔离栏完整和美观，每年进行一次油漆养护。

（五）养护技术措施

1.质量保证措施

（1）沥青路面修补路面做到圆洞方补、浅洞深补、湿洞干补。凿边要求四周修凿垂直不斜，基底保持干燥，筑厚度差在±5mm内，表面粗细均匀，无毛细裂缝，碾压紧密，无明显轮迹。平整度控制为人工摊铺高低差不大于5mm，机械摊铺不大于2mm，路框差控制为井框周围无沉陷，与路面高低差不得大于5mm，横坡与原路面横坡一致，不得有积水。

（2）伸缩缝外形整齐，平整顺适，牢固完整，无破损，无漏水，行车无颠簸，伸缩变形应稳定，缝内无垃圾。

（3）混凝土结构提高新老混凝土之间的黏接力，用丙酮清洗混凝土表面和钢筋，在处理表面上均匀涂上胶黏剂。为防止混凝土表面中性化，应对新浇混凝土进行表面处理，并涂上防水剂。

（4）钢结构。①全敲铲表面处理按全出白要求除锈达到St3级以上；部分敲铲表面处理按要求除锈达到St2级以上。②涂刷底漆表干2h，实干24h，每道底漆涂刷最短间隔时间需保持24h左右；涂刷两遍面漆，最短间隔时间控制在12h左右，油漆表面无流挂、无针孔、光滑。

（5）支座。定期对支座钢件进行油漆防锈，定期清除支座附近的杂物和灰尘，对智能型支座应观测、记录其滑移量，并判断其是否运行正常。

（6）排水设施。①高架快速路排水口要进行清捞，保持排水口干净；对损坏、缺损的须进行更换维修，采用与原设施性质相同的材料，抹面要光洁、平整。②立管修复时要擦净连接管口，涂刷胶水均匀，管道接好，要检查保证不渗水；管道安装抱箍要安放水平，螺栓要牢固。

2.进度保证措施

养护进度的保证措施主要是计划、控制和协调。根据公司的总目标编制"总体养护管理进度计划表"，并根据动态控制原理对养护进度实施全面管理。

（1）建立进度控制的组织系统长效管理小组，负责落实各层次的进度控制人员（以现场施工员及班组长为主），落实具体任务和工作责任，并编制以全年计划为基础的日、周、月、季度的作业计划，明确每天的工作内容，检查、解决执行计划中存在的问题，确保当天计划当天完成。养护施工中严格按照计划作业，如出现不符的情况，及时分析原因，提出补救措施。

（2）加强各班组施工之间的协调工作养护。施工前应按总体计划作出详细的周或月作业计划，施工组统一管理，按照作业计划进行检查，若与计划进度偏离，及时进行调整，做好各部门之间的协调工作。

坚持养护工作月会制度。公司每月召开一次会议，检查落实养护实际进度情况，分析和预测可能影响进度的因素，制定预防措施。排查机械、材料或外部条件干扰养护进度的因素，并及时在会议上提出，共同制订解决办法。各班组坚持组织召开每日下班前的碰头会及上岗前的安全会议，检查当日完成的工作量，并将存在的问题及时报告长效管理小组，把养护总体进度计划层层落实到班组和个人。

（3）加强安全和技术交底工作。经常对职工进行安全和质量方面的教育，不断提高职工质量意识和工作责任心，确保各养护工序的施工质量一次验评合格，避免返工，并将安全隐患消灭在萌芽状态，这是保证养护按计划实施的主要措施之一。同时加强对机械设备的维修保养，提高机械的完好率与利用率。

（4）努力协调好各方面的关系。主动与上级监管单位、交警部门等加强联系，争取各方支持，创造一个良好的养护施工环境，排除可能对施工进度造成影响的不利因素。

（5）科学、合理地组织。平面流水养护施工交叉作业根据各班组各工种的具体作业计划，配置必要的设备，供给充足的材料，安排合理的劳动力，进行流水作业和交叉作业，避免因机械、材料和劳动力不足而影响养护进度。

（6）完善施工工艺，提高效率。在养护施工过程中不断完善施工工艺、合理组织施工、提高效率，令施工有节奏、均衡地进行，以加快施工进度，同时在实际操作中不断积累经验。

（7）坚持多点施工，平行作业。根据养护需要，可采取二班或三班同时养护施工，每班安排施工员对现场进行指挥与协调。

（8）认真做好月报工作。每月将完成的养护工作量和养护进度呈报监管单位，以便根据养护进度的实际情况进行分析和控制，使得养护进度的全过程始终处于循环、动态的控制中。

要保证养护进度还应落实岗位责任制，建立激励制度，开展劳动竞赛，关心职工生活，搞好后勤服务，调动工作人员积极性，以便提高劳动生产率。

第三章 市政道路桥梁工程建设项目进度及风险管理

第一节 工程建设项目进度及风险管理概述

一、进度管理的基本概念

（一）工程项目进度管理的含义

工程项目进度管理是指项目管理者围绕目标工期编制计划，付诸实施且在此过程中经常检查计划的实际执行情况，分析进度偏差原因，并在此基础上不断调整、修改计划直至工程竣工交付使用。通过对进度影响因素的控制及各种关系的协调，综合运用各种可行方法、措施，将项目的实际工期控制在事先确定的目标工期范围之内。在兼顾安全、成本、质量控制目标的同时，努力缩短建设工期。这里介绍的进度管理不是局限于项目施工过程的进度管理，而是从项目全过程总体管理的角度，介绍项目决策阶段、准备阶段、实施阶段和收尾阶段的全过程进度管理。

（二）工程项目进度管理的程序

（1）制订进度计划。（2）进度计划交底，落实责任。（3）实施进度计划，跟踪检查，对存在的问题分析原因并纠正偏差，必要时对进度计划进行调整。（4）编制进度报告，报送有关管理部门。

二、进度计划的编制

（一）进度计划的类型

工程项目进度计划通常有下列几类：（1）整个项目的总进度计划。（2）分阶段进度计划。（3）子项目进度计划和单体进度计划。（4）年（季）度计划。

各类进度计划应包括下列内容：（1）编制说明。（2）进度计划表。（3）资源需要量及供应平衡表。

（二）进度计划的编制程序

一般来讲，工程项目进度计划的编制应遵循以下程序：（1）确定进度计划的目标、性质和使用者。（2）进行工作分解。（3）收集编制依据。（4）确定工作的起止时间及节点时间。（5）处理各工作之间的搭接关系。（6）编制进度表并确定关键线路图。（7）编制进度说明书。（8）编制资源需要量及供应平衡表。（9）报有关部门批准。

（三）进度计划的表示方法

1.横道图表示法

横道图也称为甘特图，是美国人甘特在20世纪20年代提出的。由于其形象、直观，且易于编制和理解，因而长期以来被广泛应用于建设工程进度管理中。

横道图计划的优点是较易编制、简单、明了、直观、易懂，因为有时间坐标，各项工作的施工起止时间、作业时间、工作进度、总工期，以及流水作业的情况等都表示得清楚明确，一目了然。对人力和其他资源的计算也便于据图叠加。

横道图计划的缺点主要是不能全面地反映出各工作相互之间的关系和影响，不便进行各种时间计算，不能客观地突出工作的重点（影响工期的关键工作），也不能从图中看出计划中的潜力所在。这些缺点的存在，对改进和加强工程管理工作是不利的。

2.网络图表示法

网络计划是以箭线和节点组成的网状图形来表示工程实施的进度。网络计划的优点是把实施过程中的各有关工作组成了一个有机的整体，因而能全面而明确地反映出各工作之间的相互制约和相互依赖的关系。它可以进行各种时间计算，能在工作繁多、错综复杂的计划中找出影响工程进度的关键工作，便于管理人员集中精力抓施工中的主要矛盾，确保按期竣工，避免盲目抢工。通过利用网络计划中反映出来的各工作的机动时间，可以更好地运用和调配人力与设备，节约人力、物力，达到降低成本的目的。在计划的执行过程中，当某一工作因故提前或拖后时，能从计划中预见到它对其他工作及总工期的影响程度，便于及早采取措施以充分利用有利的条件或有效地消除不利的因素。此外，它还可以利用现代化工具——计算机，对复杂的计划进行绘图、计算、检查、调整与优化。

网络计划技术的最大特点就在于它能够提供工程管理所需的多种信息，有利于加强工程管理，所以网络计划技术已不仅仅是一种编制计划的方法，而且还是一种科学的工程管理方法。它有助于管理人员合理地组织生产，使他们做到心中有数，知道管理的重点应放在何处，怎样缩短工期，在哪里挖掘潜力，如何降低成本。

（四）进度计划的实施

进度计划的实施就是工程建设活动的开展，就是用工程进度计划指导项目各项建设活动的落实和完成。为了保证进度计划的实施，并且尽量按照编制的计划时间逐步进行，保证各进度目标的实现，在进度计划实施的过程中应进行如下工作：

（1）跟踪计划的实施，当发现进度计划执行受到干扰时，应采取调度措施。

（2）在计划图上进行实际进度记录，并跟踪记载每个实施过程的开始日期、完成日期，记录每个建设环节发生的实际情况，干扰因素的排除情况等。

（3）执行工程项目合同中对进度、开工及延期开工、暂停施工、工期延误、工程竣工的承诺。

（4）跟踪工程量、总产值、耗用的人工、材料和机械台班等数量的形象进度，进行统计与分析，编制统计报表。

（5）落实进度控制措施应具体到执行人、目标、任务、检查方法和考核办法。

（6）处理进度索赔。

同时为了顺利实施进度计划，还应具体做好如下几项工作：

第一，编制月（旬）作业计划：工程项目管理规划中编制的进度计划，是按整个项目（或单位工程）编制的，带有一定的控制性，但还不能满足施工作业的要求。实际作业时是按月（旬）作业计划和施工任务书执行的，故应认真编制。

月（旬）作业计划除依据施工进度计划编制外，还应依据现场情况及月（旬）的具体要求编制。月（旬）作业计划以贯彻施工进度计划、明确当期任务及满足作业要求为前提，在月（旬）计划中要明确本月（旬）应完成的任务，所需要的各种资源量，提高劳动生产效率和节约措施。

第二，签发任务书：任务书既是一份计划文件，也是一份核算文件，又是原始记录。它把实施计划下达到具体部门进行责任承包，并将计划执行与技术管理、质量管理、成本核算、原始记录、资源管理等融为一体，是计划与作业的连接纽带。

第三，做好进度记录：在市政工程项目实施过程中，如实记载每一项工作的开始日期、工作进程和结束日期，可为计划实施的检查、分析、调整、总结提供原始资料。要求跟踪记录，如实记录，并借助图表形成记录文件。

第四，做好调度工作：调度工作主要对进度控制起协调作用。协调实施中出现的各种矛盾，克服薄弱环节，实现动态平衡。调度工作的内容包括：检查作业计划执行中的问题，找出原因，并采取措施；督促供应单位按进度要求供应资源；控制施工现场临时设施的使用；按计划进行作业条件准备；传达决策人员的决策意图；发布调度令等。调度工作要做得及时、灵活、准确、果断。

三、进度计划的检查

（一）跟踪检查实施实际进度

这是项目进度控制的关键措施。其目的是收集实际进度的有关数据。

跟踪检查的时间间隔与工程项目的类型、规模、施工条件和对进度执行的要求程度有关，通常可以确定每月、每半月、每旬或每周进行一次。若在工程项目实施过程中遇到天气、资源供应等不利因素的严重影响，检查的时间间隔可临时缩短，甚至每日都进行检查或派人驻现场督阵。检查和收集资料的方式一般采用进度报表方式或定期召开进度工作汇报会。为了保证汇报资料的准确性，进度控制人员要经常到现场查看项目的实际进度情况，从而保证经常地、定期地准确掌握项目的实际进度。

（二）整理统计检查数据

对于收集到的市政工程项目实际进度数据，要进行必要的整理，按计划控制的工作项目进行统计，形成与计划进度具有可比性的数据、相同的量纲和形象进度。一般可以按实物工程量、工作量和劳动消耗量以及它们的累计百分比进行整理和统计实际检查的数据，以便与相应的计划完成量相对比。

（三）对比实际进度与计划进度

将收集的资料整理和统计成与计划进度具有可比性的数据后，对工程项目实际进度与计划进度进行比较。通常用的比较方法有横道图比较法、S形曲线比较法、香蕉形曲线比较法、前锋线比较法和列表比较法等。通过比较可得出实际进度与计划进度相一致、超前或拖后三种结论。

（四）进度检查结果的处理

市政工程项目进度检查的结果，按照检查报告制度的规定，形成进度控制报告，向有关主管人员和部门报告。

进度控制报告是把进度检查比较的结果、有关市政工程项目的进度现状和发展趋势的分析，提供给有关主管人员和部门的书面形式的报告。

进度控制报告由计划负责人或进度管理人员与其他项目管理人员协作编写。报告时间一般与进度检查时间相协调，也可按月、旬、周等间隔时间编写上报。

进度控制报告的内容主要包括项目实施概况、管理概况、进度概要；项目实施进度、形象进度及简要说明；材料、物资、构配件供应进度；劳务记录及预测；日历计划；业主单位和施工者的变更指令等。

四、进度计划检查的方法

（一）横道图比较法

横道图比较法是将在项目进展中通过观测、检查、搜集到的信息，经整理后直接用横道线并列标于原计划的横道线，进行直观比较的方法。

（二）实际进度前锋线比较法

前锋线比较法是按照项目实际进度绘制其前锋线，根据前锋线与工作箭线交点的位置判断项目实际进度与计划进度偏差，以分析判断项目相关工作的进度状况和项目整体进度状况的方法。

根据实际进度前锋线的比较分析可以判断，项目进度状况影响项目的关键工作提前或拖后将会对项目工期产生提前或拖后影响；而非关键工作的影响，则应根据其总时差的大小加以分析判断。一般来说，非关键工作的提前不会造成项目工期的提前；非关键工作如果拖后，且拖后的量在其总时差范围之内，则不会影响总工期，但若超出总时差的范围，则会对总工期产生影响，若单独考虑该工作的影响，其超出总时差的数值，就是工期拖延量。需要注意的是，在某个检查日期，往往并不是一项工作的提前或拖后,而是多项工作均未按计划进行,这时则应考虑其相互作用。

(三)S形曲线比较法

S形曲线比较法是以横坐标表示进度时间,纵坐标表示累计完成任务量,而绘出一条按计划时间累计完成任务量的曲线,将项目的各检查时间完成的任务量与S形曲线进行实际进度与计划进度相比较的一种方法。

S形曲线比较法同横道图一样,是在图上直观地将工程项目实际进度与计划进度相比较。一般情况下,计划进度控制人员在计划实施前绘制S形曲线,在实施过程中按规定时间将检查的实际完成情况,绘制在与计划S形曲线同一张图上,可以得出实际进度S形曲线。

(四)"香蕉"形曲线比较法

"香蕉"形曲线是两条S形曲线组合而成的闭合曲线。它根据网络计划中的最早和最迟两种开始和完成时间,分别绘制出相应的S形曲线,前者称为ES曲线,后者称为LS曲线。在项目实施过程中,根据各项工作每次检查实际完成的任务量,计算出不同时间实际完成任务量的百分比,并在"香蕉"形曲线的平面内绘出实际进度曲线,即可进行实际进度与计划进度的比较。

(五)列表比较法

采用无时间坐标网络计划时,在计划执行过程中,记录检查正在进行的工作名称、已耗费的时间及尚需要的时间,然后列表计算有关参数,根据计划时间参数判断实际进度与计划进度之间的偏差,这种方法就称为列表比较法。

五、工程项目进度风险分析与管理

(一)常用工程项目进度风险分析方法

1.计划评审技术

计划评审技术也称计划协调技术,简称PERT,是不确定型网络技术的典型代表。计划评审技术是一种广泛应用的进度风险评价方法,但是工序持续时间的分布函数不能确定是符合 β 函数的,而且在缺乏资料或经验的情况下,估计的值是专家给出的,准确性会比较差;再者,中心极限定理只适用于线路中有足够多独立的工序的情况，这与工程实际或许会存在一定的差异。

2.蒙特卡洛模拟

传统蒙特卡洛法一般给出均值、方差、完工概率、工序关键度等信息，而实际项目风险控制决策过程中，该方法则忽略了实际工程项目中工序持续时间之间可能存在的相关关系和风险因素之间的相关关系。

（二）进度风险分析现有方法的不足和改进

1.各工序持续时间之间的关联性

工程项目受外界环境的影响越发明显，导致这些工序持续时间之间因为同一风险因素的作用而产生一定的关联，这种关联关系会使项目完工时间有更大的不确定性。所以，如何恰当地体现工程项目中工序持续时间之间的相关性，是改进现有方法的重要一步。

2.风险因素之间的关联性

工程项目经常受到天气条件、水文条件、地质环境、施工水平等多个风险因素的影响，而这些风险因素之间同样可能存在一定的相关性。因此，合理地描述风险因素之间的相关性及风险因素对各工序的影响可以改进进度风险分析方法。

综上分析可以看出，工序持续时间之间的关联性、风险因素之间的相关性的恰当表达能使进度风险分析结果更符合实际，同时能更好地辅助项目管理者开展进度风险管理工作。

3.进度风险分析现有方法的改进

针对上述的不足之处，这里提出针对这一思路的解决方法：对各工序持续时间之间的关联性而言，工序持续时间之间的相关性通过各个风险因素对各工序的持续时间影响程度间接反映；而针对风险因素对各工序的影响及各工序间的相关性，可以采用分别风险链的概念将风险因素间的相关性和某一单因素风险对某一组工序的影响考虑在分析过程中。同时，通过仿真模拟技术最终得到影响工程项目进度的关键风险因素，风险发生概率的大小，以及风险链对进度的影响程度和综合风险的大小，为风险的管理工作提供更加合理的理论依据。

第二节　项目决策阶段进度及风险管理

一、决策阶段影响项目进度的主要因素

（一）决策速度对项目进展的影响

市政工程项目通常是由财政筹资建设的公益性项目，决策过程涉及众多的社会因素。因此，在决策阶段，应对项目建设的必要性和可行性进行充分的论证，尤其是对建设方案应进行充分的利弊分析与优化比选，以便最快做出科学的决策。

（二）前期各项审批的合理衔接对项目进展的影响

项目决策阶段的审批通常包括项目建议书、方案和选址、环境影响评价、水土保持论证、防洪论证、海洋环境影响评价、海域使用论证、用地预审办理和立项审批等审批流程。某些环节的审批，如方案、环境影响评价、用地预审等，又是立项审批的必要条件，因此在策划某一阶段的审批时应充分考虑该阶段审批需要完成的前置审批条件，各审批环节间应紧密衔接。统筹安排能并行审批的各流程，互不影响的审批环节同步审批，节约整个决策阶段的审批时间。

（三）用地性质对项目进展的影响

按照国家及省市有关规定，不同性质的土地，其审批部门、程序及审批所需时间不尽相同，因此对项目的进度将有不同的影响。

二、决策阶段进度管理的主要原则

（一）确定合理工期原则

决策层应根据项目的具体情况，考虑可能影响工期的各种因素，提出科学合理的工期目标。因为能否在决策阶段要求的工期目标内完成项目往往会影响项目的生成，同时在方案比选时应根据工期目标选择可行的方案。

（二）各项审批流程间紧密衔接开展原则

在策划某一阶段的审批时应充分考虑该阶段审批需要完成的前置审批条件，各审批环节间紧密衔接，统筹安排能并行审批的各流程，互不影响的审批环节同步审批，节约整个决策阶段的审批时间。

（三）预判性原则

应充分考虑用地性质等可能对本阶段审批速度产生较大影响的因素，同时考虑征地拆迁、管线迁改等对项目实施阶段进度产生重要影响的因素，在方案决策阶段就应尽可能地规避各种不利因素，做好突破难点的方案和措施。

（四）严格控制设计质量原则

决策阶段方案设计的质量对项目实施的可行性具有决定性影响，方案设计阶段应组织公司技术骨干，必要时邀请相关专家对方案进行评审，避免因决策完成后对方案进行调整而导致投资增加、工期延误或重新审批等现象。

（五）提前沟通介入原则

不同手续的审批所涉及的行政部门各不相同，审批职能部门根据自身的职权范围所考虑的因素各不相同，各职能部门的审批意见可能相互冲突，因此作为项目建设的业主单位应尽可能提前与审批部门沟通，充分考虑各审批部门的意见，避免因项目工程内容、方案等与审批部门相悖而造成返工或项目不可行。

三、决策阶段进度管理的主要措施

（一）合理节约各项前期审批手续办理的时间

1.项目建议书

项目建议书是市政工程项目决策的开始，是开展前期准备工作的依据，一般情况下从项目建议书编制到发展和改革委员会正式批复需要20~30天。如果项目特别紧急，可以由市委、市政府研究决定后由发展和改革委员会直接批复开展前期工作的函来替代项目建议书，如果采用开展前期工作函的形式，可以将本阶段工作周期压缩至5个工作日内。同时，带投资批复的项目建议书可作为项目报建和设计招标的依据。

2.方案报批和选址

项目建议书批复后标志着项目正式进入前期工作阶段。建议书批复后要求设计单位及时编制方案设计文件，方案确定后应及时要求设计单位根据项目方案确定项目选址范围。方案设计周期由项目的规模、复杂程度等因素决定，简单项目可在一周内完成，复杂项目方案编制、论证、优化过程可能需要几个月时间。项目方案设计过程中或初步设计成果提交后，建设单位应及时与发改、规划和国土部门进行沟通汇报，确保项目投资规模、建设方案与政府决策、城市规划一致；了解项目选址用地的性质，摸清项目选址范围内城市规划用地、农用地、林地、用海等可能影响今后用地红线办理的主要因素；方案设计过程中应召集测量、设计单位对项目沿线进行踏勘，对项目沿线的建筑、文物、古木、庙宇、水系及管线进行详细调研，根据调查结果与规划部门进行沟通协调，尽可能地避开以上可能影响项目进展的各主要因素；方案设计成果提交后组织公司核心技术人员对设计方案进行评审，对设计方案的可行性、安全性、经济合理性进行全面的分析研究，避免方案批复后进行重大调整或出现投资规模突破等不利情况出现。完成以上工作后及时向规划部门申报方案、选址审批，一般情况下，规划部门在7个工作日内可完成方案、选址审批，同时要求设计单位对设计方案、投资估算进行优化、细化，做好工程可行性研究报告编制的准备工作。

3.环境影响评价

方案批复后，业主应及时委托环境影响评价单位编制环境影响评价报告书或环境影响评价报告表，环境影响评价编制因涉及环境监测、环境影响评价公示等程序，一般项目环境影响评价编制需要20~30个工作日，对环境影响较大的项目编制时间需要约50个工作日甚至更长时间，环境影响评价编制完成后报环保局审批。

4.水土保持论证、防洪论证

一般情况下，项目土方工程量超过5万立方米的项目需要进行水土保持论证及审批，水土保持论证的编制、报批需要约1个月时间，同时如项目涉及防洪排涝问题应委托具备相关资质的单位编制论证，编制完成后及时报水利局审批。

5.海洋环境影响评价、海域使用论证审批

方案批复后，如项目牵涉用海需要及时委托具备相关资质的单位编制海洋环境影响评价、海域使用论证报告。一般项目的海洋环境影响评价、海域使用论证编制周期需要约1个月时间，如涉及海洋生物保护区等问题还需要专项观测，则编制过程需要更长时间，正常项目报市一级海洋渔业局审批，但吹填造地等用海面积较大的项目需上报省海洋渔业厅或国家海洋局审批。

6.用地预审办理

规划部门选址批复后应及时委托国土局信息中心对项目用地性质进行勘界定界并出具项目勘界定界报告，根据勘界定界报告内容向国土部门申请用地预审批复。

7.立项报批

完成方案、选址、环境影响评价、水土保持论证、防洪论证、海洋环境影响评价、海域使用论证、用地预审等立项必备条件审批后，应及时向发展和改革委员会申请立项审批方案，批复后应及时要求设计单位开始编制工程可行性研究报告、投资估算。编制过程与各项前置条件审批同步进行，工程可行性研究报告编制在各前置条件审批完成前基本可以完成出版，争取与立项前置审批同步完成。工程可行性研究报告批复后项目建设内容、投资规模已基本确定，因此设计单位提交工程可行性研究报告的初步设计成果后，建设单位应组织公司核心技术人员、造价人员对项目的可行性、安全性、经济合理性、投资估算的编制等进行全面审核，避免项目方案出现重大变更或估算错漏等问题。工程可行性研究报告文件报送发展和改革委员会后，由发展和改革委员会委托评审、咨询机构对工程可行性研究报告进行评审，同时对项目投资估算进行审核。

（二）预判、规避可能影响工期的各项因素

1.规避项目用地性质对项目进展的影响

正常情况下，用地性质主要分为城市建设用地、农用地、基本农田、林地和海域等性质用地。前期方案选址线位应尽可能在城市建设用地范围内，如果项目选址全部为城市建设用地，则可以向市国土部门直接办理用地红线，节约办理农转用的较长周期，国土局红线批复一般可在15个工作日内完成；如果项目建设占用林地，需要先向林业厅办理林地使用审批，林地工可编制及审批过程一般需要约2个月时间，完成林地审批后方可向国土部门申请农转用审批，国土部门农转用审批也需要2~3个月时间。因此，全部为城市建设用地的项目与用地性质为林地、农用地的项目相比，取得用地红线可节约4个月时间。

2.规避征地拆迁对项目进展的影响

征地拆迁尤其是拆迁工作往往是决定项目能否如期完工的最重要因素，且其对项目周期的影响难以预测，城市建设开发过程中的断头路、烂尾工程通常都是受征地拆迁影响而形成的。因此，在项目决策阶段的方案、工程可行性研究报告评审过程中应充分考虑征地拆迁因素，尽可能地避开大量拆迁。

3.规避文物、庙宇、宗祠及古木等因素对项目进展的影响

文物和古木往往受文物保护部门相关规定保护，庙宇和宗祠是城市化改造过程中经常遇到的难题，其拆迁工作会涉及村民信仰、观念上的抵触，涉及的对象往往是整个村庄，拆迁工作难度比一般项目更大。因此，项目线位选址时应尽可能地避开文物、庙宇、宗祠及古木等对可能项目进度造成重大影响的因素。

4.预判管线迁改对项目进度的影响

随着城市规模的不断发展，早期的建设项目在规模、标准等方面将无法满足城市发展的需要，市政工程改造在所难免。市政项目尤其是改造项目往往牵涉大量的管线迁改，因此在项目决策阶段应及时召集各家管线权属单位进行研究协调，同时要求测量、设计单位对项目现场进行充分踏勘、调查，尽可能地选择市政管线迁改较小的方案。

5.充分考虑项目实施过程中可能的工程费、措施费的增加对进度的影响

市政工程项目通常由财政投资建设，项目概算经发改委审批后投资规模已基本确定，如果出现工程费、措施费增加时，需要向发改委申请增加投资。此项工作难度大、时间长，往往会对项目的进度造成较大影响，因此市政工程的估算与概算的编制应充分考虑各种不利因素对工程造价的影响。

四、项目决策阶段风险管理

（一）工程规划的风险管理

市政工程规划阶段的主要工作包括线路规划方案、桥梁方案、隧道规模等的拟定与专项审查、工程初步勘察与环境调查等。对此阶段进行有效的风险管理，对市政工程的设计、施工及运营具有重要意义。此阶段的风险管理可以由政府部门或建设单位委托相关工程风险管理咨询单位协助进行。

1.风险管理目标

确保工程规划方案与城市总体规划和地理环境条件相一致，最大限度地降低因规划不当而导致的工程设计、施工及运营风险。

2.风险管理内容

此阶段的风险管理应重点针对线路方案、工程选址、桥梁方案、隧道规模、工程投资、环境影响等进行分析，对规划中潜在的重大风险可考虑采用修改线路方案、桥梁方案、隧道规模，重新拟定建设技术方案等措施进行控制。其主要内容包括：

（1）规划方案与城市市政网络协调性风险分析。（2）交通及客流量预测风险分析。（3）线路、桥梁、隧道选择与工程选址风险分析。（4）场地水文地质与环境调查风险分析。（5）工程重大风险源分析。（6）工程投融资可行性风险分析。（7）不同工程规划方案风险综合评价与控制措施。

3.工程重大风险源

市政工程的重大风险源主要是指在工程方案规划设计阶段，利用工程初勘和环境调查等技术，辨识工程潜在的对工程自身或周边区域环境有重大风险影响的关键性工程，具体包括：（1）跨江河湖海的工程。（2）邻近或穿越既有轨道线路（含铁路）的工程。（3）邻近或穿越既有建（构）筑物、道路、重要市政管线的工程。（4）邻近或穿越有重要保护性的建（构）筑物或水利设施的工程。（5）重大明挖或暗挖的工程。（6）邻近或穿越文物保护区的工程。（7）需特殊设计或采用新工艺、新设备或新材料的工程。

（二）工程可行性研究的风险管理

工程可行性研究阶段风险管理的内容主要包括工程可行性方案的拟定与施工方法适用性的分析等，可以由工程建设相关单位委托专业的风险咨询单位协助其进行风险管理。最后，应对工程可行性研究阶段的风险进行综合评估。

1.风险管理目标

通过辨识和评估工程建设风险，优化可行性方案，避免和降低由于线路、桥梁、隧道、施工方法、规划方案等不合理所带来的风险，为工程设计、施工及保险做好前期准备，初步制订工程风险控制措施，完成工程可行性研究阶段风险评估。

2.风险管理内容

（1）建立工程风险管理大纲，确定工程风险管理具体要求。（2）工程风险评估单元划分。（3）工程风险分级标准和接受准则。（4）对重要、特殊的工程结构设计和施工方案进行风险分析。（5）工程可行性方案风险综合比选，确定总体方案设计，初步制订风险处置对策。

3.潜在的主要风险源

（1）自然灾害风险（暴雨、洪水、泥石流、飓风、地震等）。（2）水文地质与工程地质条件。（3）周边环境影响（包括第三方损失及周边区域环境影响）。（4）施工方法与施工工期。（5）项目资金筹措及资金成本。（6）施工场地拆迁引发的各类工期、投资及社会影响风险。（7）市政工程运营对其周边区域环境影响的风险。（8）重大关键性节点工程风险。

4.施工方法选择的风险分析

在工程可行性研究阶段，应对可能采取的工程施工方法加以对比选择与风险分析。针对建设工程类型和特点，同时有多种施工方法可供选择。施工方法选择不当可能会发生重大事故，引发严重的安全、经济、环境和工期风险。

综合考虑市政工程的建设工程规模、水文地质条件、邻近地下及地面环境等因素，从施工方法的可实现性、安全性、适应性、技术性和经济性、工期进度及对周围环境影响等方面进行综合分析，选择合适的施工方法，以期最大限度地控制和减少风险，避免因施工方法不适合而引起的工程风险。

（三）方案设计的风险管理

为便于有效开展方案设计的风险管理工作，市政工程方案设计阶段又细分为投标优化设计阶段和总体方案设计阶段。此阶段应识别出特级、一级风险工程，并形成全线特级、一级风险工程清单，识别、分级原则上应考虑到各工点。形成的方案设计文件应包括安全风险初步分析的专项内容。

1.风险管理目标

通过初步识别特级、一级风险工程并有针对性地进行风险分析和设计，规避和降低由于线位和施工方法等方案设计不合理可能导致的风险。

2.风险管理内容

（1）特级、一级风险工程分级及分级清单的审查论证。（2）投标方案优化设计和总体方案设计文件的审查论证。

3.风险管理职责

（1）设计单位负责完成特级、一级风险工程的初步识别和分级，并编制投标方案优化设计文件。（2）建设单位规划设计部门负责组织风险工程分级和方案设计的实施及其成果复审，并协助组织专家对各项目的特级、一级风险工程清单及投标方案优化设计文件进行终审、论证。

第三节　项目准备阶段进度及风险管理

一、准备阶段影响项目进度的主要因素

（一）具备开工条件的各项审批因素

本阶段核心审批内容主要为用地、概算和建设工程规划许可证，建设单位应协调设计单位提前汇报、及时沟通，避免因沟通不及时而影响审批进度。

（二）招标因素

由于相关的法律、法规对招标公告周期都有严格的规定，同时招标主管部门需要对招标文件设置的条款进行审核、监督，因此招标文件编制完成后应及时与招标主管部门沟通，合理利用审批过程提前发布招标公告，节省公告规定周期的时间。

（三）前期参建单位实力因素

建设单位、勘测单位、设计单位等前期参建单位的实力对本阶段项目进度也会产生较大影响，尤其是设计单位的实力对本阶段的实施进度起着决定性的作用，优秀的设计单位可以缩短本阶段的工作周期同时保证设计成果的质量，为实施阶段的进度奠定良好的基础。

（四）管线迁改的因素

随着城市的不断发展，对现有市政工程进行改造已在所难免，而这一切往往牵涉大量的管线迁改。管线迁改又需要一定的时间，因此它对项目的建设进度有一定的影响。在项目方案、初步设计阶段应要求勘察、设计单位对项目相关的地下管线进行详细的勘察，合理分配各种管线的地下空间资源。设计好初步迁改方案后应组织各管线单位召开协调会议，听取各管线单位的意见，由主体设计单位对管线综合设计进行修改、优化后提交各管线单位进行专业施工图设计。

二、准备阶段进度控制的主要原则

（一）严把招标资格审查的原则

立项批复后可进行设计和勘察招标，概算批复后进行监理招标及施工招标。招标过程中应根据项目的难点、特点设置相应的资质或业绩要求，确保中标参建单位的实力，尤其是设计单位和施工单位的实力对工程项目的进度、质量起着决定性的作用。招标文件编写过程中应分别针对设计、施工单位的工期和质量设置相应的奖罚条款，鼓励、督促各参建单位按招标工期完成相应工作。

（二）严把勘测设计质量原则

投资估算审批后项目的规模、内容原则上已完全确定，地质勘探资料是否准确，初步设计的质量好坏对工程投资的影响至关重要，因此该阶段应组织对地勘现场及成果进行验收，同时组织技术人员、专家对初步设计进行评审，在正式报批概算前对设计单位编制的概算进行全面审核，避免由于漏项导致今后实施过程中可能发生的概算调整。

（三）提前介入原则

设计招标过程正常情况下需要约45天，而设计单位的尽早确定对本阶段的推进起着决定性的作用，因此在立项审批过程中应提前准备设计招标文件、项目报建等设计招标的必要前置条件，实现立项批复与勘测设计招标无缝对接。初步设计编制过程中同步要求测量单位对沿线地形地物进行修测，勘察单位及时进场开展详勘工作，尽量争取在施工图设计前完成地勘成果审查，为施工图设计、审查做好充分准备。概算批复过程中要求设计单位先行开展施工图设计，确保概算批复后根据批复的规模、投资进行适当调整后即可完成施工图设计。利用施工图审查、建设工程规划许可办理时间提前介入，发布施工招标公告，确保手续完成后及时开标。

（四）并行开展原则

准备阶段根据审批单位和参建单位大致可分为手续审批和成果产生两条线路，其中手续审批的核心内容为概算批复、用地和建设工程规划许可证办理等；参建单位核心工作内容为地质勘探、初步设计、概算及施工图设计等，这两条工作线路应并行开展。

（五）施工图限额设计原则

概算批复后要求设计单位根据概算批复情况进行施工图设计，在初步设计的基础上进行合理的优化，确保工程投资在概算批复范围内，避免因概算调整等因素导致工期拖延。

（六）把好工程量清单编制原则

工程量清单编制完成后应组织项目经理、项目总工、造价负责人员进行审核，全面考虑施工过程中的各种因素及相应措施费用，达到合理控制工程投资的目的，同时考虑施工单位合理的利润空间，确保项目总体投资在概算控制范围内，尽量减少实施阶段的变更、签证。

（七）及时沟通原则

项目审批过程中经常涉及需要分管领导明确或各审批部门意见不一致的问题，建设单位应及时向上级主管部门、分管领导汇报，及时协调解决。

三、准备阶段进度管理的主要措施

项目准备阶段进度管理是指项目决策完成后至项目现场开工建设前这一阶段的进度管理，该阶段的主要工作内容包括设计、测量、地勘单位招标，用地规划许可证办理，林地使用报批，矿产压覆、地质灾害评估办理，农转用及用地红线办理，地质勘察，初步设计及审查，概算报批，施工图设计及施工图审查，建设工程规划许可证办理，征地拆迁预公告等。该阶段进度管理的主要措施分为各项手续审批和各参建单位工作进度管理两大部分，具体如下。

（一）各项审批手续办理进度管理

1.用地规划许可证办理

立项批复后即可根据已批复的选址、用地预审材料向规划部门申请办理用地规划许可证（蓝线）。用地规划许可证的办理是项目办理用地红线的依据，同时可根据蓝线由征地拆迁部门发布征地预公告，提前介入征地前期准备工作，争取项目完成招标的同时能提供施工场地。

2.林地使用报批

项目工程可行性研究报告上报后，应提前委托具备资质的单位，利用立项批复的时间编制林地工程可行性研究报告，立项批复后即可向省林业厅申请林地使用报批。林地使用批复是办理农转用的必要条件，林地批复的时间较长，如不及时办理将耽搁用地红线办理的时间，最终影响项目按计划的时间节点开工。

3.农转用及红线办理

林地使用审批及前期的海洋使用论证、用地预审、用地蓝线是农转用审批的必要条件，利用林地、用海审批过程的时间，建设单位应准备被征用单位盖章、矿产压覆、地质灾害评估等申报农转用的相关材料，林地审批完成后及时配合市国土局将农转用所需材料上报省国土资源厅正式进入农转用流程，正常审批需要约2个月时间，农转用完成后即可向市级国土管理部门申请红线办理，至此项目用地手续已全部办理完成。

4.建设工程规划许可证办理

项目完成施工图审查、各管线施工图设计、用地红线办理后应及时向规划局申请办理建设工程规划许可证。建设工程规划许可证是项目进入正式开工阶段的必要条件，是中标手续、开工手续和质量监督手续办理的依据。因此，在发布施工招标公告前应及时办理建设工程规划许可证。

5.施工许可证办理

根据《中华人民共和国建筑法》规定，项目开工前须向建设行政主管部门申请办理施工许可证。业主单位在完成监理招标和施工招标后，应整理用地红线、建设工程规划许可证、中标通知书、施工图审查合格书和报备的施工合同等已完成批复的相关材料，在项目正式开工前向建设主管部门申请办理施工许可证，至此，项目所有前期手续已全部办理完成。

（二）各参建单位工作进度管理

1.勘测设计招标工作

项目工可批复后应及时开展设计招标准备工作，尽早确定设计单位。工程可行性研究报告资料上报发改委后，建设单位应利用工程可行性研究报告审批时间（约15个工作日）编写设计招标文件，招标文件的编写应针对设计单位所提供设计成果的质量、时间设置相应的奖罚条款，确保设计单位按时提交高质量的设计成果。项目立项批复后及时发布招标公告，设计招标过程时间通常是40~50天。为便于项目设计质量的总体控制，建议采用设计、测量、勘察总承包的模式进行招标，既可以减少分开招标所造成的时间浪费，同时中标单位对设计、测量、地勘负总责任，避免设计成果质量出现问题时各单位间互相推诿。

另外，设计单位的尽早确定对项目准备阶段的进度控制起着决定性的作用，项目建议书批复后应立即开展设计、测量、地勘单位招标准备工作，在项目立项报批前完成设计招标，在项目工程审批过程中，中标设计单位可及时介入了解项目情况，开展本阶段的初步设计准备工作，工可批复后及时启动初步设计编制工作。

2.初步设计及概算编制工作

提前委托地勘单位进场开展初步勘察工作，为初步设计、概算的编制提供可靠的依据。工可批复过程中设计单位应及时介入了解项目情况，收集相关资料并开展初步设计准备工作，初步设计完成后业主单位应组织公司内部专业技术人员，对初步设计的合理性、现场可操作性、经济可控性进行全面评审，根据工可批复的投资规模和工程内容，审核设计单位所编制投资概算的合理性，充分预判工程实施过程中可能增加费用的风险，适当留有余地，设计单位根据评审的结果重新调整、优化初步设计文件和概算编制。

3.初步设计评审及概算报批

初步设计文件调整、优化完成后，业主单位应及时向建设行业主管部门申报初步设计评审，由行业主管部门组织专家进行技术论证，设计单位根据专家、职能部门审查意见再次修改、优化初步设计文件和调整概算编制。初步设计编制及技术论证、优化工作通常可在批复后较短时间内完成，再次修改、优化初步设计文件和调整概算完成后可正式向发改委申请概算批复。

4.施工图设计及审查

概算上报发改委后，设计单位应同时开展施工图设计。一般市政道路工程项目可在概算批复后15~30天内完成施工图设计，而规模较大或技术特别复杂的项目施工图设计需要2个月甚至更长时间。施工图设计完成后应及时整理计划书等相关资料并报送施工图审查，审查周期约需要15个工作日。

5.监理招标

概算批复后可根据概算投资规模进行监理招标，正常情况下，在施工图审查完成的同时可完成监理招标。

6.施工招标文件、清单编制

在施工图审查的同时，业主单位应同步开展招标文件编写工作，同时委托招标代理单位编制工程量清单。在施工图审查完成前，招标文件、清单编制工作也可基本完成。根据编制的清单向财政审核中心申报招标控制价审核，审核工作周期为5天。应根据项目工期紧迫情况，在招标文件中对施工工期控制设置合理、合法的奖罚条款，对工期违约索赔做出明确规定。

7.施工招标、定标、开工手续办理

施工招标文件编制完成后，应及时发布招标公告并组织施工招标，开标后建设单位应督促中标施工单位配合业主及时办理中标通知书、开工备案等手续，要求施工单位及时完成低价风险金、履约保函、预付款保函等开工前的各项手续办理。

8.交桩、技术交底

确定施工单位后，建设单位应及时组织设计、监理、施工、地勘、测量、质量监督机构等进行技术交底，对施工过程的难点、风险、注意细节进行全面交底。组织测量单位进行测量控制点移交、放样，要求施工单位根据项目现场实际情况及合同工期，编制出合理、详细、可控的进度计划，明确各主要控制工序的完成时间。

四、项目准备阶段风险管理

（一）详细勘察与环境调查风险管理

1.风险管理目标

通过对工程地质勘察与环境调查报告的过程审查和论证，控制因勘察遗漏、失误或环境调查不准、室内试验方法及参数获取失误等引起的工程设计与施工风险，同时注意避免工程地质勘察施工或环境调查过程中发生的风险。

2.风险管理内容

工程地质勘察与环境调查风险管理的内容包括：（1）收集工程方案相关资料，审查工程地质勘察与环境调查单位资质、技术管理文件及报告；（2）工程地质勘察方案风险分析，对勘察孔位与数量、钻探与原位测试技术、室内土工试验方法等进行风险分析；（3）工程地质勘察施工风险分析；（4）潜在重大不良水文地质或环境风险分析。

3.风险管理责任

工程地质勘察单位和环境调查单位承担风险管理实施责任，建设单位主要承担组织与协调责任，风险管理咨询单位承担合同中约定的相应咨询责任。

（二）初步设计风险管理

1.风险管理目标

配合工程设计目标和需求，形成符合国家法律、法规和设计规范条例中要求的安全、可靠、经济、适用和技术先进的设计文件，控制并减少由设计失误或可施工性差等因素引起的工程功能缺陷、结构损伤及工程事故。同时，通过工程结构设计进一步明确重大风险因素源，对其进行专项初步设计。

2.风险管理内容

主要考虑工程初步设计中水文地质条件、地层物理力学参数取值、结构设计计算模型的采用等方面存在的不当或失误，对可能由此导致的风险事故进行分析。针对不同的风险等级，建设单位和设计单位可采用调整初步设计方案、补充地质勘探、对新技术进行试验研究等措施规避风险。

3.风险管理责任

工程设计单位承担工程风险管理实施责任，负责完成工程初步设计，确定工程施工方法和安全专项施工技术；建设单位主要承担工程初步设计的组织与协调责任，同时与设计单位一起承担工程设计方案决策风险管理责任；风险管理咨询单位承担合同中约定的相应咨询责任。

（三）施工图设计风险管理

结合工程初步设计方案，考虑具体的施工方法及工艺流程，进一步细化初步设计，以保障工程建设施工。施工图设计阶段风险管理的重点是对已辨识的风险进行有效控制，以及对初步设计审查引起方案的变化进行风险评估。

1.风险管理目标

确保风险源的可靠识别和分级管理，确保施工图设计方案的具体实施，采取合理的施工图设计方案对风险进行有效的控制，对工程中潜在的重大风险进行施工风险专项评估，提出工程重大风险专项风险管理方案。

2.风险管理内容

以工程初步设计风险管理内容为基础，针对建设的关键节点或难点工程进行专项研究，尤其需注意采用新材料、新工艺、新技术及复杂区域施工的难点单项工程。对施工图设计中所确定的具体施工流程、风险控制措施等，尽量采用量化的风险评估方法对工程施工图设计中潜在的风险因素及事故进行专项分析。施工图设计阶段风险管理包括：（1）工程施工风险源的辨识、分级与风险评估。（2）重大风险源的专项分析与控制措施。

3.风险管理责任

工程设计单位承担工程风险管理实施责任，负责完成工程施工图设计，确定工程施工方法和安全专项施工技术；建设单位主要承担工程施工图设计的组织与协调责任，同时与设计单位一起承担工程施工图设计方案决策风险管理责任；风险管理咨询单位承担合同中约定的相应咨询责任。

（四）工程招投标风险管理

1.招标文件风险管理要点

（1）在招标文件中，应包含工程施工技术及其他方面的风险管理要求，确定工程建设各方应承担的工程风险管理责任等。（2）招标文件应明确说明对投标单位的风险管理实施要求。（3）招标文件需包含：①投标单位在类似工程中进行风险管理的相关信息及其成果。②工程风险管理相关的组织结构与人员安排。③投标单位针对工程施工的风险管理目标概述。④投标单位对工程可能涉及风险的辨识与分析。⑤投标单位针对工程风险管理提出的措施与建议。

2.投标文件风险管理要点

在投标文件中，施工单位的风险管理方案和措施应符合招标文件要求。施工单位风险管理方面的要求包括：（1）风险管理的职位安排和人员组织。（2）可考虑和预测到的各种风险。（3）对工程施工方案的风险评估、风险等级划分和风险控制措施等进行说明。（4）风险管理的日程安排。（5）与建设单位的风险管理体系及风险管理小组的协调。（6）与其他施工单位在风险管理方面的协调。（7）与其他部门（如政府部门、质量管理部门、环境管理部门等）的协调。（8）对分包商的工程风险控制具体要求和管理制度。

3.合同签订风险管理要点

（1）合同条款的完整性分析。（2）以合同为依据，对可能的重点或难点技术方案须明确是否需要进行二次风险评估。（3）工程投资费用是否及时到位的风险。（4）工程工期提前或延误的风险。（5）重要设备的采购与供货风险。（6）对于未辨识的风险，合同中应包括与之相关的风险管理责任，具体实施或执行方案可通过双方商定，在合同条款中补充说明。

第四节　项目实施阶段进度及风险管理

一、实施阶段影响项目进度的主要因素

（一）勘察设计因素

设计是工程的灵魂，如果设计存在缺陷或错误，设计方案不切合现场情况，设计图纸供应不及时、不配套或出现重大差错等，均会对实施阶段的进度造成重大影响，严重的甚至会造成返工或停工。如勘察资料不准确，特别是地质资料错误或遗漏而引起的未能预料的技术障碍，会导致工程量、投资增加。

（二）自然环境因素

自然环境因素，具体是指恶劣天气、地震、暴雨、洪水、不良地质、地下障碍物的影响等因素。

（三）社会环境因素

项目能否顺利实施与项目所处的人文、社会因素息息相关。如项目所在地的村镇等基层单位对项目征地拆迁工作的推进起着关键性的作用。当地的民风、民俗和信仰等也对项目的进度起着至关重要的作用，一些科学、合法的事情当与民俗和信仰等出现矛盾时经常会受到当地村民的强烈抵触，民风比较强悍的地区，经常会提出工程分包、地材强买强卖等不合法要求。

（四）承包商因素

如果承包商错误地估计了项目特点及项目实现的施工条件，制订的计划脱离实际，将导致工程无法正常进行，出现工程延误；承包商采用技术措施不当，施工中发生技术事故；承包商施工组织不合理，劳动力和施工机械投入不足、调配不当，施工平面图布置不合理等因素使工程进度受阻；承包商缺乏基本的风险意识，盲目施工而导致施工被迫中断；承包商信誉等级较差，出现窝工、转包、分包和以包代管等不良

甚至是违法行为等。

（五）业主因素

业主因素具体是指业主使用要求的改变，由业主负责提供的材料、设备出现延误，业主没有按合同约定及时向施工单位或供应商拨付资金等。

（六）组织管理因素

组织管理因素具体指各种申请审批手续的延误；计划安排不周密，导致窝工、停工；指挥协调不当，导致各方配合出现矛盾，延误工期等。

（七）材料设备因素

材料设备因素包括材料、构配件、机具、设备供应环节的差错，品种、规格、质量、数量、时间不能满足工程的需要等。

（八）资金因素

资金因素具体指业主资金短缺或不能及时到位，施工单位资金挪作他用、拖欠材料款和民工工资等现象。

（九）征地拆迁因素

由于市政项目通常为线性工程，征地拆迁涉及的单位众多，用地及需要拆迁的各种建筑物性质及权属复杂，因此征地拆迁是影响实施阶段进度的最重要因素，由于征地拆迁不到位因素常导致工程项目停工几个月甚至几年，严重的可能导致项目无法按规划、设计实施。

二、实施阶段进度管理的原则

（一）网络计划技术原则

网络计划技术不仅可以用于编制进度计划，而且可以用于计划的优化、管理和控制。网络计划技术是一种科学且有效的进度管理方法，是项目进度控制，特别是复杂项目进度控制的完整计划管理和分析计算的理论基础。

（二）动态控制原则

进度按计划进行时，实际符合计划，计划的实现就有保证，否则会产生偏差。此时应采取措施，尽量使项目按调整后的计划继续进行。但在新的因素干扰下，又有可能产生新的偏差，需继续控制进度、调整计划，进度管理就是采用这种动态循环的控制方法。

（三）系统性原则

为实现项目的进度管理目标，首先应编制项目的各种计划，包括进度、资源和资金计划等。计划的对象由大到小，计划的内容从粗到细，形成了项目的计划系统。项目涉及各个相关主体、各类不同人员，需要建立组织体系，形成一个完整的项目实施组织系统。为了保证项目进度，自上而下都应设有专门的职能部门或人员负责项目的检查、统计、分析及调整等工作。当然，不同的人员负有不同的进度控制责任，分工协作，形成一个纵横相连的项目进度控制系统。所以无论是控制对象，还是控制主体，无论是进度计划，还是控制活动，都是一个完整的系统。进度控制实际上就是用系统的理论和方法解决系统问题。

（四）封闭循环原则

项目进度管理的全过程是一种循环性的例行活动，其中包括编制计划、实施计划、检查、比较与分析、确定调整措施和修改计划，从而形成了一个封闭的循环系统，进度控制过程就是这种封闭循环中不断运行的过程。

（五）信息畅通原则

信息是项目进度管理的依据，项目的进度计划信息从上到下传递到项目实施相关人员，以使计划得以贯彻落实；项目的实际进度信息则自下而上反馈到各有关部门和人员，以供分析并做出决策和调整，使进度计划仍能符合预定工期目标。为此，需要建立信息系统，以便不断地传递和反馈信息，所以项目进度管理的过程也是一个信息传递和反馈的过程。

（六）弹性原则

项目一般工期长且影响因素多，这就要求计划编制人员能根据统计经验估计各种因素的影响程度和出现的可能性，并在确定进度目标时分析目标的风险，从而给进度计划留有余地。在控制项目进度时，可以利用这些弹性缩短工作的持续时间，或改变工作之间的搭接关系，以使项目最终能实现工期目标。

三、实施阶段进度管理的主要措施

实施阶段项目进度管理的措施主要包括组织措施、技术措施、合同措施、经济措施和信息管理措施。

（一）组织措施

进度管理的组织措施主要包括：（1）建立进度控制目标体系，明确组织机构中进度控制人员及其职责分工。（2）建立进度计划审核制度和进度计划实施中的检查分析制度，如某项目在工程开工之初，有两家施工单位因进场机械、资源等不满足工程施工需要，经检查分析后，及时采取了切分施工任务的组织措施，其中一家施工单位被切分了5联桥梁工程，另一家施工单位被切分了3联桥梁工程，被切分部分工程由有保障的施工单位实施，最终保证了工程的顺利进行。（3）建立进度报告制度及信息沟通网络。（4）建立进度协调会议制度。（5）建立图纸审查、工程变更和设计变更管理制度。

（二）技术措施

进度管理的技术措施主要包括：（1）审查承包商提交的进度计划，尽量采取先进的施工方案、施工工艺、施工方法，如钻孔桩施工采用泥浆分离器，有效提高了出渣速度，加快了钻孔进度；部分箱梁采用预制架设工艺，有效提高了箱梁施工速度；优化施工组织设计，采取平行施工组织，如现浇预应力箱梁支架一次性投入，充分提高了箱梁现浇速度。（2）编制指导监理人员实施进度控制的工作细则。（3）采用网络计划技术，对工程进度实施动态控制。

（三）合同措施

进度管理的合同措施主要包括：（1）推行CM承发包模式，缩短工程建设周期（CM是项目实施阶段的一种管理模式），CM经理提供专业的咨询管理服务，协助指挥施工活动，在一定程度上影响设计活动。（2）加强合同管理，协调合同工期与进度计划之间的关系，确保进度目标的实现。（3）严格控制合同变更。（4）加强风险管理，在合同中应充分考虑风险因素及其对进度的影响。

（四）经济措施

进度管理的经济措施主要包括：（1）及时办理工程预付款及进度款支付手续。（2）约定奖惩措施，如提前工期竣工奖励、完成计划奖励、计划拖后的处罚等。（3）加强索赔管理，公正处理索赔。

（五）信息管理措施

进度管理的信息措施主要包括：建立进度信息收集和报告制度，通过计划进度与实际进度的动态比较，为决策者提供进度决策依据。如对工程进度进行动态跟踪，及时向业主提供进度分析报告，向承包人的上级主管机关通报，促使承包人及时采取措施。现场各级监理人员应积极配合承包人的施工活动，及时审查承包人的各种报告文件和报表，对已完工序或工程进行检查验收。业主应按合同要求及时提供施工场地和图纸，积极与外界协调，尽可能改善施工环境，为工程施工创造良好的外部环境。监理工程师和业主应做好各承包人之间的施工配合、协调等信息管理工作。

四、项目实施阶段风险管理

（一）建设单位风险管理内容

建设单位是工程风险管理协调与组织的主体，负责统领工程施工现场风险管理，对工程施工各参与单位的风险管理方案实行审查，监督实施施工过程风险监控、安全状态判定和风险事故处理，对重大安全事故，及时上报上级主管单位和政府部门，启动工程事故应急预案，并负责组织工程现场抢险。具体工作包括：（1）建议成立工程风险管理小组，组织工程建设参与各方共同建立风险管理体系。（2）开展工程风险管理培训工作，并参与工程施工单位的风险管理培训。（3）负责协调、组织和布置工程建设各方开展工程风险管理工作，按照合同规定及时支付工程风险管理费用。（4）建立工程现场风险监控动态管理台账，定期对施工单位的风险管理状况进行督查记录。（5）负责对施工单位的风险管理方案和措施进行审定，其中重大风险的控制须经建设单位评审后方可实施。（6）定期向政府主管部门报告风险管理情况，配合政府主管部门对重要风险管理活动实施同步监督管理。

（二）施工单位风险管理内容

施工单位承担工程施工风险管理实施责任，主要负责施工准备期和施工过程中风险源的识别与动态风险评估，编制工程施工管理方案和具体风险控制措施，执行风险管理实施细则及风险事务处理等。根据签订的工程承包合同，具体工作包括：（1）拟订详尽的风险管理计划，制订工程风险管理体系，明确工程风险管理流程。（2）制订工程施工风险实施细则，确定工程施工风险管理的人员组织及人员名单、工作职责。（3）在工程正式开工建设前，根据工程前期阶段已有的风险评估或管理文件和报告，分析施工前期及合同签订阶段已识别的工程风险及风险控制措施，并考虑企业的施工设备、技术条件和人员，针对新辨识的风险提出相应的风险控制措施。（4）针对风险较大的风险事故，制订工程风险预警标准，列举风险事故发生的征兆现象，编制工程重大风险事故应急处置预案。其中，工程风险应急预案及应急措施应与国家、地方政府及相关的公共应急预案和服务相衔接。（5）制订详尽的工程风险管理培训计划，负责对参与工程风险管理的技术人员进行风险管理培训和指导，并对作业层进行施工风险交底。（6）当工程设计、施工方案或工期有重大变更时，应对工程风险重新进行分析与评估。（7）负责完成工程施工阶段的风险动态评估，研究施工对邻近建（构）筑物影响的风险分析，并梳理重大工程风险，提交施工重大风险动态评估报告。（8）结合工程施工进度，施工单位应及时上报工程施工信息，通告建设各方施工风险状况。（9）施工单位应对与工程施工有关的事故、意外、缺漏等进行调查与记录，分析风险发生原因，评估风险可能对工程既定投资、工期或计划的影响，并迅速完善风险控制措施，避免类似事故的再次发生。（10）施工中当某些风险控制措施的执行可能导致工期延误，或对建设单位造成其他的损失时，须经过建设单位批准后方能实施。（11）施工单位应根据工程特点，明确工程风险管理专项保证费用额度，并承诺专款专用。

（三）风险管理小组的管理内容

项目实施阶段，建议成立工程风险管理小组。该小组是由建设单位、咨询单位、设计单位、施工单位、监理单位、监测单位等工程参与各方负责人代表组成的工程现场风险管理最高机构，由建设单位负责领导，实行"分级管理、分工负责、集体决策"制度。在现场应有专职人员开展工作，主要负责现场施工风险管理的组织、督促与协调等工作，同时协助工程风险事故的应急决策与组织。主要职能包括：（1）负责组织工程参与各方开展施工风险管理，负责现场风险管理的沟通与协调。（2）督促与监督工程参与各方风险管理落实情况，配合工程参与各方实现工程动态风险控制。（3）协助工程参与各方进行工程风险决策与控制，及时了解风险现状，发现风险事故征兆。（4）作为风险管理的中枢，一旦发生风险则组织启动相应的风险应急预案。

（四）风险管理咨询单位的管理内容

施工阶段是工程风险管理的核心，也是工程风险能否得到有效控制的关键。随着工程进展，风险在不断变化，各项风险发生的概率及其损失也在不断改变。因此，工程施工阶段风险管理应以先期各阶段完成的风险管理为基础，进行风险的动态管理与控制，通过委托专业风险管理咨询单位配合开展工程施工过程中的现场风险管理。其主要职责为承担工程施工风险查勘责任，主要为工程建设单位（或保险单位）进行现场施工全过程的风险动态查勘，汇报现场风险管理现状，预测下阶段风险管理的重点及发展趋势等。

1.风险辨识和评估

根据工程条件、施工方法以及设备条件，按照工程施工进度和工序，对工程风险进行评估和整理，尤其是要对工程的重大风险进行梳理和分析，确定工程风险等级，并对重大风险提出规避措施和事故预案，完成施工风险评估报告。具体包括：（1）工程各分部分项工程的主要风险点。（2）致险因子与风险环境。（3）风险等级及排序。（4）风险管理责任人。（5）风险规避措施。（6）风险事故预案。

风险评估报告应以正式的文件发送给工程建设各方，并经讨论使工程各方对工程风险评估等级和控制对策形成共识。

2.风险跟踪管理

风险跟踪管理是指对工程风险状态进行跟踪与管理，督促风险规避措施的实施，同时及时发现和处理尚未认识的风险，具体包括工程总体风险水平的变化、重大风险的发展趋势、规避措施实施情况以及风险损失情况等。

风险跟踪的内容主要包括对已辨识风险和其他突发风险的实时观察、对风险发展状况的记录和查询，以便及时地发现和解决问题。记录内容包括风险辨识人员、风险发生区域、发展状态、是否采取规避措施、实施人员及风险控制效果等。

3.风险预警预报

现场施工应建立一套系统的风险监控和预警预报体系。特别是对于工程重大风险点，应通过对监测数据的动态管理，及时掌握其发展状态。具体工作包括：（1）根据工程风险特点，确定合理的工程监测方案，制订预警标准。（2）将各监测结果和风险事故建立对应关系。（3）确定基于监测结果的风险评价等级。（4）根据监测结果进行风险的动态评价。（5）如果发现异常或超过警戒值，应及时进行风险报警，采取规避措施，做好风险事故处理准备工作。

4.风险通告

根据风险评估结果，在每个单项工程施工之前，建设单位应以风险预告的形式，将其中的主要风险点通告施工单位，而施工单位应提交专门的风险处置方案上报建设单位，审批通过后方可施工。

施工现场风险通告是工程风险管理中非常重要的一环，施工单位应在工程现场设置风险宣传牌，对各个阶段的风险点和注意事项进行宣传和教育。现场风险通告应包括：（1）主要风险事故。（2）风险管理实施责任人。（3）致险因子与风险等级。（4）施工人员注意事项。（5）事故预兆。（6）风险规避措施。（7）风险事故预案。

5.重大事故处理流程

对于重大工程事故，应形成现场风险事故处理流程，明确各方职责和主要任务，确保风险事故发生后，能尽快得到妥善处理。

6.工程风险文档编写

工程建设过程中应形成专门的风险管理文档。风险管理文档和风险评估报告应作为工程竣工交验的文件。具体包括：（1）主要工程风险及其致险因子。（2）工程重大风险点的规避措施和事故预案。（3）风险事故发生的时间、地点、原因分析、损失情况和采取的处理措施。（4）规避措施的实施责任人、时间和控制效果。

第五节　项目收尾阶段进度及风险管理

一、桥梁施工项目竣工验收管理

（一）申请竣工验收的条件

工程项目符合下列要求时方可进行竣工验收：（1）完成工程设计和合同约定的各项内容，并满足使用要求。（2）有勘察、设计、施工、监理等单位分别签署的质量合格文件。（3）有完整的技术档案和施工管理资料。（4）有工程使用的主要建筑材料、建筑构配件和设备的进场试验报告。（5）建设单位已按合同约定支付工程款。（6）有施工单位签署的工程质量保修书。（7）在建设行政主管部门及工程质量监督站等有关部门的历次抽查中，责令整改的问题全部整改完毕。（8）工程项目前期审批手续齐全。

（二）竣工验收程序

施工单位在工程完工后，必须对工程质量进行自检和评定，确认工程质量符合有关法律法规和工程建设强制性标准以及设计文件与合同要求后，方可向建设单位和监理单位提交工程竣工验收报告，工程竣工验收报告应经项目经理和施工单位有关负责人审核签字。

单位工程依法分包的，应由分包单位对分包的工程进行自检，合格后报施工总包单位复查，施工总包单位对施工质量负总责。

委托监理的工程项目，监理单位应对工程进行质量核定，具有完整的监理资料，并提出工程质量核定报告，工程质量核定报告应经总监理工程师和监理单位有关负责人审核签字，并对施工单位提交的竣工报告签署审查意见。

勘察、设计单位应核查勘察、设计文件以及设计变更通知，并提出审查意见，审查意见应经该项目的负责人和单位有关负责人审核签字。

1.工程竣工验收总程序

工程竣工验收应当按以下程序进行：（1）工程完工后，施工单位向建设单位提交竣工报告，申请竣工验收。（2）建设单位收到竣工验收报告后，对符合竣工验收条件的工程，组织勘察、设计、施工、监理等单位和其他有关方面的专家组成验收组，制订验收方案。（3）建设单位应当在竣工验收7个工作日前，将验收的时间、地点以及验收组成员名单书面通知负责监督该工程的质量监督站。（4）建设单位组织实施工程竣工验收。

2.建设单位组织工程竣工验收的具体程序

（1）勘察、设计、施工、监理单位，分别汇报合同履约情况和在工程建设各个环节执行法律法规和工程建设强制性标准的情况。（2）审阅勘察、设计、施工、监理单位的工程档案材料。（3）全面实地查验工程质量，重点查验使用功能。（4）对工程勘察、设计、施工、设备安装质量和各管理环节等方面做出全面评价，形成经验收组成员签署的工程竣工验收意见。

参与工程竣工验收的建设、勘察、设计、施工、监理等各方对工程竣工验收应达成一致意见，不能形成一致意见时，应当报质量监督站进行协调，待意见一致后，重新组织工程竣工验收。

建设单位在竣工验收过程中，如果发现工程不符合竣工条件，则应责令施工单位进行返修，并重新组织竣工验收，直到通过验收。

（三）竣工验收报告

工程施工全部完成以后，经建设、施工、设计单位共同检查合格，施工单位应及时向建筑工程质量监督站呈报"竣工验收报告"，申请竣工核验，评定工程质量等级。

1.工程竣工验收报告的主要内容

工程竣工验收报告主要包括：（1）工程概况。（2）建设单位执行基本建设程序情况。（3）对工程勘察、设计、施工、监理等方面的评价。（4）工程竣工验收时间、程序、内容和组织形式。（5）工程竣工验收结论。

2.竣工验收报告填写内容说明

（1）工程名称栏。填写施工许可证上的工程名称。

（2）结构类型栏。填写混合、框架、框架剪力墙、底部框架剪力墙、底层框架剪力墙等。

（3）验收记录。由建筑工程质量监督站填写。

（4）综合验收结论。由验收组填写，验收结论应明确，手续齐全。

3.呈报竣工验收报告时应提供的资料

呈报竣工验收报告的同时，还应附有下列文件：（1）施工许可证。（2）施工图设计文件审查批准书。（3）验收组人员签署的工程竣工验收意见。（4）施工单位签署的工程质量保修书。（5）单位工程质量综合评定表。（6）单位工程质量保证资料核查表。（7）单位工程质量观感评定表。（8）分部工程质量验收记录表。（9）分项工程质量验收记录表。（10）法律、规章规定的其他有关文件。

二、收尾阶段影响项目进度的主要因素

收尾阶段影响项目进度的主要因素有以下几项。

（一）验收移交因素

由于项目建设单位、施工单位与项目接收管理单位所处的立场不同，建设单位主要考虑工程项目是否按照立项批复内容、设计图纸内容完成到位以及工程项目的质量。而接收单位则主要考虑项目的性能、管理是否实用，因此移交过程往往与建设单位会有不同的要求，如果沟通不及时，会影响项目验收移交进度。

（二）档案归档备案因素

相对于档案归档，各参建单位往往更重视现场实际建设，因此经常出现现场已具备竣工验收条件，但工程档案、内业资料没有达到城建档案馆或档案局的相关要求，影响项目总体竣工、结算。

（三）各附属子项目验收结算因素

一个工程项目的合同包含前期的设计、环评、地勘及后期管线迁改、试验检测等一系列合同，通常一个项目从开工至结算往往需要签订几十个合同，复杂项目合同数量甚至多达上百个，主项如设计、监理、施工等主要合同结算往往比较及时，而一些如管线迁改设计、监理等合同金额小的子项容易被忽略，导致项目无法竣工、结算。

三、收尾阶段进度管理的原则

（一）管养单位提前介入原则

项目中的主体工程和路灯、绿化、市政管线等往往由不同的管养单位接收，而各接管单位对各自接收的项目会有行业特点的一些要求，因此设计、施工过程中尽可能邀请接收单位提前介入，根据各自行业的特点和使用需求提出建议，施工过程中适时进行分项阶段验收，避免项目完工后进行功能性的整改。

（二）内业资料同步完成原则

由于参加单位对内业资料的重视程度不够，容易出现工程完工后到处补签、拼凑内业资料现象，但有些施工过程的内业资料事后很难补齐，导致档案缺失或不完整，达不到档案验收部门的要求。因此，项目各实施阶段都必须重视资料的整理、管理工作，制订相应的档案管理办法，定期进行内业资料检查、验收。

（三）先验收内业资料后验收现场原则

由于认识上的偏差，对档案重视程度不够等原因，参建单位往往认为现场达到验收要求后项目就可以竣工验收。因此，建设单位应主导、坚持先验收内业资料后现场验收原则。

（四）分项合同及时结算原则

管线迁改等子项往往在工程主体施工前或施工过程中已完成工程量，具备结算送审条件，因此应坚持完成一项结算一项的原则。以往项目经常出现主体工程已结算，但项目总体决算时发现一些小的子项未结算现象。

（五）重视规划、环保、消防等专项验收工作原则

竣工备案是项目完成施工的重要标志，而只有在完成规划、环保、消防等专项验收后才能向建设主管部门申请办理项目竣工备案。因此，在项目收尾阶段应重视各分项专项验收，另外，如项目前期立项时有办理水土保持审批，在竣工收尾阶段应办理水土保持的专项验收。

四、收尾阶段进度管理的主要措施

（一）组织措施

建立由建设单位项目经理负总责任，施工单位项目经理、总监对项目结算负责制，及时跟踪各分项验收移交、结算。

（二）合同措施

工程进度款的支付程度是管理、督查相关单位竣工、结算的最有效因素，各分项内容招标时应针对内业资料归档、备案设置相应的条款，项目合同签订时严格按照招标文件内容执行。

（三）经济措施

进度款支付坚持先严后松原则，同时将内业档案资料的验收情况作为支付进度款的依据，严格控制施工过程进度款的比例，明确规定内业资料归档在工程尾款支付中的比例，通过资金的控制，督促、鼓励施工单位尽快完成内业归档及竣工验收、

结算。

五、收尾阶段进度管理总结的编写

建设单位应在工程进度计划完成后，及时进行总结，为进度控制提供反馈信息。

（一）总结依据的资料

（1）进度计划。（2）进度计划执行的实际记录。（3）进度计划检查结果。（4）进度计划的调整资料。

（二）进度控制总结包括的内容

（1）合同工期目标及计划工期目标完成情况。（2）进度控制经验。（3）进度控制中存在的问题及分析。（4）科学的进度计划方法的应用情况。（5）进度控制的改进意见。

六、项目收尾阶段风险管理

（一）合同收尾管理

合同收尾就是根据合同一项一项地核对，是否完成了合同所有的要求，项目是否可以结束，也就是人们通常所讲的项目验收。具体来说，合同收尾是指了结合同并结清账目，包括解决所有尚未了结的事项。合同收尾需要对整个项目过程进行系统的审查，找出合同上签订的事项是否已经完成任务。

（二）资料收尾管理

资料收尾是指涉及对项目验收正式化而进行的项目资料的移交和归档，具体包括实施期间的所有项目文档整理和归档，同时还要求所有的项目成员一起把经验教训、实施心得写成总结，方便日后运营维护工作。

（三）周边影响工程收尾管理

（1）项目收尾阶段应重点对施工影响范围内周边环境变形进行观测，当周边建（构）筑物等周边环境的正常使用功能遭受影响，或认为有必要对工程环境进行工后恢复处理时，应进行工后评估。（2）应委托具有相应资质和经验的检测评估单位开展工后评估工作，原则上可考虑由现状检测评估或施工附加影响分析的评估单位承担。（3）当工后评估认为风险工程存在环境安全风险或工程隐患，并影响市政项目的正常运营时，建设单位应组织有资质和经验的设计单位进行恢复设计和施工单位进行修复处理。（4）监理单位负责监督、检查修复施工处理的实施，并按有关程序组织验收。

第四章　城市给排水工程

第一节　城市给水工程概述

一、给水工程的任务及给水工程的组成

给水工程也称供水工程，从组成和所处位置上讲可分为室外给水工程和建筑给水工程，前者主要包括水源、水质处理和城市供水管道等，故亦称城市给水工程；后者主要是建筑内的给水系统，包括室内给水管道、供水设备及构筑物等，俗称上水系统。

城市给水工程的任务可以概括为三个方面：一是根据不同的水源设计建造取水设施，并保障源源不断地取得满足一定质量的原水；二是根据原水水量和水质设计建造给水处理系统，并按照用户对水质的要求进行净化处理；三是按照城镇用水布局，通过管道将净化后的水输送到用水区，并向用户配水，供应各类建筑所需的生活、生产和消防等用水。

不同规模的城镇和不同水源种类，实现给水工程任务的侧重点有所不同，但给水工程一般由取水工程、给水处理和输配水工程等构成。

（一）取水工程

取水工程主要设施包括取水构筑物和一级泵站，其作用是从选定的水源（包括地表水和地下水）抽取原水，加压后送入水处理构筑物。目前，随着城镇化进程的加快以及水资源紧张情势的出现，城市饮用水取水工程内容除了取水构筑物和一级泵站外，还包括水源选择、水源规划及保护等。所以取水工程涉及城市规划、水利水资源、环境保护和土木工程等多领域多学科技术。

（二）给水处理

给水处理设施包括水处理构筑物和清水池。水处理构筑物的作用是根据原水水质和用户对水质的要求，将原水适当加以处理，以满足用户对水质的要求。不同水源及不同用水水质要求，给水处理的方法有多种选择，对于一般以地表水为水源的城镇用水处理方法主要有混凝沉淀、过滤、消毒等。清水池的作用是储存和调节一、二级泵站抽水量之间的差额水量，同时还具有保证消毒所需停留时间的作用。水处理构筑物和清水池常集中布置在净水处理厂（也称自来水厂）内。

（三）输配水工程

输配水工程包括二级泵站、输水管道、配水管网、储存和调节水池（或水塔）等。二级泵站的作用是将清水池贮存水按照城镇供水所需水量，提升到要求的高度，以便进行输送和配水。输水管道包括将原水送至水厂的原水输水管和将净化后的水送到配水管网的清水输水管。许多山区城镇供水系统的原水取水来自城镇上游水源，为节省工程费和运营费用，原水输水常采用重力输水管渠。配水管网是指将清水输水管送来的水送到各个用水区的全部管道。水塔和高地水池等调节构筑物设在输配水管网中，用以储存和调节二级泵站输水量与用户用水量之间的差值。

科学技术的不断进步，以及现代控制理论及计算机技术等的迅速发展，有力提升了大型复杂系统的控制和管理水平，也使城市给水系统利用计算机系统进行科学调度管理成为可能。所以采用水池、水塔等调节设施不再是城镇给水系统的主要调控手段，近年来，我国许多大型城市都构建了满足水质、水量、水压等多种要求的自来水优化调度系统，既提高了供水系统的安全性和供水公共产品的质量，同时节约了能耗，获得了满意的经济效益和社会效益。

二、给水系统的分类和城镇给水系统的形式

（一）给水系统的分类

在给水工程学科中，给水系统可按下列方式分类：

按使用目的不同，可分为生活给水、生产给水和消防给水系统。这种分类主要是在建筑给排水系统上惯用的分类法，一般城镇的给水系统均包含了生活用水、生产用水和消防用水的使用要求。

按服务对象不同，可分为城镇给水系统和工业给水系统。当工业用水量占城镇总

用水量的比重较大时，或者工业用水水质与生活用水水质差别较大时，无论是在规划阶段或是建设阶段都需要将城镇综合用水系统与工业用水系统独立设置，以满足供水系统的安全和经济需求。

按给水方式不同，可分为重力给水、压力给水和混合给水系统。重力给水系统一般存在于山区城镇的给水工程中，这需要水源地与供水区有足够的高差可利用。有的城镇水源高程较低，但可以将处理后的自来水输送至高地水池，配水管网可采用重力供水。大多数城市供水采用压力给水系统。

（二）城镇给水系统的形式

城镇给水系统根据城镇地形、城镇大小、水源状况、用户对水质的要求以及发展规划等因素，可采用不同的给水系统形式，常用形式如下：

1.统一给水系统

即用同一给水系统供应生活、生产和消防等各种用水，水质应符合国家生活饮用水卫生标准，绝大多数城镇采用这种系统。

2.分质给水系统

在城镇给水中，工业用水所占比例较大，各种工业用水对水质的要求往往不同，此时可采用分质给水系统，例如生活用水采用水质较好的地下水，工业用水采用地表水。分质给水系统也可采用同一水源，经过不同的水处理过程后，送入不同的给水管网，对水质要求较高的工业用水，可在城市生活给水的基础上，再自行采取一些深度处理措施。

3.分压给水系统

当城市地形高差较大或用户对水压要求有很大差异时，可采用分压给水系统。由同一泵站内的不同水泵分别供水到低压管网和高压管网，或按照不同片区设置加压泵站以满足高压片区或高程较大片区的供水要求。对于城市中的高层建筑，则由建筑内设置的加压水泵等增压装置提供给水需要。

4.分区给水系统

为适应城市的发展，当城市规划区域比较大，需要分期进行建设时，可根据城市规划状况，将给水管网分成若干个区，分批建成通水，各分区之间设置连通管道；也可根据多个水源选择，分区建成独立给水系统，若存在各区域供水的连通条件，可将其互相连通，实施统一优化调度。这种方式符合城市近远期相结合的建设原则。

5.区域性给水系统

将若干城镇或工业企业的给水系统联合起来，形成一个大的给水系统，统一取水，分别供水，将这样的给水系统称为区域性给水系统。该系统对于城镇相对集中，水源缺乏的地区较适用。

三、用户对给水系统的要求

用户对给水系统的要求决定了城市给水工程设计标准，也是城市给水系统运营服务的目标。概括来说，城市给水工程必须保证以足够的水量、合格的水质、充裕的水压供应用户，同时系统应尽可能既要满足近期的需要，还要兼顾到今后的发展。

城市给水系统的用户一般有城市居住区、公共建筑，工矿企业等。各用户对水量、水质和水压有不同的要求，概括起来可分为如下四种用水类型。

（一）生活用水

生活用水包括住宅、学校、部队、旅馆、餐饮等建筑内的饮用、洗涤、清洁卫生等用水，以及工业企业内部工作人员的生活用水和淋浴用水等。

生活用水量的多少随着当地的气温、生活习惯、房屋卫生设备条件、供水压力等而有所不同，影响因素很多。我国幅员辽阔，各地具体条件不同，影响用水量的因素不尽相同，设计时，可参照我国《室外给水设计规范》所定的生活用水量进行定额。

城市中的建筑高度千差万别，对水压的要求也不同，作为服务整个城镇用水的供水系统来说，管网的水压必须达到最小服务水头的要求。所谓最小服务水头，是指配水管网在用户接管点处应维持的最小水头（从地面算起）。当按建筑层数确定生活饮用水管网的最小服务水头时，一层为10m，二层为12m，二层以上每加一层增加4 m。应当指出，在城市管网计算时，对局部高层建筑物或高地处的建筑物所需的水压可不作为控制条件，一般需在建筑内设置加压装置来满足上述建筑物的供水。

工业企业内工作人员的生活用水量和淋浴用水量，应根据车间性质和卫生特征确定。

（二）生产用水

生产用水是指工业企业生产过程中使用的水，例如火力发电厂的汽轮机、钢铁厂的炼钢炉、机械设备等冷却用水，锅炉生产蒸汽用水，纺织厂和造纸厂的洗涤、空调、印染等用水，食品工业用水，铁路和港口码头用水等。根据过去的统计，在城市给水中工业用水占比很大，为了适应节能减排的发展趋势，生产工艺需要不断改进以减少生产用水量。

工业企业生产工艺多种多样，而且工艺的改革、生产技术的不断发展等都会使生产用水的水量、水质和水压发生变化。因此，在设计工业企业的给水系统时，参照以往的设计和同类型企业的运转经验，通过对当前工业用水进行调查获得可靠的第一手资料，以确定需要的水量、水质和水压是非常重要的。

随着城市工业布局的调整，很多大型企业从城市中心外迁，形成独立的产业园区，这使分区、分质供水成为可能。

（三）消防用水

消防用水只在发生火警时才从给水管网的消火栓上取用。消防用水对水质没有特殊要求。城市消防用水，通常由城市给水管网提供，并按一定间距设置室外消火栓。高层建筑给水系统除由室外提供水源外，还应设置加压设备和水池，以保证足够的消防水量和水压。消防用水量、水压及火灾延续时间等应按现行《建筑设计防火规范》和《高层民用建筑设计防火规范》最新修订版执行。

（四）市政用水

市政用水包括道路清扫用水、绿化用水等。市政用水量应根据路面种类、绿化、气候、土壤以及当地条件等实际情况和有关部门的规定确定。市政用水量将随着城市建设的发展而不断增加。市政用水对水质、水压无特殊要求，随着城市雨水利用技术及废水综合应用技术的进步，市政用水一部分也可由收集净化的雨水和中水系统提供。

四、城市给水工程规划

水是人类生命之源，是城市生活与生产必不可少的物质，作为供应城市生命之水的给水工程是城市重要的基础设施之一。城市给水工程包括水源、取水、水厂及输配水管网，城市给水系统的建设必然与整个城市的发展和布局有关，给水工程的规划应成为城镇总体规划的一部分。

（一）给水工程规划的任务

水资源是十分重要的自然资源，是城市可持续发展的制约因素。在水的自然循环和社会循环中，水质水量因受多种因素的影响常常发生变化。为了促进城市发展，提高人民生活水平，保障人民生命财产安全，需要建设合理的城市供水系统。给水工程规划的基本任务，是按照城市总体规划目标，通过分析本地区水资源条件、用水要求以及给排水专业科技发展水平，根据城市规划原理和给水工程原理，编制出经济合理、安全可靠的城市供水方案。这个方案应能经济合理地开发、利用、保护水资源，达到最低的基建投资和最少的运营管理费用，满足各用户用水要求，避免重复建设。具体说来，一般包括：（1）搜集并分析本地区地理、地质、气象、水文和水资源等条件。（2）根据城市总体规划要求，估算城市总用水量和给水系统中各单项工程设计流量。（3）根据城市的特点确定给水系统的组成。（4）合理地选择水源，并确定城市取水位置和取水方式。（5）制定城市水源保护及开发对策。（6）选择水厂位置，并考虑水质处理工艺。（7）布置城市输水管道及给水管网，估算管径及泵站提升能力。（8）给水系统方案比较，论证各方案的优缺点并估算工程造价与年经营费，选定规划方案。

（二）城市给水工程规划的一般原则

根据城市总体规划，考虑到城市发展、人口变化、工业布局、交通运输、供电等因素，城市给水工程设施规划应遵循以下原则：

1.城市给水工程规划应根据国家法规文件编制

现行专业规划应执行《城市给水工程规划规范》和《室外给水设计规范》。

2.城市给水工程规划应保证社会、经济、环境效益的统一

（1）编制城市供水水源开发利用规划，应优先保证城市生活用水，统筹兼顾，综合利用，讲究效益，发挥水资源的多种功能。（2）开发水资源必须进行综合科学的考察和调查研究。（3）给水工程的建设必须建立在水源可靠的基础上，尽量利用就近水源。根据当地具体情况，因地制宜地确定净水工艺和水厂平面布置，尽量不占或少占农田、少拆民房。（4）城市供水工程规划应依靠科学进步，推广先进的处理工艺，提高供水水质，提高供水的安全可靠性，尽量降低能耗，降低药耗，减少水量漏失。（5）采取有效措施保护水资源，严格控制污染，保护水资源的植被，防止水土流失，改善生态环境。

3.城市给水工程规划应与城市总体规划相一致

（1）应根据城市总体规划所确定的城市性质、人口规模、居民生活水平、经济发展目标等，确定城市供水规模。（2）根据国土规划、区域规划、江河流域规划、

土地利用总体规划及城市用水要求、功能分区，确定水源数目及取水规模。（3）根据总体规划中有关水利、航运、防洪排涝、污水排放等规划以及河流河床演变情况，选择取水位置及取水构筑物形式。（4）根据城市道路规划确定输水管走向，同时协调供电、通信、排水管线之间的关系。

4.城市给水工程方案选择应考虑城市的特殊条件

（1）根据用户对水量、水压要求和城市功能分区，建筑分区以及城市地形条件等，通过技术经济比较，选择水厂位置，确定集中、分区供水方式，确定增压泵站、高位水池（水塔）位置。（2）根据水源水质和用户类型，确定自来水厂的预处理、常规处理及深度处理方案。（3）给水工程的自动化程度，应从科学管理水平和增加经济效益出发，根据需要和可能，妥善确定。

5.给水工程应统一规划、分期实施，合理超前建设

（1）根据城市总体规划方案，城市给水工程规划一般按照近期5～10年、远期20年编制，按近期规划实施，或按总体规划分期实施。（2）城市给水工程规划应保证城市供水能力与生产建设的发展和人民生活的需要相适应，并且要合理超前建设。避免出现因水量年年增加，自来水厂年年扩建的情况。（3）城市给水工程近期规划时，应首先考虑设备挖潜改造、技术革新、更换设备、扩大供水能力、提高水质，然后再考虑新建工程。（4）对于一时难以确定规划规模和年限的城镇及工业企业，城市给水工程设施规划时，应给取水、处理构筑物、管网、泵房留有发展余地。（5）城市给水工程规划的实施要考虑城市给水投资体制与价格体制等经济因素的影响，注意投资的经济效益分析。

（三）城市给水工程规划的步骤和方法

城市给水工程的规划是城市总体规划的重要组成部分，因此规划的主体通常由城市规划部门担任，将规划设计任务委托给水专业设计单位进行，规划设计一般按下列步骤和方法进行。

1.明确规划设计任务

进行给水工程规划时，首先要明确规划设计的目的与任务。其中包括规划设计项目的性质，规划任务的内容、范围，相关部门对给水工程规划的指示、文件，以及与其他部门分工协议事项等。

2.搜集必要的基础资料和现场踏勘

城市基础资料是规划的依据，基础资料的充实程度又决定着给水工程规划方案的

编制质量，因此基础资料的搜集与现场踏勘是规划设计工作的一个重要环节，主要内容如下：

（1）城市和工业区规划和地形资料。资料应包括城市近远期规划、城市人口分布、工业布局、第三产业规模与分布，建筑类别和卫生设备完善程度及标准，区域总地形图资料等。

（2）现有给水系统概况资料。资料主要涵盖给水系统服务人数、总用水量和单项用水量、现有设备及构筑物规模和技术水平、供水成本以及药剂和能源的来源等。

（3）自然资料。包括气象、水文及水文地质，工程地质，自然水体状况等资料。

（4）城市和工业企业对水量、水质、水压的要求资料。在规划设计时，为了收集有关资料和了解实地情况，以便提出合理的方案，一般都必须进行现场踏勘。通过现场踏勘了解和核对实地地形，增加地区概念和感性认识，核对用水要求，掌握备选水源地现况，核实已有给水系统规模，了解备选厂址条件和管线布置条件等。

3.制订给水工程规划设计方案

在搜集资料和现场踏勘基础上，着手考虑给水工程规划设计方案。在给水工程规划设计时，首先确定给水工程规划大纲，包含制定规划标准、规划控制目标、主要标准参数、方案论证要求等。在具体规划设计时，通常要拟订几个可选方案，对各方案分别进行设计计算，绘制给水工程方案图。进行工程造价估算，对方案进行技术经济比较，从而选择出最佳方案。

4.绘制城市给水工程系统图

按照优化选择方案，绘制城市给水工程系统图，图中应包括给水水源和取水位置，水厂厂址，泵站位置，以及输水管（渠）和管网的布置等。规划总图比例采用1：5 000～1：10 000。

5.编制城市给水工程规划说明文本

规划说明文本是规划设计成果的重要内容，应包括规划项目的性质、城市概况、给水工程现况、规划建设规模、方案的组成及优缺点、方案优化方法及结果、工程造价、所需主要设备材料、节能减排评价与措施等。此外，还应附有规划设计的基础资料、主管部门指导意见等。

（四）给水工程规划内容简介

城市给水系统包括水源、取水工程、给水处理和输配水管网，工程规模决定了规划的主线，而决定工程规模的依据是用水量的计算。所以规划内容首先应根据规划原理预测城市用水量。

1.城市用水量预测与计算

用水量计算一般采用用水量标准，如前所述，城市用水有生活用水、生产用水、市政用水、消防用水。用水标准不仅与用水类别有关，还与地区差异有关。

城市用水量预测是指采用一定的理论和方法，有条件地预计城市将来某一阶段的可能用水量。用水量预测一般以过去的资料为依据，以今后用水趋向、经济条件、人口变化、资源情况、政策导向等为条件。各种预测方法是对各种影响用水的条件做出合理的假设，从而通过一定的方法求出预期水量。城市用水量预测涉及未来发展的诸多因素，在规划期难以准确确定，所以预测结果常常欠佳，一般采用多种方法相互校核。由于不同规划阶段条件不同，所以城市总体规划和详细规划的预测与计算是不同的。

总体规划用水量预测一般分为城市综合生活用水量预测、工业企业用水量预测和城市总体用水量预测三种类型。

（1）用水量标准。用水量标准有居民生活用水量标准、公共建筑用水量标准、工业企业用水量标准、市政用水量标准和消防用水量标准。

城市中每个居民日常生活所用的水量称为居民生活用水量标准。由于生活习惯不同、气候差异、建筑设备差异等，用水量标准也不同，居民生活用水量标准参见《室外给水设计规范》。居民生活用水标准与当地自然气候条件、城市性质、社会经济发展水平、给水工程基础条件、居民生活习惯、水资源充沛程度、居住条件等都有较大关系。各地规划时所采用的指标应根据当地生活用水量统计资料和水资源情况，合理确定。

公共建筑的用水标准可参见《建筑给水排水设计规范》中的公共建筑生活用水定额表。工业企业职工生活用水标准，根据车间性质决定；淋浴用水标准，根据车间卫生特征确定。工业企业职工生活用水标准参见《建筑给水排水设计规范》中工业企业职工生活用水量和淋浴用水量表。

工业企业生产用水量，根据生产工艺过程的要求确定，可采用单位产品用水量、单位设备日用水量、万元产值用水量、单位建筑面积工业用水量等作为工业用水标准。由于生产性质、工艺过程、生产设备、政策导向等不同，工业生产用水的变化很大。有时即使生产同一类产品，不同工厂、不同阶段的生产用水量相差也很大。一般情况下，生产用水量标准由企业工艺部门来提供。当缺乏具体资料时，可参考有关同类型工业企业的用水量指标。

消防用水量按同时发生的火灾次数和一次灭火的用水量确定，其用水量与城市规模、人口数量、建筑物耐火等级、火灾危险性类别、建筑物体积等有关。消防用水量可根据《建筑设计防火规范》来确定。

（2）城市综合生活用水量预测。

城市综合生活用水指城市居民生活用水和公共设施用水两部分的总量。城市综合生活用水量预测主要采用定额法，有居民用水定额、公共设施用水量定额。采用定额法预测就是在确定了当地居民用水定额和规划人口后，可由下式计算得到。

$$Q = \frac{kNq}{1000}$$

式中：Q——居民生活用水量，m^3/d；

N——规划期末人口数；

q——规划期限内的生活日用水量标准，$L/（人 \cdot d）$；

k——规划期用水普及率。

由于公共设施的种类和数量是按城市人口规模配置的，居民生活用水与公共设施用水之间存在一定比例关系，因此在总体规划阶段可由居民生活用水量来推求公共设施用水量。所以有时也可以直接由城市综合生活用水定额计算得到，此时公式中的q应为城市综合生活用水量标准。

以上介绍的定额法以过去统计的若干资料为基础，进行经验分析，确定用水量标准。它只以人口作变量，忽略了影响用水的其他相关因素，预测结果可靠性较差。数学模型方法弥补了定额法的缺陷，它是依据过去若干年的统计资料，通过建立一定的数学模型，找出影响用水量变化的因素与用水量之间的关系，来预测城市未来的用水量。在城市综合生活用水量预测中常采用递增率、线性回归、生长曲线等方法。

（3）城市工业用水量预测。城市工业用水量在城市总用水量中占有较大比例，其预测的准确与否对城市用水量规划具有重要影响。因为影响城市工业用水量的因素较多，预测方法也比较多，常见有单位面积指标法、万元产值指标法、重复利用率提高法、比例相关法、线性回归法等。

比例相关法是在准确算出生活用水量之后，根据生活用水和工业用水的相关比例可以算出工业用水量。不同城市的比例也不相同，可以参照部分城市的相关比例取值。

回归技术是根据过去相互影响、相互关联的两个或多个因素的资料，利用数学方法建立相互关系，拟合成一条确定曲线或一个多维平面，然后将其外延到适当时间，得到预测值。回归曲线有线性和非线性，回归自变量有一元和多元之分。应用到工业用水量预测中，是建立用水量与供水年份、工业产值、人口数及工业用水重复利用率等之间的相互关系。

（4）城市用水总量预测。城市用水总量是整个城市在一定的时间内所耗用水的总量，除由城市给水工程统一供水的居民生活用水、公共建筑用水、工业用水、市政用水及消防用水的总和外，还包括企业独立水源供水的用水量。城市用水量的预测有分类用水预测法、单位用地面积法、人均综合指标法、年递增率法、线性回归法、生长曲线法、灰色系统理论法。

分类用水预测法是指分类预测城市综合生活用水、工业企业用水、消防用水、市政用水、未预见及管网漏失用水量，然后进行叠加。单位用地面积法就是制定城市单位建设用地的用水量指标，根据规划的城市用地规模，推求出城市用水总量。人均综合指标法是根据城市历年人均综合用水量的情况，参照同类城市人均用水指标，合理确定本市规划期内人均用水标准，再乘以规划人口数，则得到城市用水总量。年递增率法就是根据历年来供水能力的年递增率，并考虑经济发展的速度，选定供水的递增函数，再由现状供水量，推求出规划期的供水量。假定每年的供水量都以一个相同的速率递增，可用下式来计算。

$$Q = \frac{L}{1 + ae^{-bt}}$$

式中：Q——预测年份所规划的城市用水总量，m^3/d；

　　　a，b——起始年份实际的城市用水总量，m^3/d；

　　　L——城市用水总量的年平均增长率，%；

　　　t——预测年限。

生长曲线法是把城市用水总量用S形曲线表示出来，这符合城市在数量上、人口上的变化规律，从初始发展到加速阶段，最后发展速度减缓的规律。

2.城市水源规划

城市水源规划是城市给水工程规划的一项重要内容，它影响到给水工程系统的布置、城市的总体布局、城市重大工程项目选址、城市的可持续发展等战略问题。城市水源规划作为城市给水排水工程规划的重要组成部分，不仅要与城市总体规划相适应，还要与流域或区域水资源保护规划、水污染控制规划、城市节水规划等相配合。

水源规划中，需要研究城市水资源量、城市水资源开发利用规模和可能性、水源保护措施等。水源选择关键在于对所规划水资源的认识程度，应进行认真深入的调查、勘探，结合有关自然条件、水质监测、水资源规划、水污染控制规划、城市远近期规划等进行分析、研究。通常情况下，要根据水资源的性质、分布和供水特征，从供水水源的角度对地表水和地下水资源从技术经济方面进行深入、全面比较，力求经济、合理、安全可靠。水源选择必须在对各种水源进行全面的分析研究、掌握其基本特征的基础上进行。

城市给水水源有广义和狭义的概念之分。狭义的水源一般指清洁淡水，即传统意义上的地表水和地下水，是城市给水水源的主要选择；广义的水源除了上面提到的清洁淡水外，还包括海水和低质水（微咸水、再生污水和暴雨洪水）等。在水资源短缺日益严重的情况下，对海水和低质水的开发利用，是解决城市用水矛盾的发展方向。

3.取水工程规划

取水工程是给水工程系统的重要组成部分，通常包括给水水源选择和取水构筑物的规划设计等。在城市给水工程规划中，要根据水源条件确定取水构筑物的基本位置、取水量、取水构筑物的形式等。取水构筑物位置的选择，关系到整个给水系统的组成、布局、投资、运行管理、安全可靠性及使用寿命等。

地表取水构筑物位置的选择应根据地表水源的水文、地质、地形、卫生、水力等条件综合考虑，进行技术经济比较。选择地表水取水构筑物位置时，应考虑以下基本要求：（1）设在水量充沛、水质较好的地点，宜位于城镇和工业的上游清洁河段。取水构筑物应避开河流中回流区和死水区，潮汐河道取水口应避免海水倒灌的影响；水库的取水口应在水库淤积范围以外，靠近大坝处；湖泊取水口应选在近湖泊出口处。（2）具有稳定的河床和河岸，靠近主流。取水口不宜放在入海的河口地段和支流向主流的汇入口处。（3）尽可能避开有泥沙、漂浮物、冰凌、冰絮、水草、支流和咸潮影响的河段。（4）具有良好的地质、地形及施工条件。（5）取水构筑物位置应尽可能靠近主要用水地区，以减少投资。（6）应考虑天然障碍物和桥梁、码头、丁坝、拦河坝等人工障碍物对河流条件引起变化的影响。（7）应与河流的综合利用相适应。取水构筑物不应妨碍航运和排洪，并且符合灌溉、水力发电航运、排洪、河湖整治等部门的要求。

地下水取水构筑物的位置选择与水文地质条件、用水需求、规划期限、城市布局等都有关系。在选择时应考虑以下情况：（1）取水点与城市或工业区总体规划，以及水资源开发利用规划相适应。（2）取水点要求水量充沛、水质良好，应设于补给条件好、渗透性强、卫生环境良好的地段。（3）取水点的布置与给水系统的总体布局相统一，力求降低取水、输水电耗和取水井及输水管的造价。（4）取水点有良好的水文、工程地质、卫生防护条件，以便于开发、施工和管理。（5）取水点应设在城镇和工矿企业的地下径流上游。

合理的取水构筑物形式，对提高取水量、改善水质、保障供水安全、降低工程造价及运营成本有直接影响。多年来根据不同的水源类型，工程界也总结出了各种取水构筑物的形式可供规划设计选用，同时施工技术的进步、城市基础设施建设投资的加大、先进的工程控制管理技术的运用，为取水工程的设计提供了更广阔的创新条件。

4.城市给水处理设施规划

城市给水处理的目的就是通过合理的处理方法去除水中杂质，使之符合生活饮用和工业生产使用要求。不同的原水水质决定了选用的处理方法，目前主要的处理方法有常规处理（包括澄清、过滤和消毒）、特殊处理（包括除味、除铁、除锰和除氟、软化、淡化）、预处理和深度处理等。

5.城市给水管网规划

城市给水管网规划包含输水管渠规划、配水管网布置及管网水力计算，现代城市给水管网规划还应包括给水系统优化调度方案等。管网水力计算和给水系统优化调度涉及内容较多，需要参考专门文献，这里不再赘述。

第二节　城市排水工程概述

一、城市排水工程

（一）排水工程及其任务

在城镇生产和生活中产生的大量污水，如从住宅、工厂和各种公共建筑中不断排出的各种各样的污水和废弃物，需要及时妥善地排除、处理或利用。对这些污水如不加控制，任意直接排入水体或地下土体，使水体和土壤受到污染，将破坏原有的生态环境，引起各种环境问题。为保护环境和提高城市生活水平，现代城镇需要建设一整套工程设施来收集、输送、处理和处置雨水与污水。这种工程设施称为排水工程。

大规模的城市建设，实现了城市的现代化。城市规模变得越来越大，城市道路硬面化提高，雨水的收集、排除和利用也是城市排水工程的基本内容。

排水工程的基本任务是保障城市生活、生产正常运转，保护环境免受污染，解决城市雨水的排除和利用问题，促进城市经济和社会发展。其主要内容包括收集各种污水并及时输送至适当地点，将污水妥善处理后排放或再利用，收集城市屋面、地面雨水并排除或利用。

排水工程是城市基础设施之一，在城市建设中起着十分重要的作用。

第一，排水工程的合理建设有助于保护和改善环境，消除污水的危害，为保障城市健康运转起着重要的作用。随着现代工业的发展和城市规模的扩大，污水量日益增加，污水成分也日趋复杂，城镇建设必须注意经济发展过程中造成的环境污染问题，并协调解决好污水的污染控制、处理及利用问题，以确保环境不受污染。

第二，排水工程作为国民经济和社会发展的一个功能发挥着重要的作用。水是非常宝贵的自然资源，它在人民日常生活和工农业生产中都是不可缺少的。许多河川的水都不同程度地被其上下游的城市重复使用着，甚至有的河段已超过了水体自净能力，如果水体受到严重污染，势必降低淡水水源的使用价值或增加城市给水处理的成本。为此，通过建设城市排水工程设施，可保护水体免受污染，使水体充分发挥其经济和社会效益。同时，运用排水工程技术，使城市污水资源化，可重复用于城市生活和工业生产，这是节约用水和解决淡水资源短缺的一种重要途径。

第三，随着气候的变化，强降雨导致城镇水害日益严重，如何及时排除城市雨雪水，是城市未来建设的重要课题；另一方面，对于我国淡水资源匮乏的城市，雨水的收集与利用也将成为我国城市建设不可忽视的问题之一。

总之，在城市建设中，排水工程对保护环境、促进城镇化建设具有巨大的现实意义和深远的影响。应当充分发挥排水工程在我国经济建设和社会发展中的积极作用，使经济建设、城镇建设与环境建设同步规划、同步实施、同步发展，以达到经济效益、社会效益和环境效益的统一。

（二）废水及分类

1.生活污水

生活污水是指人们在日常生活中用过的水，包括从厕所、浴室、盥洗室、厨房、食堂和洗衣房等处排出的水。它来自住宅、公共场所、机关、学校、医院、商店以及工厂中的生活区部分。

生活污水含有大量腐败性的有机物，如蛋白质、动植物脂肪、碳水化合物、尿素等，还含有许多人工合成的有机物，如各种肥皂和洗涤剂等，以及粪便中出现的病原微生物，如寄生虫卵和肠系传染病菌等。此外，生活污水中也含有为植物生长所需要的氮、磷、钾等肥分。这类污水需要经过处理后才能排入水体、灌溉农田或再利用。

从建筑排水工程来看，建筑内用于淋浴、盥洗和洗涤的废水，由于污染比粪便污水轻，经过处理可以作为中水系统回收利用。因此，现在有的建筑排水将粪便污水和洗涤废水独立设置，把建筑内的生活排水分成生活污水和生活废水，这是未来的发展方向。

2.工业废水

工业废水是指在工业生产中排出的废水。由于各种工业企业的生产类别、工艺过程、使用的原材料以及用水成分的不同，工业废水的水质变化很大。工业废水按照污染程度的不同，可分为生产废水和生产污水两类。

生产废水是指在使用过程中受到轻度污染或水温稍有增高的水。如冷却水便属于这一类，通常经简单处理后即可在生产中重复使用，或直接排放水体。

生产污水是指在使用过程中受到较严重污染的水。这类污水多具有危害性。例如，有的含大量有机物，有的含氰化物、铬、汞、铅、镉等有害和有毒物质，有的含多氯联苯、合成洗涤剂等合成有机化学物质，有的含放射性物质等。这类污水大都需经适当处理后才能排放或供生产中重复使用。废水中的有害或有毒物质往往是宝贵的工业原料，对这种废水应尽量回收利用，为国家创造财富，同时也减轻污染。

按照工业废水按所含污染物的主要成分分类，包括酸性废水、碱性废水、含氰废水、含铬废水、含汞废水、含油废水、含有机磷废水和放射性废水等。这种分类明确地指出了废水中主要污染物的成分。

在不同的工业企业，由于产品、原料和加工过程不同，排出的是不同性质的工业废水。

3.雨水

雨水指大气降水，也包括冰雪融化水。雨水一般比较清洁，但其形成的径流量大，若不及时排泄，则将积水为害，妨碍交通，甚至危及人们的生产和日常生活。目前，在我国的排水体制中，认为雨水较为洁净，一般不需处理，直接就近排入水体。

天然雨水一般比较清洁，但初期降雨时所形成的雨水径流会挟带大气中、地面和屋面上的各种污染物质，使其受到污染，所以初期径流的雨水，往往污染严重，应予以控制排放。有的国家对污染严重地区雨水径流的排放作了严格要求，如工业区、高速公路、机场等处的暴雨雨水要经过沉淀、撇油等处理后才可以排放。近年来由于水污染加剧，水资源日益紧张，雨水的作用重新引起重视。长期以来雨水直接径流排放，不仅加剧水体污染和城市洪涝灾害，同时也是对水资源的一种浪费。

（三）废水、污水的处理及处置

在城市和工业企业中，应当有组织地、及时地收集、处理、排除上述废水和雨水，否则有可能影响和破坏环境，影响生活和生产，威胁人民健康。

排水的收集、输送、处理和排放等工程设施以一定的方式组合成的总体称为排水系统。排水系统通常是由管道系统（或称排水管网）和污水处理系统（即污水处理厂）两大部分组成。管道系统是收集和输送废水的设施，把废水从产生处输送至污水厂或出水口，包括排水设备、检查井、管渠、泵站等工程设施。污水处理系统是处理和利用废水的设施，包括城市及工业企业污水处理厂（站）中的各种处理构筑物及利用设施等。

城市排水一般包含生活污水和生产污（废）水，由于工业企业的废水水质差别较大，大多数工业企业有特殊的生产污（废）水需要单独处理，因工业企业排放的生产污（废）水水质差别大，处理工艺也不完全相同。

污水经处理后的最终去向有：①排放水体；②灌溉农田；③重复利用。

污水经达标处理后大部分可以直接排入水体，水体具有一定的稀释能力和净化恢复能力，所以排入水体是城市污水的自然回归，是城市水循环的正常途径。灌溉农田也是利用土地净化功能的一种方法。污水经处理达到无害化后排放并重复利用，是控制水污染、保护水资源的重要手段，也是节约用水的重要途径。城市污水重复利用的方式有以下几种：

（1）自然复用。一条河流往往既作给水水源，也收纳沿河城市排放的污水。流经下游城市的河水中，总是掺杂有上游城市排入的污水。因而地面水源中的水，在其最后排入海洋之前，实际已被多次重复使用。

（2）间接复用。将处理后的排水或雨水注入地下补充地下水，既可作为给水的间接水源，也可防止地下水位下降和地面沉降。

（3）直接复用。城市污水经过人工处理后直接作为城市用水水源，这对严重缺水地区来说可能是必要的。近年来，我国也提倡采用中水及收集利用雨水，而且已有不少工程实例。如处理后的水经提升送至城市河道上游进行补水，改善城市河道水体水质，处理后的水排至城市"亲水"公园或人工湿地公园等。

二、排水系统的体制及其选择

（一）排水系统的体制

如前所述，在城镇和工业企业中通常有生活污水、工业废水和雨水。这些废水既可采用一个管渠系统来收集与排除，又可采用两个或两个以上各自独立的管渠系统来收集和排除。废水的这种不同收集与排除方式所形成的排水系统，称作排水系统的体制。排水系统的体制，一般分为合流制和分流制两种类型。

1.合流制排水系统

当采用一个管渠系统来收集和排除生活污水、工业废水和雨水时，则称为合流制排水系统，也称为合流管道系统，其排水量称为合流污水量。合流制排水系统又分为直排式和截流式。直排式合流制排水系统，是将排除的混合污水不经处理直接就近排入水体，国内外很多城镇的老城区仍保留这种排水方式。但这种排除形式因污水未经处理就排放，使收纳水体遭受严重污染，所以这也是目前乃至今后很长一段时间内，老城镇改造中的重要工程。

随着城市化的推进和对水域环境保护的重视，对老城区及小城镇需进行基础设施改造，除了采用直排式分流制排水系统外，最常见的排水系统改造是采用截污工程，即称为截流式合流制排水系统。这种系统是在临河岸边建造一条截流干管，同时在合流干管与截流干管相交前或相交处设置溢流井，并在截流干管下游设置污水厂。晴天和初期降雨时所有污水都送至污水厂，经处理后排入水体，随着降雨量的增加，雨水径流也增加，当混合污水的流量超过截流干管的输水能力后，就有部分混合污水经溢流井溢出，直接排入水体。截流式合流制排水系统比直排式合流制排水系统在污水管理上有了很大提高，但仍有部分混合污水未经处理就直接排放，从而使水体遭受污染，这是它的不足之处。

2.分流制排水系统

当采用2个或2个以上各自独立的管渠来收集或排除生活污水、工业废水和雨水时，则称为分流制排水系统。收集并排除生活污水、工业废水的系统称为污水排水系统，收集或排除雨水的系统称为雨水排水系统，这就是常说的雨污分流形式。

由于排除雨水方式的不同，分流制排水系统又分为完全分流制和不完全分流制两种排水系统。完全分流制排水系统同时建设有独立的污水排水管道和雨水排水管道，而且一般建有污水处理厂（站）。而不完全分流制排水系统只建有污水排水系统，未建雨水排水系统，雨水沿天然地面、街道边沟、水渠等原有渠道系统排泄，或者采用对原有雨水排洪沟道的整治，来提高排水渠道系统输水能力，待城市进一步发展再修建完整的雨水排水系统。

在工业企业中，一般采用分流制排水系统，然而，由于工业废水的成分和性质往往很复杂，不但与生活污水不宜混合，而且彼此之间也不宜混合，否则将加大污水厂污水和污泥处理的难度，并给废水重复利用和回收有用物质造成很大困难。所以，在多数情况下，采用分质分流、清污分流等几种管道系统来分别排除。但如生产污水的成分和性质同生活污水类似时，可将生活污水和生产污水用同一管道系统排放。

大多数城市，尤其是较早建成的城市，往往是混合制的排水系统，既有分流制也有合流制。在大城市中，各区域的自然条件以及修建情况可能相差较大，因此应因地制宜地采用不同的排水体制。

（二）排水系统体制的选择

1.环境保护方面

如果采用合流制将城市生活污水、工业废水和雨水全部截流送往污水厂进行处理，然后再排放，从控制和防止水体的污染来看，是较理想的。但按照全部截留污水量计算，则截流主干管尺寸很大，污水厂处理规模会成倍增加，整个排水系统的建设费用和运营费用也会相应提高。所以采用截流式合流制时，截留倍数的确定是均衡水体环境保护和处理费用两个因素的重要指标。《室外排水设计规范》关于截流倍数的规定应根据旱流污水的水质、水量、排放水体的卫生要求、水文、气候、经济和排水区域大小等因素经计算确定，宜采用1～5倍。

采用截流式合流制时，在暴雨径流之初，原沉淀在合流管渠的污泥被大量冲起，经溢流井溢入水体，同时雨天时有部分混合污水溢入水体。实践证明，采用截流式合流制的城市，水体污染日益严重。应考虑将雨天时溢流出的混合污水予以储存，待晴天时再将储存的混合污水全部送至污水厂进行处理，或者将合流制排水系统改建成分流制排水系统等。

分流制通过独立设置的污水管道系统将城市污水全部送至污水厂处理，是城市排水系统较为理想的做法，但分流制雨水排水系统，由于初期雨水未经处理就直接排入水体，对城市水体也会造成污染，这是它的缺点。近年来，国内外对雨水径流水质的研究发现，雨水径流特别是初期雨水径流对水体的污染相当严重。分流制虽然具有这一缺点，但它比较灵活，比较容易适应社会发展的需要，一般又较符合城市卫生的要求，所以在国内外获得了广泛的应用，而且也是城市排水体制的发展方向。

2.工程造价方面

国际上有的经验认为合流制排水管道的造价比完全分流制一般要低20%～40%，但合流制的泵站和污水厂的造价却比分流制高。从总造价来看，完全分流制比合流制可能要高。从初期投资来看，不完全分流制初期只建污水排水系统，因而可节省初期投资费用，又可缩短工期，发挥工程效益也快。而合流制和完全分流制的初期投资均大于不完全分流制。

3.维护管理方面

在合流制管渠内，晴天时污水只是部分充满管道，雨天时才形成满流，因而晴天时合流制管内流速较低，易产生沉淀。但经验表明，管中的沉淀物易被暴雨冲走，这样合流管道的维护管理费用可以降低。但是，晴天和雨天时流入污水厂的水量变化很大，增加了合流制排水系统污水厂运行管理中的复杂性。而分流制排水系统可以保持管内的流速，不致发生沉淀，同时流入污水厂的水量和水质比合流制变化小得多，污水厂的运行易于控制。

总之，排水系统体制的选择是一项既复杂又很重要的工作，应根据城镇及工业企业的规划、环境保护的要求、污水利用情况、原有排水设施、水量、水质、地形、气候和水体状况等条件，在满足环境保护的前提下，通过技术经济比较综合确定。新建地区一般应采用分流制排水系统，但在特定情况下采用合流制可能更为有利。

三、排水系统的主要组成

（一）城市污水排水系统的主要组成

1.室内污水管道系统及设备

室内污水管道系统及设备的作用是收集生活污水，并将其送至室外居住小区的污水管道中。

在住宅及公共建筑内，各种卫生设备既是人们用水的器具，也是承接污水的容器，还是生活污水排水系统的起端设备。生活污水从这里经水封管、支管、立管和出户管等室内管道系统排入室外街坊或居住小区内的排水管道系统。

2.室外污水管道系统

室外污水管道系统是分布在地面下，依靠重力流输送污水至泵站、污水厂或水体的管道系统。它又分为街坊或居住小区管道系统及街道管道系统。

（1）街坊或居住小区污水管道系统。敷设在一个街坊或居住小区内，并连接一群房屋出户管或整个小区内房屋出户管的管道系统称为街坊或居住小区管道系统。

（2）街道污水管道系统。敷设在街道下，用以排除从居住小区管道流来的污水。在一个市区内它由支管、干管、主干管等组成。支管承受街坊或居住小区流来的污水。在排水区界内，常按分水线划分成几个排水流域。在各排水流域内，干管是汇集输送由支管流来的污水，也常称流域干管。主干管是汇集输送由两个或两个以上干管流来的污水，并把污水输送至总泵站、污水处理厂或出水口的管道。

管道系统上的附属构筑物包括检查井、跌水井、倒虹管、溢流井等。

3.污水泵站及压力管道

城市污水的输送一般采用重力流形式，重力流污水管道需要有足够大的敷设坡度，随着管道的延伸，排水管道埋深会逐渐增加，当埋深过大时，不仅无法排至污水处理厂或水体，还会增加管道敷设难度及施工费用，这时就需要设置排水泵站。从泵站至高地自流管道或至污水厂的承压管段，被称为污水压力管道。

4.污水处理厂

污水处理厂由处理和利用污水与污泥的一系列构筑物及附属设施组成。城市污水厂一般设置在城市河流的下游地段，并与居民点和公共建筑保持一定的卫生防护距离。城市污水厂采用集中或分散建设，应在全面的技术经济比较的基础上合理确定，一般宜建设集中的大型污水处理厂。

一般根据城市规划，确定服务区域的服务面积、服务人口和用水量标准等有关资料，再适当考虑特殊情况（如工厂等排污大户的情况），即可求出城市污水处理厂的建设规模。

5.出水口

污水排入水体的渠道和出口称为出水口，它是整个城市污水排水系统的终点设施。事故排出口是指在污水排水系统的中途，在某些易于发生故障的组成部分前面，例如在总泵站的前面，所设置的辅助性出水渠，一旦发生故障，污水就通过事故排出口直接排入水体。

（二）雨水排水系统的主要组成

城市雨水排水系统收集建筑屋面、庭院、街道地面等处的降雨及雪融水，通过排水管渠就近排至城市自然水体，由下列几个主要部分组成：（1）建筑物的雨水管道系统和设备，主要是收集工业、公共或大型建筑的屋面雨水，并将其排入室外的雨水管渠系统中。（2）街坊或厂区雨水管渠系统。（3）街道雨水管渠系统。（4）排洪沟。（5）出水口。

收集屋面的雨水由雨水口和天沟进行，并经水落管排至地面；收集地面的雨水经雨水口流入街坊或厂区以及利用街道的雨水管渠系统。从建设和设计界限来看，前述雨水排水属于建筑排水工程范畴，而这里讲的城市雨水排水系统也称室外雨水排水系统，是指雨水口、连接管、雨水排水主管渠及检查井等附属构筑物，还包括城市排洪河道等构成的系统。

合流制排水系统的组成与分流制相似，同样有室内排水设备、室外居住小区以及街道管道系统。雨水经雨水口进入合流管道，在合流管道系统的截流干管处设有溢流井。

四、城市排水系统的规划设计

排水工程是城市和工业企业基本建设的一个重要组成部分，同时也是控制水污染、改善和保护环境的重要措施。排水工程的规划设计应在区域规划以及城市和工业企业的总体规划基础上进行。排水系统的设计规模、设计期限以及排水区界，应根据区域、城市和工业企业的规划方案而定。作为总体规划的组成部分，应符合总体规划所遵循的原则，并和其他工程建设密切配合。如城市道路规划、建筑物分布、竖向规划、地下设施、城市防洪规划等会都对排水工程规划设计产生影响。

（一）排水工程规划设计的原则

排水工程规划设计应遵循下列原则：（1）符合城市总体规划，并应与城市和工业企业中其他单项工程建设密切配合，互相协调。（2）城市污水应以点源治理与集中处理相结合，以城市集中处理为主。（3）城市污水、雨水是重要的水资源，应考虑再生回用。（4）设计排水区域的水资源应考虑综合处置与利用，如排水工程与给水工程、雨水利用与中水工程等协调，以节省总投资。（5）排水工程的设计应全面规划，按近期设计，同时为远期发展留出扩建的可能。（6）在规划和设计排水工程时，应按照国家和地方制定的有关规范和标准进行。

（二）城市排水规划的主要任务

根据城市用水状况和自然环境条件，确定规划期内污水处理量，污水处理设施的规模与布局，布置各级污水管网系统；确定城市雨水排除与利用系统规划标准、雨水排除出路、雨水排放与利用设施的规模与布局。

（三）城市排水规划的主要内容

城市排水规划设计内容，根据不同阶段有不同的要求，在城市总体规划中的主要内容有：（1）确定排水体制。（2）划分排水区域，估算雨水、污水总量，制定不同地区污水排放标准。（3）进行排水管渠系统规划布局，确定雨水、污水主要泵站数量、位置以及水闸位置。（4）确定污水处理厂数量、分布、规模、处理排放等级以及用地范围。（5）确定排水干管渠的走向和出口位置。（6）提出雨水、污水综合利用措施。

在城市详细规划中的主要内容有：（1）对污水排放量和雨水量进行具体的统计计算。（2）对排水系统的布局、管线走向、管径进行计算复核，确定管线平面位置、主要控制点标高。（3）对污水处理工艺提出初步方案。（4）提出雨水管理与综合利用方案。

五、排水工程建设和设计的基本程序

（一）项目建议书阶段

项目建议书是工程建设程序的最初阶段，是投资决策前对拟建项目的轮廓设想，也称为立项阶段。排水工程项目建议书是由城市建设主管单位，根据城市总体规划要求，经过调查、预测分析后，提出的具体的排水工程建设项目的建议文件，是可行性研究的依据。

（二）可行性研究阶段

可行性研究是对排水工程项目在技术上是否可行和在经济上是否合理进行科学的分析和论证。通过对建设项目在技术、工程和经济上的合理性进行全面分析论证和多种方案比较，提出评价意见。

（三）设计阶段

设计阶段又分为初步设计阶段和施工图设计阶段。设计是对拟建排水工程的实施在技术上和经济上所进行的全面而详尽的安排，是排水工程建设计划的具体化，是把先进技术和科研成果引入建设的渠道，是整个工程的决定性环节，是组织施工的依据。它直接关系着工程质量和将来的使用效果。

当可行性研究报告经批准后，一般委托或通过招标选定设计单位，按照批准的可行性研究报告的内容和要求进行设计，编制设计文件。

（四）组织施工阶段

建设单位采用施工招标或其他形式落实施工工作。

（五）竣工验收交付使用阶段

建设项目建成后，竣工验收交付生产使用是工程施工的最后阶段。

排水工程设计应按设计任务书，全面了解项目可行性研究报告所提出的建设方案和主要技术经济指标，依据排水规划布置排水管道和排水提升泵站，计算排水设计流量，进行排水管道水力计算，编制排水设计说明书及概算书。污水处理厂设计应包括厂址选择及布置，污水处理工艺分析与设计等。排水工程设计应考虑近远期的结合，一般排水管道和排水泵站按远期设计，排水泵选择可按近期配置；污水厂布置应考虑远期发展的可能性，构筑物及设备按近期设计和选定，但应按远期预留场地。

第五章 管道工程安装及验收

第一节 管道材料

一、材料选用条件

（一）强度应能承受各种外部荷载

由于给水排水管道通常是沿公路或铁路埋地敷设的，有的甚至需要穿越公路或铁路，为保证其运行安全，应选择强度有保证的管材。

（二）管道水密性好

管道水密性的好坏，直接影响到管网运行成本及运行安全。如果水密性较差，漏水后会直接冲刷地层，泡软管道基础，则水量损失较大，导致运行成本增加。

（三）管道内壁光滑

内壁光滑的管道，摩阻系数小，则水流流经管道的水头损失相应降低，水泵扬程减少，管网运行所需电费也随之降低。

（四）其他

价格低廉，使用寿命长，并要求具有一定的抗水土侵蚀能力。

承压管道建议采用成品管及配件，所选成品的制作应符合相关的国家标准或行业标准。

承压管材的选用应依据输配管网系统的布置、管径、工作压力、埋深、地质情况以及施工条件和运输条件，并结合运行维护管理进行技术经济比较来确定，做到因地制宜，便于选用。

在管材选用时，还应考虑节约能源、保护环境，尽可能采用技术成熟、抗腐蚀性强、节能好的非金属新型管材。

输配水管道材质的选择，应根据管径、内压、外部荷载、管道敷设区的地形和地质、管材的供应，按照运行安全、耐久、减少漏损施工、维护方便、经济合理以及清水管道防止二次污染的原则，进行技术、经济、安全等综合分析确定。

二、管材要求

（一）铸铁管

铸铁管属于压力流水管道，即管道中的水是在压力的作用下进行流动的，故而其埋深只需满足冰冻线、地面荷载和跨越障碍物即可，对管道内部的水力要素没有影响。因此沟槽较浅，以放坡开槽为主，尽量不加支撑，便于用机械分散下管。由于铸铁管的管节较长，一般为5～6m，其接口间距也相应增大。为了减少开挖土方量，一般开挖的宽度较小，但接口部必须满足接口施工工艺要求，应加宽和加深。

铸铁管一般可直接铺设在天然地基上，这就要求地基原状土不得被扰动，如果超挖，应用碎石或砂子进行回填，并振密捣实。当沟槽为岩石或坚硬地基时，应按设计规定施工。若设计无规定时，为保证管身受力的合理性，防止管身防腐层遭到破坏，管身下方应铺设砂垫层。

（二）钢管

钢管钢材有焊接钢管和无缝钢管两种。以防腐蚀性能来说可分为保护层型、无保护层型与质地型；按壁厚又有普通钢管和加厚钢管之分。国内最大钢管直径可达DN4000，每节钢管的长度一般在10m左右。

保护层型（主要指的是管道内壁）有金属保护层型与非金属保护层型，金属保护层型常用的有表面镀层保护层型和表面压合保护层型。表面镀层保护层型中常见的是镀锌管，镀锌管也有冷镀锌管和热镀锌管之分。热镀锌管因为保护层致密均匀、附着力强、稳定性比较好，目前仍被大量采用。而冷镀锌管由于保护层不够致密均匀，稳定性差，各地已在生活给水管道中禁止使用。

金属管道应考虑防腐措施。金属管道内防腐宜采用水泥砂浆衬里，金属管道外防腐宜采用环氧煤沥青、胶粘带等涂料。金属管道敷设在腐蚀性土中以及电气化铁路附近或其他有杂散电流存在的地区时，为防止发生电化学腐蚀，应采取阴极保护措施（外加电流阴极保护或牺牲阳极）。

（三）非金属管材

1.自应力钢筋混凝土管

自应力钢筋混凝土管采用离心工艺制造，依靠膨胀作用张拉环向和纵向钢丝，使管体混凝土在环向和纵向处于受压状态。该管材试验压力规定可在覆土不大于2m的埋地给水管道上应用。自应力钢筋混凝土管是借膨胀水泥在养护过程中发生膨胀，张拉钢筋，而混凝土则因钢筋所给予的张拉反作用力而产生压应力，能很好地承受管内的水压，在使用上，具有与预应力钢筋混凝土管相同的优点。

2.预应力钢筋混凝土管

预应力钢筋混凝土管是将钢筋混凝土管内的钢筋预先施加纵向与环向预应力后，制成的双向预应力钢筋混凝土管，具有良好的抗裂性能，其耐土壤电流侵蚀的性能远较金属管好。预应力钢筋混凝土管均为承插式胶圈柔性接头，其转弯或变径处采用特制的铸铁或钢板配件进行处理，可敷设在未经扰动的土基上，施工方便、价格低廉。

3.聚乙烯管

聚乙烯管的优点是化学稳定性好，不受环境因素和管道内输送介质成分的影响，耐腐蚀性好；水力性能好，管道内壁光滑，阻力系数小，不易积垢；相对于金属管材，密度小、材质轻；施工安装方便，维修容易。

同时由于该管属柔性管，对小口径管可用盘管供应，连接时采用热熔对接，连接方式可采用电热熔、热熔对接焊和热熔承插连接。管道敷设既可采用通常使用的直埋方式施工，也可采用插入管敷设。

三、管道接口

（一）刚性接口

刚性接口是承插铸铁管的主要接口形式之一，由嵌缝材料和密封填料组成。刚性接口是往插口缝隙中填打油麻和填料，过去常用青铅，现在大都使用石棉水泥，粘合力很强。刚性接口填料分为内侧填料与外侧填料，内侧填料为接口内层填料，外侧填料为接口外层填料。

1.内侧填料

内侧填料放置于管口缝隙的内侧，以保证管口严密，不漏水，并起扩圆作用和防止外侧填料如水泥等漏入管内。因此，内侧填料材料应柔软，有弹性和疏水性，常用的材料有油麻、橡胶圈等。

（1）油麻。油麻的制作，采用松软、有韧性、清洁、无麻皮的长纤维麻加工成麻辫，放在由5%的石油沥青、95%的汽油配制的溶液中，没透拧干，并经风干而成油麻，具有较好的柔性和韧性，不会因敲打而断碎。

油麻的填塞深度与密封材料的性质有关，若以石棉水泥为密封材料时，填麻深度约为承接口总深度的1/3；以铅为密封材料时，其填麻深度约距承口水线里缘5mm为宜。不同管径的承插铸铁管接口的填麻深度及用量不同。

油麻具有很多优点，但管内长时间承受水压后，油将从麻中脱出并沿管壁与石棉水泥间渗出，从而减弱管壁与石棉水泥间的黏着力。此外，油麻为进口黄麻制成，货源紧张而且打麻操作费时费力。常用材料有油麻和线麻，线麻应在填塞前在石油沥青溶液中（5%的石油沥青和95%的汽油）浸透，然后进行防腐处理，晾干后使用。接口时，拧紧的麻辫直径约为缝隙宽度的1.5倍，以保证接口填塞严密。

填麻前先将承口、插口用毛刷蘸清水洗干净，然后用铁牙将环形间隙背匀，将粗细是承接口间隙1.5倍左右的油麻，按一定方向拧紧，其长度应大于管外径50～100mm。塞麻时，需要不断移动铁牙，以保证间隙均匀，直到第一圈油麻打实后再卸下铁牙。打麻所用手锤一般重1.5kg。填麻后在进行下层密封填料时，应将麻口重打一遍，以麻不再走动为合格。在打套管（揣袖）接口填麻时，一般比普通接口多填1～2圈，而且第一圈稍粗，可不用锤打，将麻塞至插口端约10mm处为宜，防止油麻掉入管口内。第二圈麻填打用力不宜过大，其他圈填打方法与普通接口相同。

（2）橡胶圈。目前，除油麻外内侧填料还经常采用橡胶圈。橡胶圈的弹性、防水性都比麻好，也是一种良好的阻水材料，但价格较高。胶圈通常采用丁苯合成橡胶或天然橡胶制成圆形截面（O形圈），用模具做成整圈或采用热粘法及化学法黏结而成。

橡胶圈外观应粗细均匀，椭圆度在允许范围内，质地柔软，无气泡，无裂缝，无重皮，接头平整牢固，胶圈内环径一般为插口外径的0.85～0.90倍。当管径不大于300mm时为0.85倍，大于300mm时则为0.9倍。

橡胶圈填塞过程中，下管前，应先将胶圈套在插口上，然后将承插口工作面用毛刷清洗干净，对好管口，用铁牙背好环形间隙，然后自下而上移动铁牙，用錾子将胶圈填入承口。第一遍先打入承口水线位置，錾子贴插口壁使胶圈沿着一个方向依次均匀滚入承口水线。为防止出现"麻花"，可再分2～3遍将胶圈打至插口小台，每遍不宜将胶圈打入过多，以免出现"闷鼻"或"凹兜"。如出现上述弊病，可用铁牙将接口适当撑大，进行调整。对于插口无小台的管材，胶圈可打至距插口边缘10～20mm处，以防止胶圈掉入管缝。

2.外侧填料

外侧填料要保证接口有一定强度，并能承受冲击和少量接口弯曲（接口借转），可采用石棉水泥、膨胀水泥、铅和铅绒等。

（1）石棉水泥。石棉水泥接口承受弯曲应力和温度应力性能较差，接口经养护硬化后才能通水试压，接口作业的劳动强度大。石棉水泥是一种最常用的密封填料，有较高的抗压强度，石棉纤维对水泥颗粒有较强的吸附能力，水泥中掺入石棉纤维可提高接口材料的抗拉强度。水泥在硬化过程中会收缩，而石棉纤维可阻止其收缩，提高接口材料与管壁的黏着力和接口的水密性。

填料制作过程中所用填料，应采用具有一定纤维长度的机选4F级温石棉和42.5以上强度级的硅酸盐水泥。使用之前应将石棉晒干弹松，不应出现结块现象，其施工配合比为石棉：水泥=3：7，加水量为石棉水泥总重的10%左右，视气温与大气湿度酌情增减水量。拌和时，先将石棉与水泥干拌，拌至石棉水泥颜色一致，然后将定量的水徐徐倒进，随倒随拌，拌匀为止。实践中，使拌料捏能成团，抛能散开为准。也可集中拌制成干料，装入桶内，每次干拌填料不应超过一天的用量，使用时随用随加水，湿拌成填料，加水拌和石棉水泥应在1.5h内用完，否则影响接口质量。

填料施工时，在已经填好油麻或橡胶圈承接口内，将拌和好的石棉水泥，用捻灰錾自下而上往承口内填塞。填打石棉水泥时，每遍均应按规定深度填塞均匀。气温低于-5℃，不宜进行石棉水泥接口，必须进行接口时，可采取保温措施。管径小于300mm时，一般每个管口安排一人操作；管径大于300mm时，可两人操作。管道试压或通水时，发现接口局部渗漏，可用剔口錾子将局部填料剔除，剔除深度以见到嵌缝油麻、胶圈为止，然后淋湿，补打石棉水泥填料。为了提供水泥的水化条件，于接口完毕之后，应立即在接口处浇水养护。养护时间为1～2昼夜。养护方法是春秋两季每日浇水两次；夏季在接口处盖湿草袋，每天浇水四次；冬天在接口抹上湿泥，覆土保温。

（2）膨胀水泥砂浆。膨胀水泥能够在水化过程中体积膨胀。膨胀的结果，一方面是密度减小，体积增大，提高了水密性，使膨胀水泥与管壁连接；另一方面是产生微小的封闭性气孔，使水不易渗漏。接口所用的膨胀性外填料水泥一般由硅酸盐水泥、矾土水泥和石膏组成。硅酸水泥为强度组分，矾土水泥和石膏为膨胀组分。

作为密封填料的膨胀水泥砂浆，其施工配合比通常采用膨胀水泥：砂：水=1：1：0.3。当气温较高或风力较大时，用水量可酌情增加，但最大水灰比不宜超过0.35。按一定比例用作接口的膨胀水泥水化膨胀率不宜超过150%，接口填料的线膨胀系数控制在1%～2%，以免胀裂管口。砂应采用洁净中砂，最大粒径不大于1.2mm，含泥量不大于2%。

操作时先将膨胀水泥与砂级配好，干拌要十分均匀，拌和混合物的外观颜色要一致，然后在使用地点附近进行掺水拌和，随用随拌，一次拌和量不宜过多。膨胀水泥的初凝期约半小时，所以砂浆应在半小时内用完。当气温较高或风较大时，用水量可酌量增加，但最大水灰比不宜超过0.35。膨胀水泥的膨胀作用主要在再结晶过程中发生。为了延缓早期膨胀应减小水灰比，通常应在0.2～0.3。降低水灰比会使砂浆的稠度增高，致使拌和不易均匀，因此为保证搅拌质量，有时可掺入塑化剂。为延长初凝时间（延长初凝过程），使接口填料的膨胀在填塞后再发生于管口内，可适当掺加浓度0.2%～0.5%的缓凝剂（酒石酸溶液），其掺量应根据试验确定。

填膨胀水泥砂浆之前，用探尺检查嵌料层深度是否正确，然后用清水湿润接口缝隙。接口操作时，不需要打口，可将拌制的膨胀水泥砂浆分层填塞。最外一层找平，应比承口边缘凹进1～2mm。膨胀水泥水化过程中硫酸铝钙的结晶需要大量的水，因此其接口应采用湿养护。接口成活后，应及时用湿草帘覆盖，2h以后，用湿泥将接口糊严，并用潮湿土覆盖。养护时间为12～24h。

（3）铅接口。铅接口应用很早，由于铅的成本高、来源少，现在已较少使用。但铅接口具有一定的柔性，有较好的抗震、抗弯性能，止水性能好，容易维修，接口完毕后可立即通水，目前仅在特殊情况及个别地方还有应用，例如用于水厂和泵站进出站水管关键部位、河道穿越管道、铁路穿越管道、地基易产生不均匀沉降地段的管道、管路转弯和管径在DN600以上的管道、管道抢修等场合管道的接口。此外，管道接口渗漏时，由于铅的柔性好，不必剔口，只需将铅重新敲击紧密即可堵漏，所以它是管道抢修常用的接口方法。铅接口的铅是作为外填料使用的，其内填料通常为麻辫或胶圈。

常用的铅为6号铅，其纯度应在99%以上。铅经加热熔化后灌入接口内，其熔化温度在320℃左右，当熔铅呈紫红色时，即为灌铅适宜温度。

在灌铅前检查嵌缝材料填打情况，承口内需擦洗干净，保持干燥，然后将特制的布卡箍或泥绳贴在承口外端。上方留一灌铅口，用卡子将布卡箍卡紧，卡箍与管壁接缝处用湿黏土抹严，以防漏铅。灌铅前应在管口安设石棉绳，绳与管壁之间接触处敷泥堵严，并留出灌铅口。雨天禁止灌铅，否则易引起溅铅或爆炸。灌铅及化铅人员应佩戴石棉手套和眼镜，灌铅人应站在灌铅口承口一侧，使铅液从铅口一侧倒入，以便排气。每个铅口应一次连续灌完，凝固后，方可卸下布卡箍和卡子。

灌铅凝固后，先用铅钻切去铅口的飞刺，再用薄口钻子贴紧管身，沿铅口管壁敲打一遍，一钻压半钻，而后逐渐改用较厚口钻子重复上法各打一遍直到打实为止，最后用厚口钻子找平。

（二）柔性接口

刚性接口抗弯性能较差，受外力作用容易使密封填料产生裂缝，造成向外漏水事故，尤其在松软地基和地震区，接口破坏率较高。因此，可采用柔性接口方式，以减少漏水事故的发生。常用的柔性密封材料多为橡胶圈，由于铸铁管材的种类不同而具有多种形式。

1.楔形橡胶圈接口

当管道承口的内壁为斜槽形时，插口端部分可做成坡形，此时可在承口斜槽内嵌入起密封作用的楔形橡胶圈。由于斜形槽的限制作用，橡胶圈在管内水压的作用下与管壁压紧，具有自密性，使接口对于承插口的椭圆度、尺寸公差插口轴向相对位移及角位移具有一定的适应性。工程实践表明，此种接口抗震性能良好，并且可以提高施工速度，减轻劳动强度。

2.其他橡胶圈接口

因铸铁管管材种类的不同，其接口橡胶圈也有多种形式，常见的有角唇形、圆形、螺栓压盖形和中缺形胶圈接口。

3.柔性接口安装

不论采用何种形式的承插铸铁管或橡胶圈，都必须做到铸铁管的承插口形状与合适的橡胶圈配套，不得盲目选用，否则不是无法使用，就是造成接口漏水。

（1）橡胶圈的选择。根据承插铸铁管材种类的不同，可选择适当的橡胶圈。

（2）安装。

①清理承口。清刷承口，铲去所有粘结物，并擦洗干净。

②清理橡胶圈。清擦干净，检查接头、毛刺、污斑等缺陷。

③上胶圈。把胶圈上到承口内。由于胶圈外径比承口凹槽内径稍大，故嵌入槽内

后，需用手沿圆周轻轻按压一遍。

④安装。如使用机械安装，应安装好顶推工具，使插口中心对准承口中心，扳动手拉葫芦，均匀地将插口推入承口内。为了操作起来更方便，也可在胶圈内表面和插口工作面刷涂润滑剂。

⑤检查。插口推入位置应符合规定，若无标志，施工时画一标志，以便于掌控。安装完毕后，可用一探尺伸入承插口间隙中，以确定胶圈位置是否正确。

第二节　管道安装

一、管道基础施工

（一）原状地基施工

（1）原状土地基层部分超挖或扰动时应按有关规定进行处理；岩石地基局部超挖时，应将基底碎渣全部清理干净，回填低强度等级混凝土或粒径10~15mm的砂石回填夯实。

（2）原状地基为岩石或坚硬土层时，管道下方应铺设砂垫层。

（3）非水冻土地区，管道不得铺设在冻结的地基上；管道安装过程中，应防止地基冻胀。

（二）混凝土基础施工

（1）平基与管座的模板，可一次或两次支设，每次支设高度宜略高于混凝土的浇筑高度。

（2）平基、管座的混凝土设计无要求时，宜采用强度等级不低于C15的低坍落度混凝土。

（3）管座与平基分层浇筑时，应先将平基凿毛冲洗干净，并将平基与管体相接触的腋角部位，用同强度等级的水泥砂浆填满、捣实后，再浇筑混凝土，使管体与管座混凝土结合严密。

（4）管座与平基采用垫块法一次浇筑时，必须先从一侧灌注混凝土，对侧的混凝土高过管底，与灌注侧混凝土高度相同时，两侧再同时浇筑，并保持两侧混凝土高度一致。

（5）管道基础应按设计要求留变形缝，变形缝的位置应与柔性接口相一致。

（6）管道平基与井室基础宜同时浇筑。跌落水井上游接近井基础的一段应砌砖加固，并将平基混凝土浇至井基础边缘。

（7）混凝土浇筑中应防止离析。浇筑后应进行养护，强度低于1.2MPa时不得承受荷载。

（三）砂石基础施工

（1）铺设前应先对槽底进行检查，槽底高程及槽宽须符合设计要求，且不应有积水和软泥。

（2）柔性管道的基础结构设计无要求时，宜铺设厚度不小于100mm的中粗砂垫层；软土地基宜铺垫一层厚度不小于150mm的砂砾或5～40mm粒径碎石，其表面再铺厚度不小于50mm的中、粗砂垫层。

（3）柔性接口的刚性管道的基础结构无设计要求时，一般土质地段可铺设砂垫层，亦可铺设25mm以下粒径碎石，表面再铺20mm厚的砂垫层（中、粗砂）。

（4）管道有效支承角范围必须用中、粗砂填充，插捣密实，与管底紧密接触，不得用其他材料填充。

（四）质量验收标准

1.主控项目

（1）原状地基的承载力符合设计要求。检查方法：观察，检查地基处理强度或承载力检验报告，复合地基承载力检验报告。

（2）混凝土基础的强度符合设计要求。检查方法：混凝土基础的混凝土强度验收应符合现行国家标准《混凝土强度检验评定标准》的有关规定。

（3）砂石基础的压实度符合设计要求或《给水排水管道工程施工及验收规范》的规定。检查方法：检查砂石材料的质量保证资料和压实度试验报告。

2.一般项目

（1）原状地基、砂石基础与管道外壁间接触均匀，无空隙。检查方法：观察，检查施工记录。

（2）混凝土基础外光内实，无严重缺陷；混凝土基础的钢筋数量、位置正确。检查方法：观察，检查钢筋质量保证材料，检查施工记录。

二、钢管安装

（一）施工准备

（1）钢管及其管件，必须有出厂合格证。镀锌钢管内外壁镀锌要均匀，无锈蚀，内壁无飞刺。

（2）阀门的型号规格应符合设计要求，并有出厂合格证。其外观要求表面光滑，无裂纹、气孔、砂眼等缺陷，密封面与阀体接触紧密，阀芯开关灵活，关闭严密，填料密封完好，无渗漏，手轮无损坏。

（3）消火栓、水表的品种型号规格应符合设计要求，并有相应的检测报告及出厂合格证。

（4）捻口用水泥强度等级不低于32.5级，并有合格证。

（5）管沟平直，深度、宽度符合要求，沟底夯实，沟内无障碍物。

（6）沟沿两侧1.5m范围内不得堆放施工材料和其他物品，并根据土质情况和沟槽深度按要求设置边坡等防塌方措施。

（7）管材、管件及其配件齐全，阀门强度和严密性试验应合格。

（8）标高控制点测试完毕。

（二）预制加工

（1）按施工图纸及施工草图和实际情况正确测量和计算所需管段的长度，记录在施工草图上，然后根据测定的尺寸进行管段下料和接口处理。

（2）阀门、水表等附件在安装前预先组装好再进行现场施工。

（3）钢管在安装前做好防腐处理。

（三）安装条件

（1）根据设计图纸的要求对管沟中线和高程进行测量复核，放出管道中线和标高控制线，沟底应符合安装要求。

（2）准备好吊装机具及绳索，并进行安全检查，直径大的管道应根据实际情况使用起重吊装设备。

（3）管道安装前必须对管材进行复查。

（4）将有三通、弯头、阀门等的部件预先确定其具体位置，再按承口朝来水方向逐个确定工作坑的位置，管道安装前应先将工作坑挖好。

（5）管道安装应符合下列规定：对首次采用的钢材焊接材料、焊接方法或焊接工艺，施工单位必须在施焊前按设计要求和有关规定进行焊接试验，并应根据试验结果编制焊接工艺指导书。焊工必须按规定经相关部门考试合格后持证上岗，并应根据经过评定的焊接工艺指导书施焊。沟槽内焊接时，应采取有效技术措施保证管道底部的焊缝质量。

（6）管节的材料、规格、压力等级等应符合设计要求，管节宜工厂预制，现场加工应符合下列规定：管节表面应无斑疤、裂纹、严重锈蚀等缺陷；焊缝外观质量应符合规定，焊缝无损检验合格；直焊缝卷管管节几何尺寸的允许偏差应符合规定；同一管节允许有两条纵缝，管径大于或等于600mm时，纵向焊缝的间距应大于300mm，管径小于600mm时，其间距应大于100mm；管道安装前，管节应逐根测量、编号，宜选用管径相差最小的管节对接。

（7）下管前应先检查管节的内外防腐层，合格后方可下管。

（8）管段下管时，管段的长度、吊距，应根据管径、壁厚外防腐层材料的种类及下管方法确定。

（9）弯管起弯点至接口的距离不得小于管径，且不得小于100mm。

（四）钢管安装要求

1.管道对口连接

管节组在焊接时应先修口、清根，管端端面的坡口角度、钝边、间隙，应符合设计要求，不得在对口间隙夹焊帮条或用加热法缩小间隙施焊。对口时应使内壁齐平，错口的允许偏差应为壁厚的20%，且不得大于2mm。不同壁厚的管节对口时，管壁厚度相差不宜大于3mm。不同管径的管节相连时，两管径相差大于小管管径的15%时，可用渐缩管连接。渐缩管的长度不应小于两管径差值的2倍，且不应小于200mm。

2.对口时纵、环向焊缝的位置

纵向焊缝应放在管道中心垂线上半圆的45°左右处。纵向焊缝应错开，管径小于600mm时，错开的间距不得小于100mm，管径大于或等于600mm时，错开的间距不得小于300mm。有加固环的钢管，加固环的对焊焊缝应与管节纵向焊缝错开，其间距不应小于100mm，加固环距管节的环向焊缝不应小于50mm。环向焊缝距支架净距离不应小于100mm，直管管段两相邻环向焊缝的间距不应小于200mm，且不应小于管节的外径。另外，管道任何位置不得有十字形焊缝。

3.管道上开孔

不得在干管的纵向、环向焊缝处开孔；管道上任何位置不得开方孔；不得在短节上或管件上开孔；开孔处的加固补强应符合设计要求。

4.管道焊接

（1）组合钢管固定口焊接及两管段间的闭合焊接，应在无阳光直照和气温较低时施焊；采用柔性接口代替闭合焊接时，应与设计协商确定。

（2）在寒冷或恶劣环境下焊接应符合下列规定：清除管道上的冰、雪、霜等；工作环境的风力大于5级、雪天或相对湿度大于90%时，应采取保护措施；焊接时，应使焊缝可自由伸缩，并应使焊口缓慢降温；冬期焊接时，应根据环境温度进行预热处理。

（3）钢管对口检查合格后，方可进行接口定位焊接。定位焊接采用点焊时，应符合下列规定：点焊焊条应采用与接口焊接相同的焊条；点焊时，应对称施焊，其焊缝厚度应与第一层焊接厚度一致；钢管的纵向焊缝及螺旋焊缝处不得点焊。

（4）焊接方式应符合设计和焊接工艺评定的要求，管径大于800mm时，应采用双面焊。

5.管道连接

（1）直线管段不宜采用长度小于800mm的短节拼接。

（2）管道对接时，环向焊缝的检验应符合下列规定：检查前应清除焊缝的渣皮、飞溅物；应在无损检测前进行外观质量检查，并应符合有关规定；无损探伤检测方法应按设计要求选用；无损检测取样数量与质量要求应按设计要求执行；设计无要求时，压力管道的取样数量应不小于焊缝量的10%；不合格的焊缝应返修，返修次数不得超过三次。

（3）钢管采用螺纹连接时，管节的切口断面应平整，偏差不得超过一扣；丝扣应光洁，不得有毛刺、乱扣、断扣，缺扣总长不得超过丝扣全长的10%；接口坚固后宜露出2~3扣螺纹。

（4）管道采用法兰连接时，应符合下列规定：法兰应与管道保持同心，两法兰间应平行；螺栓应使用相同规格，且安装方向应一致；螺栓应对称紧固，紧固好的螺栓应露出螺母之外；与法兰接口两侧相邻的第一个至第二个刚性接口或焊接接口，待法兰螺栓紧固后方可施工；法兰接口埋入土中时，应采取防腐措施。

（五）管道试压

（1）水压试验前应将管道进行加固。干线始末端用千斤顶固定，管道弯头及三通处用水泥支墩或方木支撑固定。

（2）当采用水泥接口时，管道在试压前用清水浸泡24h，以增强接口强度。

（3）管道注满水时，排出管道内的空气，注满后关闭排气阀，进行水压试验。

（4）试验压力为工作压力的1.5倍，但不得小于0.6MPa。

（5）用试压泵缓慢升压，在试验压力下10min内压力降不应大于0.05MPa，然后降至工作压力进行检查，压力应保持不变，检查管道及接口不渗不漏为合格。

（六）管道冲洗、消毒

（1）冲洗水的排放管应接入可靠的排水井或排水沟，并保持通畅和安全。排放管截面不应小于被冲洗管截面的60%。

（2）管道应以不小于1.5m/s流速的水进行冲洗。

（3）管道冲洗应以出口水色和透明度与入口的一致为合格。

（4）生活饮用水管道冲洗后用消毒液灌满管道，对管道进行消毒，消毒水在管道内滞留24h后排放。管道消毒后，水质须经水质部门检验合格后方可投入使用。

（七）质量验收标准

1.主控项目

（1）管节及管件、焊接材料等检查方法：检查产品质量保证资料；检查成品管进场验收记录；检查现场制作管的加工记录。

（2）接口焊缝坡口检查方法：逐口检查；用量规量测；检查坡口记录。

（3）焊口错边，焊口无十字形焊缝。检查方法：逐口检查；用长300mm的直尺在接口内壁周围顺序贴靠测量错边量。

（4）焊口焊接检查方法：逐口观察；按设计要求进行抽检；检查焊缝质量检测报告。

（5）法兰接口的法兰应与管道同心，螺栓自由穿入，高强度螺栓的终拧扭矩应符合设计要求和有关标准的规定。检查方法：逐口检查；用扭矩扳手等检查；检查螺栓拧紧记录。

2.一般项目

（1）接口组对时，纵、环缝检查方法：逐口检查；检查组对检验记录；用钢尺测量。

（2）管节组对前，坡口及内外侧焊接影响范围内表面应无油、漆、垢、锈、毛刺等污物。检查方法：观察；检查管道组对检验记录。

（3）不同壁厚的管节对接检查方法：逐口检查；用焊缝量规、钢尺测量；检查管道组对检验记录。

（4）焊缝层次有明确规定时，焊接层数、每层厚度及层间温度应符合焊接作业指导书的规定，且层间焊缝质量均应合格。检查方法：逐个检查；对照设计文件、焊接作业指导书检查每层焊缝检验记录。

（5）法兰中轴线与管道中轴线的允许偏差应符合：直径小于或等于300mm时，允许偏差小于或等于1mm；直径大于300mm时，允许偏差小于或等于2mm。检查方法：逐个接口检查；用钢尺、角尺等测量。

连接的法兰之间应保持平行，其允许偏差不大于法兰外径的1.5%，且不大于2mm；螺孔中心允许偏差应为孔径的5%。检查方法：逐口检查；用钢尺、塞尺等测量。

三、球墨铸铁管安装

（一）施工准备

（1）认真熟悉图纸，掌握管道分析情况，深化设计意图。

（2）根据地下原有构筑物、管线和设计图纸实际情况，充分研究分析，合理布局。遵守的原则包括小管让大管，有压管让无压管，新建管让原有管，临时管让永久管，可弯管让不能弯管；充分考虑现行国家规范规定的各种管线间距要求；充分考虑现有建筑物、构筑物进出口管线的坐标、标高；确定堆土、堆料、运料、下管的区间或位置；组织人员、机械设备、材料进场。

（3）做好管腔、管口清理和管道预制工作。

（4）施工现场水源、电源已接通，道路已平整。

（5）临建设施已具备，能满足施工需要。

（6）施工现场障碍物已排除。

（7）确保各设备处于正常状态。

（8）管材、管件及其配件齐全。

（9）标高控制点等各种基线测放完毕。

（二）球形铸铁管安装

（1）管节及管件的规格、尺寸公差、性能应符合国家有关标准规定和设计要求，进入施工现场时其外观质量应符合下列规定：管节及管件表面不得有裂纹，不得有妨碍使用的凹凸不平的缺陷；采用橡胶圈柔性接口的球墨铸铁管，承口的内工作面和插口的外工作面应光滑、轮廓清晰，不得有影响接口密封性的缺陷。

（2）管节及管件下沟槽前，应清除承口内部的油污、飞刺、铸砂及凹凸不平的铸瘤；柔性接口铸铁管及管件承口的内工作面、插口的外工作面应修整光滑，不得有沟槽、凸脊缺陷；有裂纹的管节及管件不得使用。

（3）沿直线安装管道时，宜选用管径公差组合最小的管节组对连接，确保接口的环向间隙均匀。

（4）采用滑入式或机械式柔性接口时，橡胶圈的质量、性能、细部尺寸，应符合国家有关球墨铸铁管及管件标准的规定。

（5）橡胶圈安装经检验合格后，方可进行管道安装。

（6）安装滑入式橡胶圈接口时，推入深度应达到标记环，并复查与其相邻已安好的第一个至第二个接口推入深度。

（7）安装机械式柔性接口时，应使插口与承口法兰压盖的轴线相重合；螺栓安装方向应一致，用扭矩扳手均匀、对称地紧固。

（三）灌水试验

（1）管道及检查井外观质量已验收合格，管道未回填土且沟槽内无积水；全部预留孔应封堵，不得渗水。

（2）管道两端封堵，预留进出水管和排气管。

（3）按排水检查井分段试验，试验水头应以试验段上游管顶加1m，时间不少于30min，管道无渗漏为合格。

（四）管沟回填

（1）管道经过验收合格后，管沟方可进行回填土。

（2）管沟回填土时，以两侧对称下土，水平方向均匀地摊铺，用木夯捣实。管道两侧直到管顶0.5m以内的回填土必须分层人工夯实，回填土分层厚度200～300mm，同时防止管道中心线位移及管口受到震动松动；管顶0.5m以上可采用机械分层夯实，回填土分层厚度250～400mm；各部位回填土密度应符合设计和有关规范的规定。

（3）沟槽若有支撑，随同回填土逐步拆除，横撑板的沟槽应先拆撑后填土，自下而上拆卸支撑；若用支撑板或板桩时，可在回填土过半时再拔出，拔出后立刻灌砂充实。如拆除支撑不安全，可以保留支撑。

（4）沟槽内有积水必须排除后方可回填。

（五）质量验收标准

1.主控项目

（1）管节及管件的产品质量检查方法：检查产品质量保证资料；检查成品管进场验收记录。

（2）承插接口连接时，两管节中轴线应保持同心，承口、插口部位无破损变形、开裂；插口推入深度应符合要求。检查方法：逐个观察；检查施工记录。

（3）法兰接口连接时，插口与承口法兰压盖的纵向轴线一致，连接螺栓终拧扭矩应符合设计或产品使用说明要求；接口连接后，连接部位及连接件应无变形、破损。检查方法：逐个接口检查；用扭矩扳手检查；检查螺栓拧紧记录。

（4）橡胶圈安装位置应准确，不得扭曲、外露；沿圆周各点应与承口端面等距，其允许偏差为±3mm。检查方法：观察；用探尺检查；检查施工记录。

2.一般项目

（1）连接后管节间平顺，接口无突起、突弯、轴向位移现象。检查方法：观察；检查施工测量记录。

（2）接口的环向间隙应均匀，承插口间的纵向间隙不应小于3mm。检查方法：观察；用塞尺、钢尺检查。

（3）法兰接口的压兰、螺栓和螺母等连接件应规格型号一致，采用钢制螺栓和螺母时，防腐处理应符合设计要求。检查方法：逐个接口检查；检查螺栓和螺母质量合格证明书、性能检验报告。

（4）管道沿曲线检查方法：用直尺测量曲线段接口。

四、钢筋与预应力钢筋混凝土管道安装

（一）施工准备

（1）校核中线，定施工控制桩；在引测水准点时，校测原有管道出入口与本管线交叉管线的高程。

（2）放沟槽开挖线：根据设计要求的埋深、土层情况、管径大小等计算出开槽宽度、深度，在地面上定出沟槽上口边线位置，作为开槽的依据。

（3）在开槽前后应设置控制管道中心线、高程和坡度的坡度板，一般均跨槽埋设。当槽深在2.5m之内时，应于开槽前在槽上口每隔10~15m埋设一块。

（4）坡度板埋设要牢固，其顶面要保持水平。坡度板埋好后，应将管道中线投测到坡度板上。

（5）为了控制管道的埋设，在已钉好的坡度板上测设坡度钉，使各坡度钉的连接平行于管道设计坡度线，利用下反数来控制管道坡度和高程。

（6）钉好坡度钉后，立尺于坡度钉上，检查实读前视与应读前视是否一致，误差在±2mm之内。

（7）为防止观测或计算中的错误，每测一段后应复合到另一个水准点上进行校核。

（8）管沟沿线中各种地下、地上障碍物和构筑物已拆除或改移。

（9）沟沿两侧1.5m范围内不得堆放施工材料和其他物品，并根据土质情况，按要求留出一定的坡度等防塌方措施。

（10）管材、管件及其配件齐全。

（11）标高控制点等各种基线测放完毕。

（二）沟槽开挖

（1）槽底开挖宽度等于管道结构基础宽度加两侧工作面宽度，每侧工作面宽度应不小于300mm。

（2）用机械开槽或开挖沟槽后，当天不能进行下一道工序作业，沟底应留出200mm左右一层土不挖，待下道工序前用人工清挖。

（3）沟槽土方应堆在沟的一侧，便于下道工序作业。

（4）堆土底边与沟边应保持一定的距离，不得小于1m，高度应小于1.5m。

（5）堆土时严禁掩埋消火栓、地面井盖及雨水口，不得掩埋测量标志及道路附

属构筑物等。

（6）当设计无规定时，沟边坡的大小与土质和沟深有关。

（7）人工挖槽深度宜为2m左右。

（8）人工开挖多层槽的层间留出的宽度应不小于500mm。

（9）槽底高程的允许偏差不得超过下列规定：基础的重力流管道沟槽，允许偏差为±10mm；非重力流无管道基础的沟槽，允许偏差为±20mm。

（三）管道安装

1.基底钎探

（1）基槽（坑）挖好后，应将槽清底检查，并进行钎探。如遇松软土层、杂土层等深于槽底标高时，应予以加深处理。

（2）打钎可用人工打钎，直径25mm，钎头为60°，尖锤状，长为20m。打钎用的10kg穿心锤，举锤高度为500mm。打钎时，每贯入300mm，记录锤击数一次，并填入规定的表格中。一般分五步打，钢钎上留500mm。钎探点的记录编号应与注有轴线尺寸和编号顺序的钎探点平面布置图相符。

（3）钎探后钎孔要进行灌砂，并将不同强度等级的土在记录上用色笔或符号分开；在平面布置图上应注明特硬和较软的点的位置，以便分析处理。

2.地基处理

（1）地基处理应按设计规定进行；施工中遇有与设计不符的松软地基及杂土层等情况，应会同设计协商解决。

（2）挖槽应控制槽底高程，槽底局部超挖宜按以下方法处理：含水量接近最佳含水量的疏干槽超挖深度小于或等于150mm时，可用含水量接近最佳含水量的挖槽原土回填夯实，其压实度不应低于原天然地基上的密实度，或用石灰土处理，其压实度不应低于95%；槽底有地下水或地基土壤含水量较大，不利于压实时，可用天然级配砂石回填夯实。

（3）排水不良造成地基土壤扰动，可按以下方法处理：扰动深度在100mm以内，可换天然级配砂石或砂砾石处理；扰动深度在300mm以内，但下部坚硬时，可换大卵石或填块石，并用砾石填充空隙和找平表面。填块石时应由一端顺序进行，大面向下，块与块相互挤紧。

（4）设计要求采用换土方案时，应按要求清槽，并经检查合格，方可进行换土回填。回填材料、操作方法及质量要求，应符合设计规定。

3.钢筋混凝土管接口连接

（1）管节的规格、性能、外观质量及尺寸公差应符合国家有关标准的规定。

（2）管节安装前应进行外观检查，发现裂缝、保护层脱落、空鼓、接口掉角等缺陷，应修补并经鉴定合格后方可使用。

（3）管节安装前应将管内外清扫干净，安装时应使管道中心及内底高程符合设计要求，稳管时必须采取措施防止管道发生滚动。

（4）采用混凝土基础时，管道中心、高程复验合格后，应按有关规定及时浇筑管座混凝土。

（5）柔性接口形式应符合设计要求，橡胶圈应符合下列规定：材质应符合相关规范的规定；应由管材厂配套供应；外观应光滑平整，不得有裂缝、破损、气孔、重皮等缺陷；每个橡胶圈的接头不得超过两个。

（6）柔性接口的钢筋混凝土管、预（自）应力混凝土管安装前，承口内工作面、插口外工作面应清洗干净；套在插口上的橡胶圈应平直，无扭曲，应正确就位；橡胶圈表面和承口工作面应涂刷无腐蚀性的润滑剂；安装后放松外力，管节回弹不得大于10mm，且橡胶圈应在承、插口工作面上。

（7）刚性接口的钢筋混凝土管道施工应符合下列规定：抹带前应将管口的外壁凿毛，洗净；钢丝网端头应在浇筑混凝土管座时插入混凝土内，在混凝土初凝前，分层抹压钢丝网，水泥砂浆抹带；抹带完成后应立即用吸水性强的材料覆盖，3～4h后洒水养护；应清楚水泥砂浆填缝及抹带接口作业时落入管道内的接口材料；管径大于或等于700mm时，应采用水泥砂浆将管道内接口部位抹平、压光；管径小于700mm时，填缝后应立即拖平。

（8）钢筋混凝土管沿直线安装时，管口间的纵向间隙应符合设计及产品标准要求；预（自）应力混凝土管沿曲线安装时，管口间的纵向间隙最小处不得小于5mm。

（9）预（自）应力混凝土管不得截断使用。

（10）井室内暂时不接支线的预留管（孔）应封堵。

（11）预（自）应力混凝土管道采用金属管件连接时，管件应进行防腐处理。

（四）质量验收标准

1.主控项目

（1）管及管件、橡胶圈的产品质量检查方法：检查产品质量保证资料；检查成品管进场验收记录。

（2）柔性接口的橡胶圈位置正确，无扭曲、外露现象；承口、插口无破损、开裂；双道橡胶圈的单口水压试验合格。检查方法：观察；用探尺检查；检查单口水压试验记录。

（3）刚性接口的强度符合设计要求，不得有开裂、空鼓、脱落现象。检查方法：观察；检查水泥砂浆、混凝土试块的抗压强度试验报告。

2.一般项目

（1）柔性接口的安装位置正确。检查方法：逐个检查；用钢尺测量；检查施工记录。

（2）刚性接口的宽度、厚度符合设计要求；其相邻管接口错口允许偏差；D，小于700mm时，应在施工中自检；D，大于700mm，小于或等于1000mm时，应不大于3mm；D，大于1000mm时，应不大于5mm。检查方法：两井之间取3点，用钢尺、塞尺测量；检查施工记录。

（3）管道沿曲线检查方法：用直尺测量曲线段接口。

（4）管道接口的填缝应符合设计要求，密实、光洁、平整。检查方法：观察；检查填缝材料质量保证资料、配合比记录。

第三节　给水管道工程的竣工验收

一、给排水管道工程验收

工程验收制度是检验工程质量必不可少的一道程序，也是保证工程质量的一项重要措施。如质量不符合规定时，可在验收中发现并处理，避免影响使用和增加维修费用。因此，必须严格执行工序验收制度。

给排水管道工程验收分为中间验收和竣工验收。中间验收主要是验收埋在地下的隐蔽工程，凡是在竣工验收前被隐蔽的工程项目，都必须进行中间验收，验收合格后，方可进行下一工序。当隐蔽工程全部验收合格后，方可回填沟槽。竣工验收就是全面检验给水排水管道工程是否符合工程质量标准，不仅要查出工程的质量结果，更重要的是还应该找出产生质量问题的原因，对不符合质量标准的工程项目必须经过整修，甚至返工，再经验收达到质量标准后，方可投入使用。

给排水管道工程竣工验收以后，建设单位应按规范规定的文件和资料进行整理、分类、立卷归档。这对工程投入使用后维修管理、扩建、改建以及对标准规范修编工作等有重要作用。

二、给水管道工程质量检查

（一）质检的目的与依据

把好给水管道工程的质量关，是给排水系统正常运行的前提。一项工程从审批、设计到施工等都应符合国家有关标准、给排水专业规范以及主管部门的相关规定及要求。质检的目的在于控制给水管道工程的施工质量，保证给水管道系统安全运行，减少维修工作量，并为城市规划建设提供准确的第一手资料。

质检依据现行国家有关标准、给排水专业规范、主管部门的相关规定及要求进行。国家标准是国家法规，必须严格遵照执行；专业规范是对设计、施工等提出的常规做法及要求，通常情况下应遵照执行；主管部门依据国家标准及专业规范，结合当地的实际情况，制定了一系列的规章制度，也应遵照执行。

（二）质检的程序及内容

1.审查设计

根据规划及设计方案制定人员的审批内容，审查设计管道的位置、管径、长度及管道附件的数量、口径等；审查设计是否符合国家标准、专业规范及主管部门的规定。对给水管网设计方案的几点特殊要求是：为了减少维修工作量，应避免在同一条规划道路的一侧或一条胡同内同时存在两条可接用户的配水管道，要求在设计新管道时对现状管道的连通、撤除做出设计，解决现状管网的不合理之处，为今后的管理创造良好条件，特别注意设计管道有无穿越房屋或院落的情况，如有，应落实拆迁或调整管道位置；审查管道附件的设置是否合理，包括消火栓、闸门、排气门、测流井和排泥井；管道在立交桥下或其他不能开挖修理的路面下埋设时要考虑做全通或单通行管沟，以便维修；室外管道与建筑物距离一般为距楼房3m以外、距平房1.5m以外，对于公称直径为400mm及400mm以上的大管道，应距建筑物5m以外。

2.参加设计交底

（1）听取设计人员说明设计依据的原则以及内容；听取施工单位的疑难问题；

对于审查设计中发现的问题明确提出要求和改进意见。

（2）对使用的管材、管件和管道设备的型号、生产厂家以及防腐材料的选择等提出要求；及时将审查设计中发现的问题通知设计和施工单位；对于较大问题，在与设计和施工单位统一意见后，要通过设计变更或洽商的方式给予解决。

（三）验收过程

1.验槽

测量定线的工程，按规划批准的位置和控制高程开槽；非测量定线的工程，按设计位置和高程开槽。例如，用机械挖槽不应扰乱或破坏沟底土壤结构。管道如安装在回填土等土质不好的地方要采取相应措施，保证不会因基础下沉或土质腐蚀使管道受到影响。

2.验管

下管之前需检查球墨铸铁管或普通铸铁管的规格、生产厂家、外观及防腐等；检查非金属管道的规格、生产厂家外观等；检查钢管的钢号、直径、壁厚及防腐等。下管时用软带吊装以防破坏管道外防腐，且承插口管道注意大口朝来水方向。下管后检查球墨铸铁管及普通铸铁管的接口质量；铸铁管的弯头、三通处要砌后背或支墩；钢管要检查焊口质量、接口的防腐处理，施工当中破坏的防腐层要重新防腐。检查外防腐时可以使用电火花仪，检查焊口时可以用X射线检测仪。

3.竣工验收

在以上各项验收的基础上，要对工程进行竣工验收。竣工验收合格后，可以正式通水。竣工验收包括各种井室（闸门井、消火栓井、测压测流井及水表井）的砌筑是否符合要求；设备安装是否合格；管道埋深是否符合要求；管道有无被圈、压、埋、占的地方。

三、管道冲洗和消毒

（一）管道冲洗

各种管道在投入使用前，必须进行清洗，以清除管道内的焊渣等杂物。一般管道在压力试验（强度试验）合格后进行清洗。对于管道内杂物较多的管道系统，可在压力试验前进行清洗。

清洗前，应将管道系统内的流量孔板、滤网、温度计、调节阀阀芯、止回阀阀芯等拆除，待清洗合格后再重新装上；冲洗时，以系统内可能达到的最大压力和流量进行，直到出口处的水色和透明度与入口处目测一致。

给水管道水冲洗工序，是竣工验收前的一项重要工作，冲洗前必须认真拟订冲洗方案，做好冲洗设计，以保证冲洗工作顺利进行。

1.一般程序

设计冲洗方案→贯彻冲洗方案→冲洗前检查→开闸冲洗→检查冲洗现场→目测合格，关闸→出水水质化验。

2.基本规定

管道冲洗时的流速不小于1m/s；冲洗应连续进行，当排出口的水色、透明度与入口处目测一致时即可取水化验；排水管截面积不应小于被冲洗管道截面积的60%；冲洗应安排在用水量较小、水压偏高的夜间进行。

3.设计要点

（1）冲洗水的水源。管道冲洗要耗用大量的水，水源必须充足。一种方法是被冲洗的管线可直接与新水源厂（水源地）的预留管道连通，开泵冲洗；另一种方法是用临时管道接通现有供水管网的管道进行冲洗。必须选好接管位置，设计好临时来水管线。

（2）放水口。放水路线不得影响交通及附近建筑物（构筑物）的安全，并与有关单位取得联系，以确保放水安全、畅通。安装放水管时，与被冲洗管的连接应严密、牢固，管上应装有阀门、排气管和放水取样龙头，放水管的弯头处必须进行临时加固，以确保安全工作。

（3）排水路线。由于冲洗水量大并且较集中，必须选好排放地点，若排至河道和下水道要考虑其承受能力能否正常泄水。临时放水口的截面不得小于被冲洗管截面的1/2。

（4）人员组织。设专人指挥，严格实行冲洗方案；派专人巡视，专人负责阀门的开启、关闭，并和有关协作单位密切配合联系。

（5）制定安全措施。放水口处应设置围栏，专人看管，夜间设照明灯具等。

（6）通信联络。配备通信设备，确定联络方式，做到了解冲洗全线情况，指挥得当。

（7）拆除冲洗设备。冲洗消毒完毕，及时拆除临时设施，检查现场，恢复原有设施。

4.放水冲洗注意事项

（1）准备工作。放水冲洗前与管理单位联系，共同商定放水时间、用水量及取水化验时间等。管道第一次冲洗应用清洁水冲洗到出水口水样浊度小于3NTU为止。宜安排在城市用水量较小、管网水压偏高的时间内进行。放水口应有明显标志和栏杆，夜间应加标志灯等安全措施。放水前，应仔细检查放水路线，确保安全、畅通。

（2）放水冲洗。放水时，应先开出水阀门，再开来水阀门。注意冲洗管段，特别是出水口的工作情况，做好排气工作，并派人监护放水路线，有问题及时处理。另外，支管线也应放水冲洗。

（3）检查。检查沿线有无异常声响、冒水和设备故障等现象，检查放水口水质外观。

（4）关水。放水后应尽量使来水阀门、出水阀门同时关闭，如果做不到，可先关出水阀门，但留一两扣先不关死，等来水阀门关闭后，再将出水阀门全部关闭。

（5）取水样化验。冲洗生活饮用水给水管道，放水完毕，管内应存水24h以上再化验。由管理单位进行取水样操作。

（二）管道消毒

生活饮用水的给水管道在放水冲洗后，再用清水浸泡24h，取出管道内水样进行细菌检查。如水质化验达不到要求标准，应将漂白粉溶液注入管道内浸泡消毒，然后再冲洗，经水质部门检验合格后交付验收。化验水质应符合国家《生活饮用水卫生标准》要求。

消毒对硬聚氯乙烯给水管道特别重要，除了冲洗要使管道内的杂物冲出，消毒要杀死管道内的细菌外，还要减轻氯乙烯单体（VCM）的含量。经过几天的浸泡，氯乙烯大部分随冲洗水或消毒水排掉，使氯乙烯的浓度降低，保证饮用水安全。

第六章 给水排水管道穿越施工

第一节 管道穿越河流

给排水管道可采用河底穿越与河面跨越两种形式通过河流。以倒虹管作河底穿越的施工方法可采用顶管；围堰，河底开挖埋置；水下挖泥、拖运、沉管铺筑等方法。河面跨越的施工方法可采用沿公路桥附设、管桥架设等方法。

一、管道过河方式的选择

（1）当城镇输配水管道穿越江河流域时，应将施工方案报经河道管理部门、环保部门等相关单位，经同意后方可实施。在确定方案时应考虑河道的特性（如河床断面、流量、深度、地质等）、通航情况，管道的水压、材质、管径、施工条件、机械设备等情况，并经过技术经济比较分析后确定。

（2）管道过河方法的选择应考虑河床断面的宽度、深度、水位、流量、地质等条件；过河管道水压、管材、管径；河岸工程地质条件；施工条件及作业机具布设的可能性等。

（3）穿越河道的方式有倒虹吸管河底穿越；设专用管桥或桥面设有管道专用通道；桁架式、拱管式等河面跨越。

（4）顶管法穿越，适用河底较高，河底土质较好，过河管管径较小的情况，施工方便，节省人力、物力，但安全性较差。

（5）围堰法穿越，适用于河面不太宽，水流不急且不通航的条件，施工技术条件要求较高，钢管、铸铁管、预（自）应力钢筋混凝土管过河均可。它易被洪水冲击，工作量较大。

（6）沉浮法穿越，适用于河床不受水流影响的任何条件，它适用较宽河面，一般河流均可采用，不影响通航与河水正常流动，但沉浮法穿越时，水下挖沟与装管难度较大，施工技术要求高。

（7）沿公路桥过河，要求公路桥具有永久性。它简便易行，节省人力、物力，但应采取防冻措施。

（8）管桥过河，适用于河面不太宽，两岸土质较好的条件，施工难度不大，能在无公路桥的条件下架设过河，比较费时、费力。

二、水下铺筑倒虹管

（一）倒虹管概念

倒虹管是指遇到河流、山涧、洼地或地下构筑物等障碍物时，不能按原有的坡度埋设，而是按下凹的折线方式使给排水管道从障碍物下通过，形成近U形式管道。

（二）倒虹管铺筑要求

（1）为保证不间断供水，给水管道从河底穿过敷设时，过河段一般设置双线，其位置宜设在河床、河岸不受冲刷的地段；两端设置阀门井、排气阀与排水装置。为了防止河底被冲刷而损坏管道，不通航河流管顶距河底高差应不小于0.5m；通航河流的高差应不小于1.0m。

（2）排水管道河底埋管的设施要求和施工方法与给水管道河底埋管基本相同，排水管道的倒虹管一般采用钢筋混凝土管，也可采用钢管。

（3）确定倒虹管的路线时，应尽可能与障碍物正交通过，以缩短倒虹管的长度，并应选择在河床和河岸较稳定、不易被水冲刷的地段及埋深较小的部位敷设。

（4）穿过河道的倒虹管管顶与河床底面的垂直距离一般不小于0.5m，其工作管线一般不少于两条。当排水量不大，没有达到设计流量时，其中一条可作为备用。如倒虹管穿过的是旱沟、小河和谷地时，也可单线敷设。通过构筑物的倒虹管，应符合与该构筑物相交的有关规定。

（5）由于倒虹管的清通比一般管道困难得多，因此必须采取各种措施防止倒虹管内污泥的淤积，在设计时，可采取提高流速、做沉泥槽、设置防沉装置等措施。

（6）倒虹管施工方法主要有顶管施工、围堰施工、沉浮法施工三种。

三、架空管过河

跨越河道的架空管通常采用钢管，有时亦可采用铸铁管或预应力钢筋混凝土管。跨越区段较长时，应设置伸缩节，并于管线高处设自动排气阀。为了防止冰冻与震害，管道应采取保温措施，设置抗震柔口。在管道转弯等应力集中处应设置管镇墩。

（一）支柱式架空管

设置管道支柱时，应事前征得有关航运部门、航道管理部门及农田水利部门的同意，并协商确定管底高程、支柱断面、支柱跨距等。管道宜选择河面较窄、两岸地质条件较好的老土地段。

连接架空管和地下管之间的桥台部位，通常采用S弯部件，弯曲曲率为45°～90°。若地质条件较差，可于地下管道与弯头连接处安装波形伸缩节，以适应管道不均匀沉陷的需要。若地处强震区地段，可在该处加设抗震柔口，以适应地震波引起管道沿轴向波动变形的需要。

（二）沿桥敷设施工

当管道与桥梁平行时，可沿桥敷设管道，利用桥梁梁体或墩台过河。

沿桥敷设施工要点如下：

（1）支、吊、托架的制作。应符合设计要求，制作合乎规范。

（2）支、吊、托架的安装。

①依据设计定出纵横位置，然后在桥上凿埋孔，安装位置应正确。

②支、吊、托架插入埋孔，埋设应平整、牢固、砂浆饱满，但不应突出墙面。

（3）安装管道。

①管道可在地面上焊起一部分，吊在桥上，放入支、吊、托架后再对接。

②安装时，要注意管道与托架接触紧密。

③滑动支架应灵活，滑托与滑槽间应留有3～5mm的间隙，并留有一定的偏移量。

（4）固定管道。依次旋紧支、吊、托架螺钉，个别管道与托架间有空隙处，应用铁楔插入，用电焊焊于管架上。

（三）斜拉管跨河

当河面较宽，不宜采用倒虹吸形式，也没有桥梁可敷设管线时，可采用斜拉管方式跨越河道，这是因为斜拉管跨河方式的跨径较大。作为一种新型的过河方式，斜拉索架空管道是采用高强度钢索或粗钢筋及钢管本身作为承重构件，可节省钢材。

1.盘索运输

（1）成盘运输可盘绕在不小于30倍直径的特制钢圆盘上。

（2）直接绕成圆圈，其直径一般为2.5～4m。

（3）若有超高、超宽问题应先征得交通部门同意。

2.直索运输

（1）一般在工地现场编制，在送到施工部位时，不宜先做刚性护套。

（2）做完刚性护套后用多台手拉葫芦将整索均匀吊起，要避免局部过小半径的弯曲。

（3）平放在多台连接在一起的人力或动力拖车上，拖车间距小于5m，用连杆固定，拉索护套外应再包麻布以临时保护。

3.安装

（1）将下端锚具装入梁体的预埋钢管，并旋紧螺母，使之固定。

（2）用卷扬机钢丝绳拴住上端锚具并通过转向滑轮将索徐徐拉近塔身，施工车配合，徐徐送索，并将上锚具装入预埋钢管，旋紧螺母，使之固定。

（3）安装穿心式千斤顶，使之与张拉锚具连接准备张拉。

（4）按由低向高的顺序施工安装。

（四）拱管过河施工

拱管过河是利用钢管自身成拱作支承结构，起到了一管两用的作用。拱是受力结构，钢材强度较大，加之管壁较薄，造价经济，因此适用于跨度较大的河流。

1.拱管的弯制

（1）先接后弯法。先将长度适当大于拱管总长的几根钢管焊接起来，然后在现场操作平台上采用卷扬机进行弯管。

弯管所用的模具与弯管的弧度正确与否有着极大关系，弯管作业时一定要做到牢固、准确，弯管的管子向模具靠近时速度要均匀，不宜过快。

为防止放松卷扬机钢丝绳之后管子回弹量过大，可在拉紧钢丝绳时，在拱管内侧用氧烘烤到管壁发红后即可放松钢丝绳。由于拱管内侧由高温降至低温时开始收缩（收缩方向与回弹方向相反），待管壁温度降至常温时，回弹量得以减少。

（2）先弯后接法。先按拱管设计尺寸将管线分为适宜的几段，通常分为单数段

（拱顶部分为一段，左右两个半跨对应分段），然后根据分段的弧度及尺寸选择钢管，便可弯管焊制。钢管弯管可采用冷弯或热弯，采用冷弯时，管子尚有一定回弹量。在顶弯管子时，应当使管子的矢高较实际的矢高偏大一些，偏大多少应视不同管径与不同跨度而定。

拱管弧形管段弯成之后，按设计要求在平整的场地上进行预装，经测量合格之后方可焊接，焊完后应再进行测量，保证拱管管段中心轴线在同一个平面上，不得出现扭曲现象。

2.拱管的安装

（1）立杆安装法。当管径较小，跨度较短时，立杆安装可采用两根扒杆，河岸两边各一根，其中一根为独脚扒杆，另一根是摇头扒杆。起吊前，先将拱管摆置在两个管架的中间，吊装时两根扒杆同时起吊。

扒杆或悬臂将拱管提起之后，即送至两个管架上就位，由于管架上的水平托架已经焊死，因而拱管左右位置不致产生偏差，而前后位置以两端托架为准，用扒杆或悬臂加以调正，而拱管的垂直程度，则可用经纬仪在两端观测，用风绳予以校正。

自拱管两个托架安装并校正后，随即进行焊接。如发现托架与管身之间有空隙，可用铁片嵌入后予以焊接。

（2）履带式吊车安装法。这种方法适用于水面较窄的河流。与立杆安装法相比，该法可以减少管子位移及立装扒杆等一些准备工作，可以加快施工速度，其安装作业过程和要求与立杆安装法基本相同。

3.拱管安装注意事项

（1）拱管控制的矢高跨度比为1/6～1/8，一般采用1/8。

（2）拱管由若干节短管焊接而成，每节短管长度为1.0～1.5m，各节短管焊接要求较高，必须进行充气或油渗试验。

（3）吊装时为避免拱管下垂变形或开裂，应在拱管中部加设临时钢索固定。

（4）拱管安装完毕，应做通水试验，并观测拱管轴线与管架变位情况，必要时应进行纠偏。

四、穿越公路与铁路

（一）穿越公路

当管网通过主要交通干道或繁忙街道时，应考虑管道除满足规定埋深外，还应加设比安装管道管径大一至二级的钢制或钢筋混凝土套管。尽可能选用顶管施工，以减小施工对交通的影响。

（二）穿越铁路

管线穿越铁路时，其穿越地点、方式和施工方法必须征得铁路有关部门的同意，并遵循有关穿越铁路的技术规范。管线穿越铁路时，一般应在路基下垂直穿越，铁路两端应设检查井，井内设阀门和泄水装置，以便检修。穿越铁路的水管应采用钢管或铸铁管。钢管应采取较强的防腐措施，铸铁管应采用青铅接口。管道穿越非主要铁路或临时铁路时，一般可不设套管。防护套管管顶（无防护套管时为水管管顶）至铁路轨底的深度不得小于1.2m。

第二节　沉管与桥管施工

一、沉管施工

（一）沉管施工方法的选择

（1）应根据管道所处河流的工程水文地质、气象、航运交通等条件，周边环境、建（构）筑物、管线，以及设计要求和施工技术能力等因素，经技术经济比较后确定。

（2）水文和气象变化相对稳定，水流速度相对较小时，可采用水面浮运法。

（3）水文和气象变化不稳定、沉管距离较长、水流速度相对较大时，可采用铺管船法。

（4）水文和气象变化不稳定，水流速度相对较大、沉管长度相对较短时，可采用底拖法。

（5）预制钢筋混凝土管沉管工程，应采用浮运法，管节在浮运、系驳、沉放、对接施工时水文和气象等条件宜满足风速小于10m/s、波高小于0.5m、流速小于0.8m/s、能见度大于1000m。

（二）沉管施工

1.水面浮运法。水面浮运法可采取下列措施：

（1）整体组对拼装、整体浮运、整体沉放。

（2）分段组对拼装、分段浮运，管间接口在水上连接后整体沉放。

（3）分段组对拼装、分段浮运，沉放后管段间接口在水下连接。

2.铺管船法的发送船应设置管段接口连接装置、发送装置，发送后的水中悬浮部分管段，可采用管托架或浮球等方法控制管道轴向弯曲变形。

3.底拖法的发送可采取水力发送沟、小平台发送道、滚筒管架发送道或修筑牵引道等方式。

4.预制钢筋混凝土管沉放的水下管道接口，可采用水力压接法柔性接口、浇筑钢筋混凝土刚性接口等形式。

5.利用管道自身弹性能力进行沉管铺设时，管道及管道接口应满足相应的力学性能要求。

（三）沉管工程施工方案

沉管工程施工方案应包括以下主要内容：

（1）施工平面布置图及剖面图。

（2）沉管施工方法的选择及相应的技术要求。

（3）陆上管节组对拼装方法；分段沉管铺设时管道接口的水下或水上连接方法；铺管船铺设时待发送管与已发送管的接口连接及质量检验方案。

（4）水下成槽、管道基础施工方法。

（5）稳管、回填方法。

（6）船只设备及管道的水上、水下定位方法。

（7）沉管施工各阶段的管道浮力计算，并根据施工方法进行施工各阶段的管道强度、刚度、稳定性验算。

（8）管道（段）下沉测量控制方法。

（9）施工机械设备数量与型号的配备。

（10）水上运输航线的确定，通航管理措施。

（11）施工场地临时供电、供水、通信等设计。

（12）水上、水下等安全作业和航运安全的保证措施。

（13）预制钢筋混凝土管沉管工程，还应包括临时干坞施工、钢筋混凝土管节制作、管道基础处理、接口连接、最终接口处理等施工技术方案。

（四）沉管基槽浚挖

沉管基槽浚挖应符合下列规定：

（1）水下基槽浚挖前，应对管位进行测量放样复核，开挖成槽过程中应及时进行复测。

（2）根据工程地质和水文条件因素，以及水上交通和周围环境要求，结合基槽设计要求选用浚挖方式和船舶设备。

（3）基槽采用爆破成槽时，应进行试爆以确定爆破施工方式，并符合下列规定：

①炸药量计算和布置，药桩（药包）的规格、埋设要求和防水措施等，应符合国家相关标准的规定和施工方案的要求；

②爆破线路的设计和施工、爆破器材的性能和质量、爆破安全措施的制定和实施，应符合国家相关标准的规定；

③爆破时，应有专人指挥。

（4）基槽底部宽度和边坡应根据工程具体情况确定，必要时进行试挖；基槽底部宽度和边坡应符合下列规定：

①河床岩土层相当稳定、河水流速度小、回淤量小，浚挖施工对土层扰动影响较小时，底部宽度可按下式确定：

$$B \geqslant Do + 2b + 1000$$

式中：B——管道基槽底部的开挖宽度（mm）；

Do——管外径（mm）；

b——管道外壁保护层及沉管附加物等宽度（mm）。

②在回淤较大的水域或河床岩土层不稳定、河水流速较大时，应根据试挖实测情况确定浚挖成槽尺寸，必要时沉管前应对基槽进行二次清淤。

（5）基槽浚挖深度应符合设计要求，超挖时应采用砂或砾石填补。

（6）基槽经检验合格后应及时进行管基施工和管道沉放。

（五）沉管管基处理

沉管管基处理应符合下列规定：

（1）管道及管道接口的基础，其所用材料和结构形式应符合设计要求，投料位置应准确。

（2）基槽宜设置基础高程标志，整平时可由潜水员或专用刮平装置进行水下粗平和细平。

（3）管基顶面高程和宽度应符合设计要求。

（4）采用管座、桩基时，施工应符合国家相关标准、规范的规定，管座、基础桩位置和顶面高程应符合设计和施工要求。

二、桥管施工

（1）桥管管道施工应根据工程具体情况确定施工方法，管道安装可采取整体吊装、分段悬臂拼装、在搭设的临时支架上拼装等方法。

桥管的下部结构、地基与基础、护岸等工程施工和验收应符合桥梁工程的有关国家标准、规范的规定。

（2）桥管工程施工方案。

桥管工程施工方案应包括以下内容：

①施工平面布置图及剖面图。

②桥管吊装施工方法的选择及相应的技术要求。

③吊装前地上管节组对拼装方法。

④管道支架安装方法。

⑤施工各阶段的管道强度、刚度、稳定性验算。

⑥管道吊装测量控制方法。

⑦施工机械设备数量与型号的配备。

⑧水上运输航线的确定，通航管理措施。

⑨施工场地临时供电、供水、通信等设计。

⑩水上、水下等安全作业和航运安全的保证措施。

（3）桥管管道安装铺设前准备工作。

桥管管道安装铺设前准备工作应符合下列规定：

①桥管的地基与基础、下部结构工程经验收合格，并满足管道安装条件。

②墩台顶面高程、中线及孔跨径，经检查满足设计和管道安装要求，与管道支架底座连接的支承结构、预埋件已找正合格。

③应对不同施工工况条件下临时支架、支承结构、吊机能力等进行强度、刚度及稳定性验算。

④待安装的管节（段）应符合下列规定：钢管组对拼装及管件、配件、支架等经检验合格；分段拼装的钢管，其焊接接口的坡口加工、预拼装的组对满足焊接工艺、设计和施工吊装要求；钢管除锈、涂装等处理符合有关规定；表面附着污物已清除。

⑤已按施工方案完成各项准备工作。

（4）施工中应对管节（段）的吊点和其他受力点位置进行强度、稳定性和变形验算，必要时应采取加固措施。

（5）管节（段）移运和堆放，应有相应的安全保护措施，避免管体损伤；堆放场地平整夯实，支承点与吊点位置一致。

（6）管道支架安装。

管道支架安装应符合下列规定：

①支架安装完成后方可进行管道施工。

②支架底座的支承结构、预埋件等的加工、安装应符合设计要求，连接牢固。

③管道支架安装应符合下列规定：支架与管道的接触面应平整、洁净；有伸缩补偿装置时，固定支架与管道固定之前，应先进行补偿装置安装及预拉伸（或压缩）；导向支架或滑动支架安装应无歪斜、卡涩现象；安装位置应从支承面中心向位移反方向偏移，偏移量应符合设计要求，当设计无要求时宜为设计位移值的1/2；弹簧支架的弹簧高度应符合设计要求，弹簧应调整至冷态值，其临时固定装置应待管道安装及管道试验完成后方可拆除。

（7）管节（段）吊装。

管节（段）吊装应符合下列规定：

①吊装设备的安装与使用必须符合起重吊装的有关规定，吊运作业时必须遵守有关安全操作技术规定。

②吊点位置应符合设计要求，当设计无要求时应根据施工条件计算确定。

③采用吊环起吊时，吊环应顺直；吊绳与起吊管道轴向夹角小于60°时，应设置吊架或扁担使吊环尽可能垂直受力。

④管节（段）吊装就位、支撑稳固后，方可卸去吊钩；就位后不能形成稳定的结构体系时，应进行临时支承固定。

⑤利用河道进行船吊起重作业时应遵守当地河道管理部门的有关规定，确保水上作业和航运的安全。

⑥按规定做好管节（段）吊装施工监测，发现问题及时处理。

（8）桥管采用分段拼装。

桥管采用分段拼装时应符合下列规定：

①高空焊接拼装作业时应设置防风、防雨设施，并做好安全防护措施。

②分段悬臂拼装时，每管段轴线安装的挠度曲线变化应符合设计要求。

③管段间拼装焊接应符合下列规定：接口组对及定位应符合国家现行标准的有关规定和设计要求，不得强力组对施焊；临时支承、固定措施可靠，避免施焊时该处焊缝出现不利的施工附加应力；采用闭合、合龙焊接时，施工技术要求、作业环境应符合设计及施工方案要求；管道拼装完成后方可拆除临时支承、固定设施。

④应进行管道位置、挠度的跟踪测量，必要时应进行应力跟踪测量。

（9）钢管管道外防腐层涂装前基面处理及涂装施工应符合设计要求。

第三节　管道交叉处理

在埋设给水排水管道时，经常出现互相交叉的情况，排水管埋设一般要比其他管道深，给水排水管道有时与其他几种管道同时施工，有时是在已建管道的上面或下面穿过。为了保证各类管道交叉时下面的管道不受影响和便于检修，上面管道不致下沉破坏，必须对交叉管道进行必要的处理。

一、交叉处理原则

（1）给水管应设在污水管上方。当给水管与污水管平行设置时，管外壁净距不应小于1.5m。

（2）当给水管设在污水管侧下方时，给水管必须采用金属管材，并应根据土壤的渗透水性及地下水位情况，妥善确定净距。

（3）生活饮用水给水管道与污水管道或输送有毒液体管道交叉时，给水管道应敷设在上面且不应有接口重叠；当给水管敷设在下面时，应采用钢管或钢套管，套管伸出交叉管的长度每边不得小于3m，套管两端应采用防水材料封闭。

（4）给水管道从其他管道上方跨越时，若管间垂直净距大于等于0.25m，一般不予处理，否则应在管间夯填黏土。若被跨越管回填土欠密实，尚需自其管侧底部设置墩柱支撑给水管。

二、交叉处理

（一）排水、给水管道同时施工时交叉处理

混凝土或钢筋混凝土排水管道与其上方的给水钢管或铸铁管同时施工且交叉时，若钢管或铸铁管的内径不大于400mm，宜在混凝土管两侧砌筑砖墩支撑；若钢管或铸铁管道已建成，应在开挖沟槽时加以妥善保护，并砌筑砖墩支撑。

砖墩可采用黏土砖和水泥砂浆砌筑，其长度应不小于钢管或铸铁管道的外径加300mm。超过2m以内时，宽240cm，以后每增高1m，宽度也相应增加125cm。顶部砌筑座的支撑角不小于90°。对铸铁管道，每一管节不少于两个砖墩。混凝土或钢筋混凝土排水管道与给水钢管或铸铁管道交叉时，针对顶板与其上方管道底部的空间，宜采用下列措施：

（1）净空不小于70mm时，可在侧墙上砌筑砖墩以支撑管道；在顶板上砌筑的砖墩不能超过顶板的允许承载力。

（2）净空小于70mm时，可在顶板与管道之间采用低强度等级的水泥砂浆或细石混凝土填实，其支撑角不应小于90°。

（二）给水管道与构筑物交叉处理

当构筑物埋深较浅时，给水管道可以从构筑物下部穿越。施工时，应给构筑物基础下面的给水管道增设套管。若构筑物后施工，应先将给水管及其套管安装就绪后再修筑构筑物。

当构筑物埋深较大时，给水管道可从其上部跨越，并保证给水管底与构筑物顶之间高差不小于0.3m，给水管顶与地面之间的覆土深度不小于0.7m。对冰冻深度较深的地区而言，还应按冰冻深度要求确定管道最小覆土深度，此外，在给水管道最高处应安装排气阀并砌筑排气阀井。

（三）管道高程一致时交叉处理

当给水管与排水干管的过水断面交叉时，若管道高程一致，在给水管道无法从排水干管跨越施工的条件下，亦可使排水干管保持管底坡度及过水断面面积不变的前提下，将圆管改为沟渠，以达到缩小高度的目的。给水管设置于盖板上，管底与盖板间所留0.05m间隙中填砂土，沟渠两侧填夯砂夹石。

（四）给水管道在排水管道下方时交叉处理

无论是圆形还是矩形的排水管道，在与下方给水钢管或铸铁管交叉施工时，必须为下方的给水管道加设套管或管廊。

加设的套管可采用钢管、铸铁管或钢筋混凝土管；管廊可采用砖砌或其他材料砌筑的混合结构，其内径不应小于被套管道外径30mm，长度应不小于上方排水管道基础宽度与管道交叉高差的3倍且不小于基础宽度加1m，套管或管廊两端与管道之间的孔隙应封堵严密。

（五）排水管道与其上方电缆管块交叉处理

当排水管道与其上方的电缆管块交叉时，应在电缆管块基础以下的沟槽中回填强度等级的混凝土、石灰土或砌砖，沿管道方向的长度不应小于管块基础宽度加300mm。

（1）排水管道与电缆管块同时施工时，可在回填材料上铺一层中砂或粗砂，其厚度不小于100mm。

（2）若电缆管块已建成，采用混凝土回填时，混凝土应回填到电缆管块基础底部，其间不得有空隙；若采用砌砖回填，砖砌体的顶面宜在电缆管块基础底面以下不小于200mm，再用低强度等级的混凝土填至电缆管块基础底部，其间不得有空隙。

对任何一个城镇而言，按照总体规划要求，街道下设置有各种地下工程，应使交叉的管道与管道之间或管道与构筑物之间保持适宜的垂直净距及水平净距。各种地下工程在立面上重叠敷设是不允许的，这样不仅会给维修作业带来困难，而且极易因应力集中而发生爆管现象，甚至产生灾害。

第七章　给水排水管道不开槽施工

地下管道不开槽施工具有不影响交通、土方开挖量小等优点，不受季节性施工的影响，有很好的经济效益。它指不在地面全线开挖，只在管线特定部位开挖，以完成管线的铺设、更换、修复、检测和定位的工程施工技术。在大多数情况下，尤其是在繁华市区和管线埋层较深的地段，不开槽施工更具有明显的优势；在某些特殊情况下，如无破坏性地穿越公路、铁路、河流、建筑物等，不开槽施工是唯一经济可行的施工方法。

第一节　工作井施工

一、地下不开槽施工

（一）顶管顶进方法的选择

（1）顶管顶进方法的选择，应根据工程设计要求、工程水文地质条件、周围环境和现场条件，经技术经济比较后确定，并应符合下列规定：

①采用敞口式（手掘式）顶管机时，应将地下水位降至管底以下不小于0.5m处，并应采取措施，防止其他水源进入顶管的管道。

②周围环境要求控制地层变形，无降水条件时，宜采用封闭式的土压平衡或泥水平衡顶管机施工。

③穿越建（构）筑物、铁路、公路、重要管线和防汛墙等时，应制定相应的保护

措施。

④小口径的金属管道，无地层变形控制要求且顶力满足施工要求时，可采用一次顶进的挤密土层顶管法。

（2）盾构机选型，应根据工程设计要求（管道的外径、埋深和长度），工程水文地质条件，施工现场及周围环境安全等要求，经技术经济比较后确定。

（3）浅埋暗挖施工方案的选择，应根据工程设计（隧道断面和结构形式、埋深、长度），工程水文地质条件，施工现场和周围环境安全等要求，经技术经济比较后确定。

（4）定向钻机的回转扭矩和回拖力，应根据终孔孔径、轴向曲率半径、管道长度，结合工程水文地质和现场周围环境条件，经过技术经济比较综合考虑后确定，并应有一定的安全储备；导向探测仪应根据定向钻机类型、穿越障碍物类型、探测深度和现场探测条件选用。

（5）夯管锤的锤击力应根据管径、钢管力学性能、管道长度，结合工程地质、水文地质和周围环境条件，经过技术经济比较后确定，并应有一定的安全储备。

（6）工作井宜设置在检查井等附属构筑物的位置。

（二）管节要求

（1）管节的规格及其接口连接形式应符合设计要求。

（2）钢管制作质量应符合有关规定和设计要求，焊缝等级应不低于Ⅱ级；外防腐结构层应满足设计要求，顶进时不得被土体磨损。

（3）双插口、钢承口钢筋混凝土管钢材部分制作与防腐应按钢管要求执行。

（4）玻璃钢管质量应符合国家有关标准的规定。

（5）衬垫的厚度应根据管径大小和顶进情况选定。

（三）设备要求

（1）施工设备、主要配套设备和辅助系统安装完成后，应经试运行及安全性检验，合格后方可掘进作业。

（2）操作人员应经过培训，掌握设备操作要领，熟悉施工方法、各项技术参数，考试合格方可上岗。

（3）管（隧）道内涉及的水平运输设备、注浆系统、喷浆系统以及其他辅助系统应满足施工技术要求和安全、文明施工要求。

（4）施工供电应设置双路电源，并能自动切换；动力、照明应分路供电，作业面移动照明应采用低压供电。

（5）采用顶管、盾构、浅埋暗挖法施工的管道工程，应根据管（隧）道长度、施工方法和设备条件等确定管（隧）道内通风系统模式；设备供排风能力、管（隧）道内人员作业环境等还应满足国家有关标准规定。

（6）采用起重设备或垂直运输系统时，应符合下列规定：

①起重设备必须经过起重荷载计算。

②使用前应按有关规定进行检查验收，合格后方可使用。

③起重作业前应试吊，吊离地面100mm左右时，应检查重物捆扎情况和制动性能，确认安全后方可起吊；起吊时工作井内严禁站人，当吊运重物下井距作业面底部小于500mm时，操作人员方可近前工作。

④严禁超负荷使用。

⑤工作井上、下作业时必须有联络信号。

（7）所有设备、装置在使用中应按规定定期检查、维修和保养。

（四）盾构管片要求

（1）铸铁管片、钢制管片应由专业工厂生产。

（2）现场预制钢筋混凝土管片时，应按管片生产的工艺流程，合理布置场地、管片养护装置等。

（3）钢筋混凝土管片的生产，应进行生产条件检查和试生产检验，合格后方可正式批量生产。

（4）管片堆放的场地应平整，管片端部应用枕木垫实。

（5）管片内弧面向上叠放时不宜超过三层，侧卧堆放时不得超过四层，内弧面不得向下叠放，否则应采取相应的安全措施。

（6）施工现场管片安装的螺栓连接件、防水密封条及其他防水材料应配套存放，妥善保存，不得混用。

（五）水平定向法

水平定向法施工时，应根据设计要求选用聚乙烯管或钢管；夯管法施工采用钢管，管材的规格、性能还应满足施工方案要求。此外还应符合下列规定：

（1）钢管接口应焊接，聚乙烯管接口应熔接。

（2）钢管的焊缝等级应不低于Ⅰ级；钢管外防腐结构层及接口处的补口材质应满足设计要求，外防腐层不应被土体磨损或增设牺牲保护层。

（3）定向钻施工时，轴向最大回拖力和最小曲率半径的确定应满足管材力学性能要求，钢管的管径与壁厚之比不应大于100，聚乙烯管标准尺寸比宜为SDR11。

（4）夯管施工时，轴向最大锤击力的确定应满足管材力学性能要求，其管壁厚度应符合设计和施工要求；管节的圆度不应大于0.005管内径，管端面垂直度不应大于0.001管内径且不大于1.5mm。

二、工作井施工

（一）基本要求

（1）工作井的结构必须满足井壁支护以及顶管（顶进工作井）、盾构（始发工作井）推进后座力作用等施工要求，其位置选择应符合下列规定：宜选择在管道井室位置；便于排水、排泥、出土和运输；尽量避开现有构（建）构筑物，减小施工扰动对周围环境的影响；顶管单向顶进时宜设在下游一侧。

（2）工作井围护结构应根据工程水文地质条件、邻近建（构）筑物、地下与地上管线情况，以及结构受力、施工安全等要求，经技术经济比较后确定。

（3）工作井施工应遵守下列规定：编制专项施工方案；应根据工作井的尺寸、结构形式、环境条件等因素确定支护（撑）形式；土方开挖过程中，应遵循"开槽支撑、先撑后挖、分层开挖、严禁超挖"的原则进行开挖与支撑；井底应保证稳定和干燥，并应及时封底；井底封底前，应设置集水坑，坑上应设有盖；封闭集水坑时应进行抗浮验算；在地面井口周围应设置安全护栏、防汛墙和防雨设施；井内应设置便于上、下的安全通道。

（4）顶管（顶进工作井）、盾构（始发工作井）的后背墙施工应符合下列规定：

①后背墙结构强度与刚度必须满足顶管盾构最大允许顶力和设计要求。

②后背墙平面与掘进轴线应保持垂直，表面应坚实平整，能有效地传递作用力。

③施工前必须对后背土体进行允许抗力的验算，验算通不过时应对后背土体加固，以满足施工安全、周围环境保护要求。

（5）顶管的顶进工作井后背墙还应符合下列规定：上、下游两段管道有折角时，还应对后背墙结构及布置进行设计；装配式后背墙宜采用方木、型钢或钢板等组装，底端宜在工作坑底以下且不小于500mm；组装构件应规格一致、紧贴固定；后背土体壁面应与后背墙贴紧，有孔隙时应采用砂石料填塞密实；无原土作后背墙时，宜就地取材设计结构简单、稳定可靠、拆除方便的人工后背墙；利用已顶进完毕的管道作后背时，待顶管道的最大允许顶力应小于已顶管道的外壁摩擦阻力；后背钢板与管口端面之间应衬垫缓冲材料，并应采取措施保护已顶入管道的接口不受损伤。

（6）工作井尺寸应结合施工场地、施工管理、洞门拆除、测量及垂直运输等要求确定，并应符合下列规定：

①顶管工作井应符合下列规定：应根据顶管机安装和拆卸、管节长度和外径尺寸、千斤顶工作长度、后背墙设置、垂直运土工作面、人员作业空间和顶进作业管理等要求确定平面尺寸；深度应满足顶管机导轨安装、导轨基础厚度、洞口防水处理、管接口连接等要求；顶混凝土管时，洞圈最低处距底板顶面距离不宜小于600mm；顶钢管时，还应留有底部人工焊接的作业高度。

②盾构工作井应符合下列规定：平面尺寸应满足盾构安装和拆卸、洞口拆除、后背墙设置、施工车架或临时平台、测量及垂直运输要求；深度应满足盾构基座安装、洞口防水处理、井与管道连接方式要求，洞圈最低处距底板顶面距离宜大于600mm。

③浅埋暗挖竖井的平面尺寸和深度应根据施工设备、土石方和材料运输、施工人员出入、施工排水等的需要以及设计要求确定。

（7）工作井洞口施工应符合下列规定：

①预留进、出洞口的位置应符合设计和施工方案的要求。

②洞口土层不稳定时，应对土体进行改良，进出洞施工前应检查改良后的土体强度和渗漏水情况。

③设置临时封门时，应考虑周围土层变形控制和施工安全等要求。封门应拆除方便，拆除时应减小对洞门土层的扰动。

④顶管或盾构施工的洞口应符合下列规定：洞口应设置止水装置，止水装置联结环板应与工作井壁内的预埋件焊接牢固，并用胶凝材料封堵；采用钢管做预埋顶管洞口时，钢管外宜加焊止水环；在软弱地层，洞口外缘宜设支撑点。

⑤浅埋暗挖施工的洞口影响范围的土层应进行预加固处理。

（8）顶管（顶进工作井）内布置及设备安装、运行应符合下列规定：

①导轨应采用钢质材料，其强度和刚度应满足施工要求；导轨安装的坡度应与设计坡度一致。

②顶铁应符合下列规定：顶铁的强度、刚度应满足最大允许顶力要求；安装轴线

应与管道轴线平行、对称；顶铁在导轨上滑动平稳且无阻滞现象，以使传力均匀和受力稳定；顶铁与管端面之间应采用缓冲材料衬垫，并宜采用与管端面吻合的U形或环形顶铁；顶进作业时，作业人员不得在顶铁上方及侧面停留，并应随时观察顶铁有无异常现象。

③千斤顶、油泵等主顶进装置应符合下列规定：千斤顶宜固定在支架上，并与管道中心的垂线对称，其合力的作用点应在管道中心的垂线上；千斤顶对称布置且规格应相同；千斤顶的油路应并联，每台千斤顶应有进油、回油的控制系统；油泵应与千斤顶相匹配，并应有备用油泵；高压油管应顺直、转角少；千斤顶、油泵、换向阀及连接高压油管等安装完毕，应进行试运转；整个系统应满足耐压、无泄漏要求，千斤顶推进速度、行程和各千斤顶同步性应符合施工要求；初始顶进应缓慢进行，待各接触部位密合后，再按正常顶进速度顶进；顶进中若发现油压突然增高，应立即停止顶进，检查原因并经处理后方可继续顶进；千斤顶活塞退回时，油压不得过高，速度不得过快。

（9）盾构始发工作井内布置及设备安装、运行应符合下列规定：

①盾构基座应符合下列规定：钢筋混凝土结构或钢结构，并置于工作井底板上；其结构应能承载盾构自重和其他附加荷载；盾构基座上的导轨应根据管道的设计轴线和施工要求确定夹角、平面轴线、顶面高程和坡度。

②盾构安装应符合下列规定：根据运输和进入工作井吊装条件，盾构可整体或解体运入现场，吊装时应采取防止变形的措施；盾构在工作井内安装应达到安装精度要求，并根据施工要求就位在基座导轨上；盾构掘进前，应进行试运转验收，验收合格方可使用。

③始发工作井的盾构后座采用管片衬砌、顶撑组装时，应符合下列规定：后座管片衬砌应根据施工情况确定开口环和闭口环的数量，其后座管片的后端面应与轴线垂直，与后背墙贴紧；开口尺寸应结合受力要求和进出材料尺寸确定；洞口处的后座管片应为闭口环，第一环闭口环脱出盾尾时，其上部与后背墙之间应设置顶撑，确保盾构顶力传至工作井后背墙；盾构掘进至一定距离、管片外壁与土体的摩擦力能够平衡盾构掘进反力时，为提高施工速度可拆除盾构后座，安装施工平台和水平运输装置。

④工作井应设置施工工作平台。

（二）工作坑的分类

由于工作坑的作用不同，其称谓也有所不同，一般可以分为单向坑、双向坑、交汇坑、转向坑和多向坑等。工作坑一般多为单管顶进，有时两条或三条管道在同一工作坑内同时或先后顶进。

（三）工作坑位置的确定

工作坑位置应根据地形、管线设计、地面障碍物情况等因素确定。一般按下列条件进行选择：

（1）据管线设计情况确定，如排水管线可选在检查井处。

（2）单向顶进时，应选在管道下游端，以利排水。

（3）考虑地形和土质情况，有无可利用的原土后背等。

（4）工作坑要与被穿越的建筑物有一定的安全距离。

（5）便于清运挖掘出来的泥土和有堆放管材、工具设备的场所。

（6）距水、电源较近。

（四）工作坑的尺寸

工作坑应有足够的空间和工作面，不仅要考虑管道的下放、各种设备的进出、人员的上下以及坑内操作等必要的空间，还要考虑弃排土的位置等，因此，其平面形状般采用矩形。

（1）工作坑的宽度。工作坑的宽度与管道的外径和坑深有关。一般对于较浅的坑，施工设备放在地面上；对于较深的坑，施工设备都要放在井下。

$$浅工作坑 \qquad B=D+S \qquad\qquad （7\text{-}1）$$

$$深工作坑 \qquad B=3D+S \qquad\qquad （7\text{-}2）$$

式中：B——工作坑底宽度（m）；

D——被顶进管子外径（m）；

S——操作宽度，一般可取2.4～3.2m。

（2）工作坑的长度。

$$L=L_1+L_2+L_3+L_4+L_5 \qquad\qquad （7\text{-}3）$$

式中：L——矩形工作坑的底部长度（m）；

L_1——工具管长度（m）。当采用管道第一节管作为工具管时，钢筋混凝土管不宜小于0.3m，钢管不宜小于0.6m；

L_2——管节长度（m）；

L_3——运土工作间长度（m）；

L_4——千斤顶长度（m）；

L_5——后背墙的厚度（m）。

（3）工作坑的深度。

$$H_1 = h_1 + h_2 + h_3 \tag{7-4}$$

$$H_2 = h_1 + h_3 \tag{7-5}$$

式中：H_1——顶进坑地面至坑底的深度（m）；

H_2——接受坑地面至坑底的深度（m）；

h_1——地面至管道底部外缘的深度（m）；

h_2——管道外缘底部至导轨底面的高度（m）；

h_3——基础及其垫层的厚度，但不应小于该处井室的基础及垫层厚度（m）。

（五）工作坑施工方法

工作坑施工方法有两种：一种方法是采用钢板桩或普通支撑，用机械或人工在选定的地点，按设计尺寸挖成，坑底用混凝土铺设垫层和基础；另一种方法是利用沉井技术，将混凝土井壁下沉至设计高度，用混凝土封底。前者适用于土质较好、地下水位埋深较大的情况，顶进后背支撑需要另外设置；后者与之相反，混凝土井壁既可以作为顶进后背支撑，又可以防止塌方，矩形工作坑的四角应加斜撑。当采用永久性构筑物做工作坑时，方可采用钢筋混凝土结构等，其结构应坚固、牢靠，能全方面地抵抗土压力、地下水压及顶进时的顶力。

（六）质量验收标准

1.主控项目

（1）工程原材料、成品、半成品的产品质量应符合国家相关标准规定和设计要求。

检查方法：检查产品质量合格证、出厂检验报告和进场复验报告。

（2）工作井结构的强度、刚度和尺寸应满足设计要求，结构无滴漏和线流现象。

检查方法：观察并按有关规定逐座进行检查，检查施工记录。

（3）混凝土结构的抗压强度等级、抗渗等级符合设计要求。

检查数量：每根钻孔灌柱桩、每幅地下连续墙混凝土为一个验收批，抗压强度、抗渗试块应各留置一组；沉井及其他现浇结构的同一配合比混凝土，每工作班且每浇筑100m³为一个验收批，抗压强度试块留置不应少于一组；每浇筑500m³混凝土抗渗试块留置不应少于一组。

检查方法：检查混凝土浇筑记录，检查试块的抗压强度、抗渗试验报告。

2.一般项目

（1）结构无明显渗水和水珠现象。

检查方法：按有关规定逐座观察。

（2）顶管（顶进工作井）、盾构（始发工作井）的后背墙应坚实、平整；后座与井壁后背墙联系紧密。

检查方法：逐个观察，检查相关施工记录。

（3）两导轨应顺直、平行、等高，盾构基座及导轨的夹角符合规定；导轨与基座连接应牢固可靠，不得在使用中产生位移。

检查方法：逐个观察、量测。

第二节　顶管施工

一、顶管施工工序

顶管施工的基本程序是：在敷设管道前，应事先在管端的一端建造一个工作坑（也称竖井）。在工作坑内的顶进轴线后方布置后背墙、千斤顶，将敷设的管道放在千斤顶前面的导轨上，管道的最前端安装工具管。当管道高程、中心位置调整准确后，开启千斤顶使工具管的刃角切入土层，此时，工人可进入工作面挖掘刃角切入土层的泥土，并随时将弃土通过运土设备从顶进坑吊运至地面。

当千斤顶达到最大行程后缩回，放入顶铁，继续顶进。如此不断加入顶铁，管道不断向土中延伸。当坑内导轨上的管道几乎全部顶入土中后，缩回千斤顶，吊去全部顶铁，将下一节管段吊下坑，安装在管段的后面，接着继续顶进。

二、顶进施工工艺方式

（一）基本要求

（1）顶进施工应根据工程具体情况采用下列技术措施：

①一次顶进距离大于100m时，应采用中继间技术；

②在砂砾层或卵石层顶管时，应采取管节外表面熔蜡措施触变泥浆技术等减少顶进阻力和稳定周围土体；

③长距离顶管应采用激光定向等测量控制技术。

（2）计算施工顶力时，应综合考虑管节材质、顶进工作井后背墙结构的允许最大荷载、顶进设备能力、施工技术措施等因素。施工最大顶力应大于顶进阻力，但不得超过管材或工作井后背墙的允许顶力。

（3）施工最大顶力有可能超过允许顶力时，应采取减少顶进阻力、增设中继间等施工技术措施。

（4）顶进阻力计算应按当地的经验公式或下式计算：

$$F_P = \pi D_o L f_k + N_F \tag{7-6}$$

式中：F_P——顶进阻力（kN）；

D_o——管道的外径（m）；

L——管道设计顶进长度（m）；

f_k——管道外壁与土的单位面积平均摩阻力（kN/m²），通过试验确定；

N_F——顶管机的迎面阻力（kN）。

（5）开始顶进前应检查下列内容，确认条件具备时方可开始顶进。

①全部设备经过检查、试运转。

②顶管机在导轨上的中心线、坡度和高程应符合要求。

③防止流动性土或地下水由洞口进入工作井的技术措施。

④拆除洞口封门的准备措施。

（6）顶管进、出工作井时应根据工程地质和水文地质条件、埋设深度、周围环境和顶进方法，选择技术经济合理的技术措施，并应符合下列规定：

①应保证顶管进、出工作井和顶进过程中洞圈周围的土体稳定。

②应考虑顶管机的切削能力。

③洞口周围土体含地下水时，若条件允许可采取降水措施或注浆等措施加固土体以封堵地下水；在拆除封门时，顶管机外壁与工作井洞圈之间应设置洞口止水装置，防止顶进施工时泥水渗入工作井。

④工作井洞口封门拆除应符合下列规定：钢板桩工作井，可拔起或切割钢板桩露出洞口，并采取措施防止洞口上方的钢板桩下落；工作井的围护结构为沉井工作井时，应先拆除洞圈内侧的临时封门，再拆除井壁外侧的封板或其他封填物；在不稳定土层中顶管时，封门拆除后应立即将顶管机顶入土层。

⑤拆除封门后，顶管机应连续顶进，直至洞口及止水装置发挥作用。

⑥在工作井洞口范围可预埋注浆管，管道进入土体之前可预先注浆。

（二）顶进施工工艺

（1）土压平衡式机头。土压平衡式机头的密封舱设置在工具管的前方，舱内装有刀盘、压力传感器、螺旋输送器、观测孔等装置。土压平衡就是向刀盘切削下来的土、砂中注入流动性和不透性水的"作泥材料"，然后在刀盘强制转动、搅拌下，使切削下来的土变成流动性的、不透水的特殊土体，并使之充满密封舱。工作人员可在密封舱外，借助观测孔、压力传感器和仪表通过操作电控开关来控制刀盘切削和顶进速度。

螺旋输送器的出土量和顶进速度，应与刀盘的切削速度相配合，以保持密封舱内的土压力与开挖面的土压力始终处于平衡状态。另外，该机头常用于含水量较高的黏性、砂性土以及地面隆陷值要求控制较严格的地区。

（2）水力切削式机头水力切削式机头主要有"三铰式"和"套筒式"两种类型。

①三铰式水力切削机头由三段组成，常用于管径1200~3000mm饱和软土层顶管施工。首段位于机头的前方，设有一密封舱，舱内装有高压水枪、刀角、格栅、泥浆吸口、输泥管等。前段与中段之间设一对水平铰，可通过上下纠偏油缸的伸缩使工具管上下转动；中段与后段之间设一垂直铰，可通过左右油缸的伸缩使工具管左右转动，因此该工具管使用时，上下纠偏与左右纠偏是分开的，互不干扰且纠角明确。它适用于不同土层顶管，因为首段的铰链可以拆卸，可按土层不同更换首段。

②套筒式水力切削机头由两段组成，在第一段与第二段之间放一套筒，使一、二段连接在一起。套筒与第一段之间，在上下方向布置纠偏千斤顶，水平方向设置铰

链，依靠上下方向千斤顶的伸缩实现高低方向的纠偏，依靠水平方向千斤顶的伸缩实现左右方向的纠偏。机头的首段与"三铰式"机头首段的构造相同。

（3）泥水平衡式机头。泥水平衡式机头常用于控制地面变形小于3cm，工作面位于地下水位以下，渗透系数大于10^{-1}cm/s的黏性土、砂性土、粉砂质土的作业条件。其特点是挖掘面稳定，地面沉降小，可以连续出土，但因泥水量大，弃土的运输和堆放都比较困难。

泥水平衡式机头和土压平衡式机头一样，都是在机头前方设有密封舱、刀盘、压力传感器、螺旋输送器等设备。施工时，随着工具管的推进，刀盘不停地转动，进泥管不断地进泥水，而抛泥管则不断地将混有弃土的泥水抛出密封舱。在密封舱内，常采用护壁泥浆来平衡开挖面的土压力，即保持一定的泥水压力，以此来平衡土压力和地下水压力。

（4）手掘式工具管。手掘式工具管有无纠偏装置和有纠偏装置两类。施工时，工人可以直接进入工作面挖掘，并随时观察土层与工作面的稳定状态，遇有障碍物、偏差时，易于采取应变措施及时处理，造价低廉、便于掌握；其缺点是效率低下，必须将地下水水位降至管基以下0.5m后，方可施工。根据管径的大小和土体的稳定程度，工具管的刃口又可分为有格栅和无格栅两种，一般管径较大时，应有格栅，以防坍塌。

在土质比较稳定的情况下，首节管可以不带前面的管帽，直接由首节管作为工具管进行顶管施工，也是常用的一种顶管施工方法。

（5）机械式开挖工具管。机械式开挖工具管一般适用于无地下水干扰、土质稳定的黏性土或砂性土层。在工具管的前方装有由电动机驱动的刀盘。刀盘径向转动的叫径向切削机头，纵向转动的叫纵向切削机头，被挖下来的土体由皮带运输机运出。

（6）挤压式工具管。挤压式工具管一般适用于大中口径的管道，对潮湿、可压缩的黏性土、砂性土较为适宜。它是将工作面用胸板隔开后，在胸板上留有一喇叭口形的锥筒，当顶进时将土体挤入喇叭口内，土体被压缩成从锥筒口吐出的条形土柱。待条形土柱达到一定长度后，再用钢丝将其割断，由运土工具吊运至地面。

（7）挤密土层式工具管。挤密土层式工具管可分为锥形和管帽形，工具管安装在被顶管道的前方，顶进时，工具管借助千斤顶的顶力将管子直接挤入土层里，管子周围的土层被挤密实，常引起地面较大的变形。

挤密土层式工具管只应用在潮湿的黏土、砂土、粉质黏土，顶距较短的小口径钢管、铸铁管，对地面变形要求不高的地段上。另外，与挤密土层施工原理相似但工艺原理不同的有牵引法施工和气动冲孔法施工。

三、顶管系统

管道顶管中的顶管系统包括导轨、顶铁、千斤顶（油泵）、后背及后背墙。

（一）导轨

导轨用工字钢或槽钢做成，也可以采用滚轮式导轨。导轨起导向的作用，它支托未入土的管段和顶铁。这种导轨的优点是可以调节导轨的两轨中距，适用不同的管径，而且可以减小导轨对管子的摩擦。

（二）顶铁

顶铁是为了弥补千斤顶行程不足而设置的。顶铁要传递顶力，所以顶铁两面要平整，厚度要均匀，受压强度要高，刚度要大，以确保工作时不会失稳。

顶铁是由各种型钢拼接制成的，有U形、弧形和环形几种。其中U形顶铁一般用于钢管顶管，使用时开口向上，弧形内圆与顶管的内径相同；弧形顶铁使用方式与U形相似，一般用于钢筋混凝土管顶管；环形顶铁是直接与管段接触的顶铁，它的作用是将顶力尽量均匀地传递到管段上。

（三）千斤顶和油泵

千斤顶宜固定在支架上，并与管道中心的垂线对称，其合力的作用点应在管道中心的垂直线上；千斤顶合力作用点除与管道中心的垂线对称外，其高提的位置，一般位于管子总高1/4～1/5处，若高提值过大则促使管节越顶越低。

油泵宜设置在千斤顶附近，油管应顺直、转角少；油泵应与千斤顶相匹配，并应有备用油泵。油泵安装完毕，应进行试运转；顶进开始时，应缓慢进行，待各接触部位密合后，再按正常顶进速度顶进；顶进中若发现油压突然增高，应立即停止顶进，检查原因并经处理后方可继续顶进。千斤顶活塞退回时，油压不得过大，速度不得过快。

（四）后背及后背墙

后背是指千斤顶与后背墙之间设置木板、方木等传力构件，使其顶力均匀地传给后背墙，千斤顶的支撑结构是后背墙，在管子顶进过程中所受到的全部阻力，可通过千斤顶传递给后背及后背墙。后背墙的强度和刚度应满足传递最大顶力的需要。

后背墙最好依靠原土加排方木修建。据以往经验，当顶力小于400t时，后背墙后的原土厚度不小于7.0m就不致发生大位移现象（墙后开槽宽度不大于3.0m）。当无原土作后背墙时，应设计结构简单、稳定可靠、就地取材、拆除方便的人工后背墙。利用已顶进完毕的管道作后背时，待顶管道的顶力应小于已顶管道的顶力；后背钢板与管口之间应衬垫缓冲材料；采取措施保护已顶入管道的接口不受损伤。在未保留原土的情况下，利用已修好的管道作后墙时，可以修筑跨在管道上的块石挡土墙作为人工后背墙。

四、其他设备

（一）吊装设备

为了便于工作坑内材料和机械的垂直运输，一般需要在顶管现场设置吊装设备。施工中常用的除了轮式起重机外，还有起重桅杆和门式吊车。起重桅杆一般仅适用于管径较小、顶管规模不大的顶管施工；门式吊车因吊装方便，操作安全而使用范围较广。

（二）出泥设备

大口径顶管在顶进过程中，需要不断地排除进入管中的泥土。由于泥土有不同的状态，排除的方法也各不相同。当地下水位埋深较大，顶管采用不受地下水影响的人工掘进顶管法和机械掘进顶管时，如果距离短，土方量小时，可以用手推车运土；如果距离长，土方量大时，可以用绞车牵引有轨或无轨矿车运土。如果顶管受地下水影响或采用水力掘进顶管法时，排除的是泥浆，这时可以采用水力吸泥机或泥浆泵。

（三）通风设备

对于长距离和超长距离顶管，管道内通风是必要的，操作人员在地下作业要不断地补充新鲜空气，作业中的废气需要及时排除。地下作业通风的最低标准是每人每小时30m³，这相当于0.5m³/min的耗量。管内通风通常采用鼓风机，并配上塑料材料制成的软鼓风管，距离较远时再在沿途增设轴流风机接力通风。这种方法所用的设备简单，成本低，常被采用。

五、顶管施工

根据管道口径的不同，管道可以分为小口径、中口径和大口径三种。小口径是指内径小于800mm且不适宜人进入操作的管道；中口径管道的内径为800mm至1800mm；大口径管道是指内径不小于1800mm的操作人员进出比较方便的管道。通常来说，人们所说的顶管法施工主要是针对大口径管道而言。管道顶进作业的操作要求根据所选用的工具管和施工工艺的不同而不同。

（一）大口径顶管

（1）人工掘进顶管。由人工负责管前挖土，随挖随顶，挖出的土方由手推车或矿车运到工作坑，然后用吊装机械吊到坑外。这种顶进方法工作条件差，劳动强度大，仅适用于顶管不受地下水影响、距离较短的场合。

（2）机械掘进顶管法。除了掘进和管内运土不同外，机械掘进顶管法与手工掘进顶管法大致相同，它是在顶进工具管内安装了一台小型掘土机，把掘出来的土装在其后的上料机上，然后通过矿车、吊装机械将土直接排弃到坑外。该法不受地下水的影响，可适用于较长距离的施工现场。

（3）水力掘进顶管法。水力掘进顶管法是利用管端工具管内设置的高压水枪喷出高压水，将管前端的水冲散，变成泥浆，然后用水力吸泥机或泥浆泵将泥浆排出去，这样边冲边顶，不断前进。管道顶进工作应连续进行，除非管道在顶进过程中，工具管前方遇到障碍，后背墙变形严重，顶铁发生扭曲现象，管位偏差过大且校正无效，顶力超过管端的允许顶力，油泵、油路发生异常现象，接缝中漏泥浆等情况时，应暂停顶进，并应及时处理。顶管过程中，前方挖出的土可用卷扬机牵引或电动、内燃的运土小车及时运送，并由起重设备吊运到工作坑外，避免管端因堆土过多而下沉或改变工作环境。

（二）小口径顶管

小口径顶管是指内径小于800mm的管道。常用的小口径顶管管材有无缝钢管、有缝钢管、混凝土管（包括钢筋混凝土管）和可铸铁管。这种小口径管道一般不易进入或者无法进入，不可能进行管内操作，因此与大口径管道顶管相比有其特殊性。

小口径顶管常用的施工方法可以分为挤压类、螺旋钻输类和泥水钻进类三种。

（1）挤压类。挤压类施工法常适用于软土层，如淤泥质土、砂土、呈软塑状态的黏性土等，不适用于土质不均或混有大小石块的土层。其顶进长度一般不超过

30m。

挤压类顶管管端的形状有锥形挤压（管尖）和开口挤压（管帽）两种。锥形挤压类顶管正面阻力较大，容易出现偏差，特别是土体不均和碰到障碍时更容易出现偏差。管道压入土中时，管道正面挤土并将管轴线上的土挤向四周，无须排泥。

为了减少正面阻力，可使管端呈开口状，顶进时土体挤入管内形成土塞。当土塞增加到一定长度时，土塞不再移动。如果仍要减少正面阻力，必须在管内取土，以缩短土塞的长度。管内取土可采用干出泥或水冲法。

（2）螺旋钻输类。螺旋钻输类顶管是指在管道前端管外安装螺旋钻头，钻头通过管道内的钻杆与螺旋输送机连接。随着螺旋输送机的转动，带动钻头切削土体，同时将管道顶进，就这样边顶进、边切削、边输送，将管道逐段向前敷设。这类顶管法适用于砂性土、砂砾土以及呈硬塑状态的黏性土，顶进距离可达100m左右。

（3）泥水钻进类。泥水钻进顶管法是指采用切削法钻进，弃土排放用泥水作为载体的一类施工方法，常适用于硬土层、软岩层及流砂层和极易坍塌的土层。

由于碎石型泥水掘进机具有切削和破碎石块的功能，故而常采用碎石型泥水掘进机顶进管道，一次可顶进100m以上，偏差很小。顶进过程中产生的泥水，一般由送水管和排泥管构成流体输送系统来完成。

扩管也是小口径顶管中常用的一种工艺，它是先把一根直径比较小的管道顶好，然后在这根管道的末端安装上一只扩管器，再把所需管径的管道顶进去，或者把扩管器安装在已顶管子的起端，将所需的管道拖入。

六、测量与偏差

（一）测量

顶管施工中的测量，应建立地面与地下测量控制系统，控制点应设在不易扰动、视线清楚、方便校核、利于保护处。在管道顶进的全部过程中应控制工具管前进的方向，并应根据测量结果分析偏差产生的原因和发展趋势，确定纠偏的措施。

在管道顶进过程中，应对工具管的中心和高程进行测量。测量工作应及时、准确，以便管节正确地就位于设计的管道轴线上。

一般情况下，高程测量可用水准仪测量；轴线测量可用经纬仪监测；转动常用垂球进行测量。如采用较先进的测量方法，可采用激光经纬仪进行测量。测量时，在工作坑内安装激光发射器，按照管线设计的坡度和方向将发射器调整好，同时管内装上接收靶，靶上刻有尺度线。当顶进的管道与设计位置一致时，激光点直射靶心，说明顶进质量良好，没有偏差。

全段顶完后，应在每个管节接口处测量其轴线位置和高程；有错口时，应测出相对高差。测量记录应完整、清晰。

（二）纠偏

管道在顶进过程中，由于工具管迎面阻力分布不均匀，管壁周围摩擦力不均和千斤顶顶力的微小偏心等都可以导致工具管前进的方向出现偏移或旋转。

（1）衬垫校正法。对于在淤泥或流砂地段施工的管子，因地基承载力较弱，经常出现管子低头现象，这时在管底或管子一侧添加木楔，使管道沿着正确的方向顶进。

（2）挖土校正法。即通过采用在不同部位增减挖土量的办法以达到校正的目的，其校正误差范围一般不要大于20mm。该法多用于黏土或地下水位以上的砂土中。

根据施工部位的不同，可分为管内挖土纠偏和管外挖土纠偏两种。当采用管内挖土纠偏时，开挖面一侧保留土体，另一侧开挖，顶进时土体的正面阻力移向保留土体的一侧，管道向该侧纠偏。如采用管外挖土纠偏，则管内的土被挖净，并挖出刃口，管外形成洞穴。洞穴的边缘，一边在刃口内侧，一边在刃口外侧，顶进时管道顺着洞穴方向移动。

（3）强制校正法。当偏差大于20mm时，用挖土法已不易校正，可用圆木或方木顶在管子偏离中心的一侧管壁上，另一端装在垫有钢板或木板的管前土壤上，支架稳固后，利用千斤顶给管子施力，使管子得到校正。

如管道在弱土层或流砂层内顶进时，很容易出现下陷的情况；如管道前端堆土过多外运不及时时，也容易下陷；此外，错口现象也时有发生。当出现此类现象时，可采用强制校正法进行校正。

七、顶管施工质量要求

（一）顶管管道

1.主控项目

（1）管节及附件等工程材料的产品质量应符合国家有关标准的规定和设计要求。

检查方法；检查产品质量合格证明书、各项性能检验报告，检查产品制造原材料质量保证资料；检查产品进场验收记录。

（2）接口橡胶圈安装位置正确，无位移、脱落现象；钢管的接口焊接质量应符合相关规定，焊缝无损探伤检验符合设计要求。

检查方法：逐个接口观察；检查钢管接口焊接检验报告。

（3）无压管道的管底坡度无明显反坡现象；曲线顶管的实际曲率半径符合设计要求。

检查方法：观察；检查顶进施工记录、测量记录。

（4）管道接口端部应无破损、顶裂现象，接口处无滴漏。

检查方法：逐节观察，其中渗漏水程度检查按有关规定进行。

2.一般项目

（1）管道内应线形平顺，无突变、变形现象；一般缺陷部位，应修补密实、表面光洁；管道无明显渗水和水珠现象。

（2）管道与工作井出、进洞口的间隙连接牢固，洞口无渗漏水。

检查方法：观察每个洞口。

（3）钢管防腐层及焊缝处的外防腐层及内防腐层质量验收合格。

检查方法：观察。

（4）有内防腐层的钢筋混凝土管道，防腐层应完整、附着紧密。

检查方法：观察。

（5）管道内应清洁，无杂物、油污。

检查方法：观察。

（二）垂直顶升管道

1.主控项目

（1）管节及附件的产品质量应符合国家相关标准的规定和设计要求。

检查方法：检查产品质量合格证明书、各项性能检验报告，检查产品制造原材料质量保证资料；检查产品进场验收记录。

（2）管道直顺，无破损现象；水平特殊管节及相邻管节无变形、破损现象；顶升管道底座与水平特殊管节的连接符合设计要求。

检查方法：逐个检查，检查施工记录。

（3）管道防水、防腐蚀处理符合设计要求；无滴漏和线流现象。

检查方法：逐个观察；检查施工记录，渗漏水程度检查。

2.一般项目

（1）管节接口连接件安装正确、完整。

检查方法：逐个观察；检查施工记录。

（2）防水、防腐层完整，阴极保护装置符合设计要求。

检查方法：逐个观察，检查防水、防腐材料技术资料、施工记录。

（3）管道无明显渗水和水珠现象。

检查方法：逐节观察。

第三节　盾构法施工

盾构是集地下掘进和衬砌为一体的施工设备，广泛应用于地下给水排水管沟、地下隧道、水下隧道、水工隧洞、城市地下综合管廊等工程。

一、盾构分类

盾构施工根据切削环与工作面的关系，可分为气压盾构、土压平衡式盾构、泥水加压式盾构、挤压式盾构、手掘式盾构、半机械式盾构等。

（一）气压盾构

气压盾构是在机械式盾构的切口环和支撑环之间装上隔板，使切口环部分形成一个密封舱，舱中通入压缩空气，以平衡开挖面的土压力。由于某些技术问题尚待解决，故目前各地应用不多。

（二）土压平衡式盾构

土压平衡式盾构是一种最新型的盾构，它的前端有一个全断面切削刀盘，中心或下部有长筒形螺旋运输机进土口，其出土口则在密闭舱外。

（三）泥水加压式盾构

泥水盾构的配套设备比较多，不仅要有一套自动控制和泥水输送的系统，还要有专门的泥水处理系统。它是通过在局部气压密封舱内通入泥水（泥浆），利用泥水压力来支撑开挖面，借以克服盾尾的漏气问题。刀盘切削下来的土，可利用泥水通过管道输送到地面上。

（四）挤压式盾构

挤压式盾构仅适用于软可塑的黏性土层，适用范围比较小，可以分为全挤压及半挤压两种。全挤压盾构是将手掘式盾构的开挖工作面用胸板封闭起来，把土层挡在胸板外，这样就比较安全可靠，没有水、砂涌入及土体坍塌的危险，并省去了出土工序。半挤压盾构则是在封闭胸板上局部开孔，当盾构推进时，土体从孔中挤入盾构，装车外运，省去了人工开挖，相比手掘式盾构，劳动条件大为改善，效率也成倍提高。

（五）手掘式盾构

手掘式盾构的正面是敞开的，施工人员随时可以观察地层变化情况，及时采取应付措施；当在地层中遇到桩、孤石等地下障碍物时，比较容易处理；还可以向需要方向超挖，容易进行盾构纠偏，也便于在隧道的曲线段施工，造价低，结构设备简单，易制造。其主要缺点是在含水地层中，当开挖面出现渗水、流砂时，必须辅以降水、气压或地层加固等措施；若工作面发生塌方，易危及人身及工程的安全，劳动强度大，效率低、进度慢，在大直径盾构中尤为突出。但由于其简单易行，目前在地质条件较好的工程中仍得到广泛应用。

（六）半机械式盾构

半机械式盾构的适用范围与手掘式基本一样，它是在手掘式盾构正面安装上挖土机械来代替人工开挖的。根据地层条件，可以安装反铲挖土机或螺旋切削机；如果土质坚硬，也可安装软岩掘进机的切削头子。其特点除可减轻工人劳动强度外，其余均与手掘式相似。

二、盾构选择

由于盾构的机动性，盾构法施工可以实现曲线顶进。选择盾构形式时，要考虑到掘进地段的土质、施工段长度、地面情况、管廊形状、管廊用途、工期等因素。如安装不同的掘进机构，盾构可在岩层、砂卵石层、密实砂层、黏土层、流砂层和淤泥层中掘进。

（一）盾构结构

盾构是一个钢质的筒状壳体，它是由切削环、支撑环、盾尾三部分组成的，其内部设有挖掘、推进、拼装拱环等机构。

切削环位于盾构壳体的前部，其前面为挖土工作面，对工作面具有支撑作用；同时，切削环也可作为一种保护罩，在环内安装挖土设备，或者由工人在切削环内进行挖土和出土施工。支承环位于壳体的中部，环内常安装液压千斤顶等推进装置；衬砌环位于盾尾，用于衬砌砌块。盾尾一般由盾构外壳钢板延长构成，主要用于掩护管道衬砌块的安装工作。盾尾末端设有密封装置，以防止水、土及注浆材料从盾尾与衬砌块之间进入盾构内；盾壳外径与衬砌外径间的建筑空隙，在满足盾构纠偏要求的前提下应尽量减小。盾尾密封装置要将经常变化的空隙加以密封，因此材料要富有弹性，构造形式要求耐磨损、耐撕裂。

（二）盾构外径

盾构外壳厚度可按弹性圆环设计。盾构外径D可由下式确定：

$$D=d+2(h+x+t) \tag{7-7}$$

式中：d——管端竣工内径；

h——一次衬砌和二次衬砌的总厚度；

x——衬砌块与盾壳间的空隙量；

t——盾构的外壳厚度。

空隙量x是在盾构曲线顶进时或掘进过程中，校正盾构位置所必需的，它与衬砌环遮盖部分的长度、砌块环外径有关，见下式：

$$x=ML/D_o \tag{7-8}$$

式中：M——衬砌环遮盖部分的衬砌长度；

L——砌块环上顶点能转动的最大水平距离；

D_o——砌块环外径。

在实际制作时，r 值常取 $0.008 \sim 0.010 D_o$，故盾构的外径为：

$$D = (1.008 - 1.010 D_o) + 2t \tag{7-9}$$

（三）盾构的长度

盾构是由切削环、支承环和衬砌环三部分组成的，故盾构的长度也应是这三部分长度的总和。

盾构全长 L 为：

$$L = L_1 + L_2 + L_3 \tag{7-10}$$

式中：L_1——切削环长度；

L_2——支承环长度；

L_3——衬砌环长度。

（1）切削环长度。切削环长度主要取决于工作面开挖时，为了保证土方按其自然倾斜角坍塌而使操作安全所需的长度，即

$$L_1 = D / \tan\alpha \tag{7-11}$$

式中：α——土坡与地面所成的夹角，通常情况下夹角为 $45°$。

大直径手挖盾构一般设有水平隔板，其切削环长度为：

$$L_1 = H / \tan\alpha \tag{7-12}$$

式中：H——平台高度，即工人工作需要的高度，通常不大于 2000mm。

（2）支承环长度。支承环长度为：

$$L_2 = W_1 + C_1 \tag{7-13}$$

式中：W_1——千斤顶长；

C_1——余量，通常取 $200 \sim 300$mm.

（3）衬砌环长度。衬砌环长度应保证在其内组装衬砌块的需要，还要考虑到损坏砌块的更换、修理千斤顶以及顶进时所需的长度：

$$L_3 = KW + C_2 \tag{7-14}$$

式中：K——系数，取 1.5；

W——砌块的宽度；

C_2——余量，通常取100～200mm。

衬砌环处盾壳厚度可按经验公式计算确定：

$$t=0.02+0.01（D-4）\tag{7-15}$$

式中：*D*——盾构外径（m）。

大直径手挖盾构的机动性以机动系数K表示：

$$K=L/D\tag{7-16}$$

式中：*D*——盾构外径；

L——盾构全长。

实践中，对于外径为6～12m的大型盾构，机动系数为0.75；对于外径为3～6m的中型盾构，机动系数为1.0；对于外径为2～3m的小型盾构，机动系数为1.5。

三、盾构法施工

（一）一般规定

（1）盾构法施工应根据设计要求和工程具体情况确定盾构类型、施工工艺，布设管片生产及地下、地面生产辅助设施，做好施工准备工作。

（2）钢筋混凝土管片生产应符合有关的规定和设计要求，并应符合下列规定：

①模具、钢筋骨架按有关规定验收合格。

②经过试验确定混凝土配合比，普通防水混凝土坍落度不宜大于70mm；水、水泥、外掺剂用量偏差应控制在±2%；粗、细骨料用量允许偏差应为±3%。

③混凝土保护层厚度较大时，应设置防表面混凝土收缩的钢筋网片。

④混凝土振捣密实，不得碰伤钢模芯棒、钢筋钢模及预埋件等；外弧面收水时应保证表面光洁，无明显收缩裂缝。

⑤管片养护应根据具体情况选用蒸汽养护、水池养护或自然养护。

（3）在脱模、吊运、堆放等过程中，应避免碰伤管片。

（4）管片应按拼装顺序编号排列堆放。管片粘贴防水密封条前应将槽内清理干净；粘贴时应牢固、平整、严密，位置准确，不得有起鼓、超长和缺口等现象；粘贴后应采取防雨、防潮、防晒等措施。

（5）盾构进、出工作井施工应符合下列规定：

①土层不稳定时需对洞口土体进行加固，盾构出始发工作井前应对经加固的洞口土体进行检查。

②出始发工作井拆除封门前应将盾构靠近洞口，拆除后应将盾构迅速推入土层内，缩短正面土层的暴露时间；洞圈与管片外壁之间应及时安装洞口止水密封装置。

③盾构出工作井后的50～100环内，应加强管道轴线测量和地层变形监测；并应根据盾构进入土层阶段的施工参数，调整和优化下阶段的掘进作业要求。

④进接收工作井阶段应降低正面土压力，拆除封门时应停止推进，确保封门的安全拆除；封门拆除后盾构应尽快推进和拼装管片，缩短进接收工作井时间；盾构到达接收工作井后应及时对洞圈间隙进行封闭。

⑤盾构进接收工作井前100环应进行轴线、洞门中心位置测量，根据测量情况及时调整盾构推进姿态和方向。

（6）盾构法施工及环境保护的监控内容应包括地表隆沉、管道轴线监测，以及地下管道保护、地面建（构）筑物变形的量测等。有特殊要求时还应进行管道结构内力、分层土体变位、孔隙水压力的测量。施工监测情况应及时反馈，并指导施工。

（7）盾构法施工中对已成形管道轴线和地表变形进行监测应符合相关规定。穿越重要建（构）筑物、公路及铁路时，应连续监测。

（8）盾构法施工的给排水管道应按设计要求施做现浇钢筋混凝土二次衬砌；现浇钢筋混凝土二次衬砌前应隐蔽验收合格，并应符合下列规定：

①所有螺栓应拧紧到位，螺栓与螺栓孔之间的防水垫圈无缺漏。

②所有预埋件、螺栓孔、螺栓手孔等进行防水、防腐处理。

③管道如有渗漏水，应及时封堵处理。

④管片拼装接缝应进行嵌缝处理。

⑤管道内清理干净，并进行防水层处理。

（9）现浇钢筋混凝土二次衬砌应符合下列规定：

①衬砌的断面形式、结构形式和厚度，以及衬砌的变形缝位置和构造符合设计要求。

②衬砌分次浇筑成型时，应按"先下后上、左右对称、最后拱顶"的顺序分块施工。

③下拱式非全断面衬砌时，应对无内衬部位的一次衬砌管片螺栓手孔封堵抹平。

（10）全断面的钢筋混凝土二次衬砌，宜采用台车滑模浇筑，其施工应符合下列规定：

①组合钢拱模板的强度、刚度，应能承受泵送混凝土荷载和辅助振捣荷载，并应确保台车滑模在拆卸、移动、安装等施工条件下不变形。

②使用前模板表面应清理并均匀涂刷混凝土隔离剂，安装应牢固，位置正确；与已浇筑完成的内衬搭接宽度不宜小于200mm，另一端面封堵模板与管片的缝隙应封闭；台车滑模应设置辅助振捣。

③钢筋骨架焊接应牢固，符合设计要求。

④采用和易性良好、坍落度适当的泵送混凝土，泵送前应不产生离析。

⑤衬砌应一次浇筑成型，并应符合下列要求：泵送导管应水平设置在顶部，插入深度宜为台车滑模长度的2/3，且不小于3m；混凝土浇筑应左右对称，高度基本一致，并应视情况采取辅助振捣；泵送压力升高或顶部导管管口被混凝土埋入超过2m时，导管可边泵送边缓慢退出；导管管口至台车滑模端部时，应快速拔出导管并封堵；混凝土达到规定的强度方可拆模；拆模和台车滑模移动时不得损伤已浇筑混凝土；混凝土缺陷应及时修补。

（二）盾构掘进

1.盾构掘进的一般规定

（1）应根据盾构机类型采取相应的开挖面稳定方法，确保前方土体稳定。

（2）盾构掘进轴线按设计要求进行控制，每掘进一环应对盾构姿态、衬砌位置进行测量。

（3）在掘进中逐步纠偏，并采用小角度纠偏方式。

（4）根据地层情况、设计轴线、埋深、盾构机类型等因素确定推进千斤顶的编组。

（5）根据地质、埋深、地面的建筑设施及地面的隆沉值等情况，及时调整盾构的施工参数和掘进速度。

（6）掘进中遇有停止推进且间歇时间较长时，应采取维持开挖面稳定的措施。

（7）在拼装管片或盾构掘进停歇时，应采取防止盾构后退的措施。

（8）推进中盾构旋转角度偏大时，应采取纠正的措施。

（9）根据盾构选型、施工现场环境，合理选择土方输送方式和机械设备。

（10）盾构掘进每次达到1/3管道长度时，对已建管道部分的贯通测量不少于一次；曲线管道还应增加贯通测量次数。

（11）应根据盾构类型和施工要求做好各项施工、掘进、设备和装置运行的管理工作。

（12）盾构掘进中遇有下列情况之一，应停止掘进，查明原因并采取有效措施：盾构位置偏离设计轴线过大；管片严重碎裂和渗漏水；盾构前方开挖面发生坍塌或地表隆沉严重；遭遇地下不明障碍物或意外的地质变化；盾构旋转角度过大，影响正常施工；盾构扭矩或顶力异常。

2.始顶

盾构的始顶是指盾构在下放至工作坑导轨上后，自起点井开始至完全没入土中的这一段距离。它常需要借助另外的千斤顶来进行顶进工作。

盾构千斤顶是以已砌好的砌块环作为支承结构来推进盾构的，在始顶阶段，尚未有已砌好的砌块环，在此情况下，常常通过设立临时支撑结构来支撑盾构千斤顶。一般情况下，砌块环的长度为30～50m。在盾构初入土中后，可在起点井后背与盾构衬砌环内，各设置一个外径和内径均与砌块环的外径和内径相同的圆形木环。在两木环之间砌半圆形的砌块环，而在木环水平直径以上用圆木支撑，作为始顶段的盾构千斤顶的支承结构。随着盾构的推进，第一圈永久性砌块环用黏结料紧贴木环砌筑。

在盾构从起点井进入土层时，由于起点井井壁挖口的土方很容易坍塌，因此，必要时可对土层采取局部加固措施。

3.顶进

（1）确保前方土体的稳定，在软土地层，应根据盾构类型采取不同的正面支护方法。

（2）盾构推进轴线应按设计要求控制质量，推进中每环测量一次。

（3）纠偏时应在推进中逐步进行。

（4）推进千斤顶应根据地层情况、设计轴线、埋深、胸板开孔等因素确定。

（5）推进速度应根据地质、埋深、地面的建筑设施及地面的隆陷值等情况调整盾构的施工参数。

（6）盾构推进中，遇有需要停止推进且间歇时间较长时，必须做好正面封闭、盾尾密封并及时处理。

（7）在拼装管片或盾构推进停歇时，应采取防止盾构后退的措施。

（8）当推进中盾构旋转时，应采取纠正的措施。

（9）根据盾构选型和施工现场环境，选择土方输送方式和机械设备。

4.挖土

在地质条件较好的工程中，手工挖土依然是最好的一种施工方式。挖土工人在切削环保护罩内接连不断地挖土，工作面逐渐呈现锅底形状，其挖深应等于砌块的宽度。为减少砌块间的空隙，贴近盾壳的土可由切削环直接切下，其厚度为10~15cm。如果是在不能直立的松散土层中施工，可将盾构刃脚先行切入工作面，然后由工人在切削环保护罩内施工。

对于土质条件较差的土层，可以支设支撑，进行局部挖土。局部挖土的工作面在支设支撑后，应依次进行挖掘。局部挖掘应从顶部开始，如果盾构刃脚难以先切入工作面，如砂砾石层，可以先挖后顶，但必须严格控制每次掘进的纵深。

（三）管片拼装

1.管片拼装应符合以下有关规定

（1）管片下井前应进行防水处理，管片与连接件等应有专人检查，配套送至工作面，拼装前应检查管片编组编号。

（2）千斤顶顶出长度应满足管片拼装要求。

（3）拼装前应清理盾尾底部，并检查拼装机运转是否正常；拼装机在旋转时，操作人员应退出管片拼装作业范围。

（4）每环中的第一块拼装定位准确，自下而上，左右交叉对称依次拼装，最后封顶成环。

（5）逐块初拧管片环向和纵向螺栓，成环后环面应平整；管片脱出盾尾后应再次复紧螺栓。

（6）拼装时保持盾构姿态稳定，防止盾构后退，变坡变向。

（7）拼装成环后应进行质量检测，并记录填写报表。

（8）防止损伤管片、防水密封条、防水涂料及衬垫；有损伤或挤出、脱槽、扭曲时，及时修补或调换。

（9）防止管片损伤并控制相邻管片间环面平整度、整环管片的圆度、环缝及纵缝的拼接质量，所有螺栓连接件应安装齐全并及时检查复紧。

2.管片安装

（1）盾构顶进后应及时进行衬砌工作，其使用的管片通常采用钢筋混凝土或预应力钢筋混凝土砌块，其形状有矩形、中缺形等。预制钢筋混凝土管片应满足设计强度及抗渗规定，并不得有影响工程质量的缺损。管中应进行整环拼装检验，衬砌后的几何尺寸应符合质量标准。

（2）根据施工条件和盾构的直径，可以确定每个衬砌环的分割数量。矩形砌块形状简单，容易砌筑，产生误差时容易纠正，但整体性差；梯形砌块的衬砌环的整体性要比矩形砌块好。为了提高砌块环的整体性，也可采用中缺形砌块，但安装技术水平要求高，而且产生误差后不易调整。

（3）砌块有平口和企口两种连接形式，可根据不同的施工条件选择不同的连接。企口接缝防水性好，但拼装不易；有时也可采用黏结剂进行连接，只是连接较易偏斜，常用黏结剂有沥青胶或环氧胶泥等。

（4）管片下井前应编组编号，并进行防水处理。管片与联结件等应有专人检查，配套送至工作面；千斤顶顶出长度应大于管片宽度20cm。

（5）拼装前应清理盾尾底部，并检查举重设备运转是否正常；拼装每环中的第一块时，应准确定位；拼装次序应自下而上，左右交叉对称安装，前后封顶成环。拼装时应逐块初拧环向和纵向螺栓；成环后环面平整时，复紧环向螺栓。继续推进时，复紧纵向螺栓。拼装成环后应进行质量检测，并记录、填写报表。

（6）对管片接缝，应进行表面防水处理。螺栓与螺栓孔之间应加防水垫圈，并拧紧螺栓。当管片沉降稳定后，应将管片填缝槽填实，如有渗漏现象，应及时封堵、注浆处理。拼装时，应防止损伤管片防水涂料及衬垫；如有损伤或衬垫挤出环面时，应进行处理。

（7）随着施工技术的不断进步，施工现场常采用杠杆式拼装器或弧形拼装器等砌块拼装工具，不但可以提高施工速度，也可使施工质量大大提高。为了提高砌块的整圆度和强度，有时也采用彼此间有螺栓连接的砌块。

（四）注浆

盾构衬砌的目的是使砌块在施工过程中，作为盾构千斤顶的后背，承受千斤顶的顶力；在施工结束后作为永久性承载结构。

为了在衬砌后，将水泥砂浆灌入砌块外壁与土壁间的空隙部分，砌块应留有灌注孔，直径应不小于86mm。一般情况下，每隔3～5环应砌一灌注孔环，此环上设有4～10个灌注孔。

衬砌脱出盾尾后，应及时进行壁后注浆。注浆应多点进行，压浆量需与地面测量相配合，宜大于环形空隙体积的50%，压力宜为0.2～0.5MPa，使空隙全部填实。注浆完毕后，压浆孔应在规定时间内封闭。

常用的填灌材料有水泥砂浆、细石混凝土、水泥净浆等；灌浆材料不应产生离析，不丧失流动性、灌入后体积不减少，早期强度不低于承受压力。灌入顺序应当自下而上、左右对称地进行，防止砌块环周的孔隙宽度不均匀。浆料灌入量应为计算孔隙量的130%～150%，灌浆时应防止料浆漏入盾构内。

在一次衬砌质量完全合格的情况下，可进行二次衬砌，常采用浇灌细石混凝土或喷射混凝土的方法。对在砌块上留有螺栓孔的螺栓连接砌块，也应进行灌浆。

第四节 浅埋暗挖与定向钻及夯管

一、浅埋暗挖

（一）开挖前施工准备

（1）按工程结构、水文地质、周围环境情况选择施工方案。

（2）按设计要求和施工方案做好加固土层和降排水等开挖施工准备。

（3）超前小导管加固土层应符合下列规定：

①宜采用顺直，长度3～4m，直径40～50mm的钢管。

②沿拱部轮廓线外侧设置，间距、孔位、孔深、孔径符合设计要求。

③小导管的后端应支承在已设置的钢格栅上，其前端应嵌固在土层中，前后两排小导管的重叠长度不应小于1m。

④小导管外插角不应大于15°。

（4）超前小导管加固的浆液应依据土层类型，通过试验选定。

（5）水玻璃、改性水玻璃浆液与注浆应符合下列规定：

①应取样进行注浆效果检查，未达要求时，应调整浆液或调整小导管间距。

②砂层中注浆宜定量控制，注浆量应经渗透试验确定。

③注浆压力宜控制在0.15～0.3MPa，最大不得超过0.5MPa，每孔稳压时间不得小于2min。

④应按照一定顺序，自一端起跳孔进行注浆，并观察有无串孔现象，发生串孔时应封闭相邻孔。

⑤注浆后，根据浆液类型及其加固试验效果，确定土层开挖时间；通常4～8h后

方可开挖。

（6）钢筋锚杆加固土层应符合下列规定：

①稳定洞体时采用的锚杆类型、锚杆间距、锚杆长度及排列方式，应符合施工方案的要求。

②锚杆孔距允许偏差：普通锚杆±100mm；预应力锚杆±200mm。

③灌浆锚杆孔内应砂浆饱满，砂浆配比及强度符合设计要求。

④锚杆安装经验收合格后，应及时填写记录。

⑤锚杆试验要求：同批每100根为一组，每组3根，同批试件抗拔力平均值不得小于设计锚固力值。

（二）土方开挖要求

（1）宜用激光准直仪控制中线和隧道断面仪控制外轮廓线。

（2）按设计要求确定开挖方式，对于内径小于3m的管道，宜用正台阶法或全断面开挖。

（3）每开挖一榀钢拱架的间距，应及时支护、喷锚、闭合，严禁超挖。

（4）土层变化较大时，应及时控制开挖长度；在稳定性较差的地层中，应采用保留核心土的开挖方法，核心土的长度不宜小于2.5m。

（5）在稳定性差的地层中停止开挖，或停止作业时间较长时，应及时喷射混凝土封闭开挖面。

（6）相向开挖的两个开挖面相距约2倍管（隧）径时，应停止一个开挖面作业，进行封闭；由另一开挖面做贯通开挖。

（三）初期衬砌施工要求

（1）混凝土的强度符合设计要求，宜采用湿喷方式。

（2）按设计要求设置变形缝，变形缝间距不宜大于15m。

（3）支护钢格栅、钢架以及钢筋网的加工、安装符合设计要求；运输、堆放应采取防止变形措施；安装前应除锈并抽样试拼装，合格后方可使用。

（4）喷射混凝土施工前应做好下列准备工作：

①钢格栅、钢架及钢筋网安装检查合格。

②埋设控制喷射混凝土厚度的标志。

③检查管道开挖断面尺寸，清除松动的浮石、土块和杂物。

④作业区的通风、照明设置符合规定。

⑤做好排、降水；疏干地层的积、渗水。

（5）喷射混凝土原材料及配合比应符合下列规定：

①宜选用硅酸盐水泥或普通硅酸盐水泥。

②细骨料应采用中砂或粗砂，细度模数宜大于2.5，含水率宜控制在5%～7%；采用防粘料的喷射机时，砂的含水率宜为7%～10%。

③粗骨料应采用卵石或碎石，粒径不宜大于15mm。

④应使用非碱活性骨料；使用碱活性骨料时，混凝土的总含碱量不应大于3kg/m³。

⑤速凝剂质量合格且用前应进行试验，初凝时间不应大于5min，终凝时间不应大于10min。

⑥应控制水灰比。

（6）干拌混合料应符合下列规定：

①水泥与砂石质量比宜为1∶4.0～1∶4.5，砂率宜取45%～55%；速凝剂掺量应通过试验确定。

②原材料按重量计，其称量允许偏差：水泥和速凝剂均为±2%，砂和石均为±3%。

③混合料应搅拌均匀，随用随拌；掺有速凝剂的干拌混合料的存放时间不应超过20min。

（7）喷射混凝土作业应符合下列规定：

①工作面平整、光滑、无干斑或流淌滑坠现象；喷射作业分段、分层进行，喷射顺序由下而上。

②喷射混凝土时，喷头应保持垂直于工作面，喷头距工作面不宜大于1m。

③采取措施减少喷射混凝土回弹损失。

④一次喷射混凝土的厚度：侧壁宜为60～100mm，拱部宜为50～60mm；分层喷射时，应在前一层喷混凝土终凝后进行。

⑤钢格栅、钢架、钢筋网的喷射混凝土保护层不应小于20mm。

⑥应在喷射混凝土终凝2h后进行养护，时间不小于14d；冬期不得用水养护；混凝土强度低于6MPa时不得受冻。

⑦冬期作业区环境温度不低于5℃；混合料及水进入喷射机口温度不低于5℃。

（8）喷射混凝土设备应符合下列规定：

①输送能力和输送距离应满足施工要求。

②应满足喷射机工作风压及耗风量的要求。

③输送管应能承受0.8MPa以上压力，并有良好的耐磨性能。

④应保证供水系统喷头处水压不低于0.15~0.20MPa。

⑤应及时检查、清理、维护机械设备系统，使设备处于良好状况。

（9）操作人员应穿着安全防护衣具。

（10）初期衬砌应尽早闭合，混凝土达到设计强度后，应及时进行背后注浆，防止土体扰动造成土层沉降。

（11）大断面分部开挖应设置临时支护。

（四）施工监控量测

（1）监控量测包括下列主要项目：

①开挖面土质和支护状态的观察。

②拱顶、地表下沉值。

③拱脚的水平收敛值。

（2）测点应紧跟工作面，离工作面距离不宜大于2m，宜在工作面开挖以后24h测得初始值。

（3）量测频率应根据监测数据变化趋势等具体情况确定和调整；量测数据应及时绘制成时态曲线，并注明当时管（隧）道施工情况，以分析测点变形规律。

（4）监控量测信息及时反馈，指导施工。

（五）防水层施工

（1）应在初期支护基本稳定且衬砌检查合格后进行。

（2）防水层材料应符合设计要求，排水管道工程宜采用柔性防水层。

（3）清理混凝土表面，剔除尖、突部位，并用水泥砂浆压实、找平，防水层铺设基面凹凸高差不应大于50mm，基面阴阳角应处理成圆角或钝角，圆弧半径不宜小于50mm。

（4）初期衬砌表面塑料类衬垫应符合下列规定：

①衬垫材料应直顺，用垫圈固定，钉牢在基面上；固定衬垫的垫圈，应与防水卷材同材质，并焊接牢固。

②衬垫固定时宜交错布置，间距应符合设计要求；固定钉距防水卷材外边缘的距离不应小于0.5m。

③衬垫材料搭接宽度不宜小于500mm。

（5）防水卷材铺设时应符合下列规定：

①牢固地固定在初期衬砌面上；采用软塑料类防水卷材时，宜采用热焊固定在垫圈上。

②采用专用热合机焊接；双焊缝搭接，焊缝应均匀连续，焊缝的宽度不应小于10mm。

③宜环向铺设，环向与纵向搭接宽度不应小于100mm。

④相邻两幅防水卷材的接缝应错开布置，并错开结构转角处，错开距离不宜小于600m。

⑤焊缝不得有漏焊、假焊、焊焦、焊穿等现象；焊缝应经充气试验，合格条件为气压0.15MPa，经3min其下降值不大于20%。

（六）二次衬砌施工

（1）在防水层验收合格后，结构变形基本稳定的条件下施作。

（2）采取措施保护防水层完好。

（3）伸缩缝应根据设计设置，并与初期支护变形缝位置重合；止水带安装应在两侧加设支撑筋，并固定牢固，浇筑混凝土时不得有移动位置、卷边、跑灰等现象。

（4）模板施工应符合下列规定：

①模板和支架的强度、刚度和稳定性应满足设计要求，使用前应经过检查，重复使用时应经修整。

②模板支架预留沉落量为0～30mm。

③模板接缝拼接严密，不得漏浆。

④变形缝端头模板处的填缝中心应与初期支护变形缝位置重合，端头模板支设应垂直、牢固。

（5）混凝土浇筑应符合下列规定：

①应按施工方案划分浇筑部位。

②灌筑前，应对设立模板的外形尺寸、中线、标高，各种预埋件等进行隐蔽工程检查，并填写记录；检查合格后，方可进行灌筑。

③应从下向上浇筑，各部位应对称浇筑、振捣密实，振捣器不得触及防水层。

④应采取措施做好施工缝处理。

（6）泵送混凝土应符合下列规定：

①坍落度为60~200mm。

②碎石级配骨料的最大粒径≤25mm。

③减水型、缓凝型外加剂，其掺量应经试验确定；掺加防水剂、微膨胀剂时应以动态运转试验控制掺量。

④骨料的含碱量控制符合《给水排水管道工程施工及验收规范》（GB 50268-2008）的有关规定。

（7）拆模时间应根据结构断面形式及混凝土达到的强度确定；矩形断面，侧墙应达到设计强度的70%；顶板应达到100%。

二、定向钻及夯管

（一）定向钻施工准备

（1）定向钻及夯管施工应根据设计要求和施工方案组织实施。

（2）设备、人员应符合下列要求：

①设备应安装牢固、稳定，钻机导轨与水平面的夹角符合入土角要求。

②钻机系统、动力系统、泥浆系统等经调试合格。

③导向控制系统安装正确，校核合格，信号稳定。

④钻进、导向探测系统的操作人员经培训合格。

（3）管道的轴向曲率应符合设计要求，管材轴向弹性性能和成孔稳定性的要求。

（4）按施工方案确定入土角、出土角。

（5）无压管道从竖向曲线过渡至直线后，应设置控制井；控制井的设置应结合检查井、入土点、出土点位置综合考虑，并在导向孔钻进前施工完成。

（6）进、出控制井洞口范围的土体应稳固。

（7）最大控制回拖力应满足管材力学性能和设备能力要求，总回拖阻力的计算可按下式进行：

$$P = P_1 + P_F \tag{7-17}$$

$$P_F = \pi D_k^2 R_a / 4 \tag{7-18}$$

$$P_1 = \pi D_o L f_1 \qquad\qquad (7-19)$$

式中：P——总回拖阻力（kN）；

P_F——扩孔钻头迎面阻力（kN）；

P_1——管外壁周围摩擦阻力（kN）；

D_k——扩孔钻头外径（m），一般取管道外径的1.2～1.5倍；

D_o——管节外径（m）；

R_a——迎面土挤压力（kN/m²）；一般情况下，黏性土可取500～600kN/m²，砂性土可取800～1000kN/m²；

L——回拖管段总长度（m）；

f_1——管节外壁单位面积的平均摩擦阻力（kN/m²）。

（8）回拖管段的地面布置应符合下列要求：

①待回拖管段应布置在出土点一侧，沿管道轴线方向组对连接。

②布管场地应满足管段拼接长度要求。

③管段的组对拼接、钢管的防腐层施工、钢管接口焊接无损检验应符合相关规定和设计要求。

④管段回拖前预水压试验应合格。

（9）应根据工程具体情况选择导向探测系统。

（10）夯管施工前应检查下列内容，确认条件具备时方可开始夯进。

①工作井结构施工符合要求，其尺寸应满足单节管长安装、接口焊接作业、夯管锤及辅助设备布置、气动软管弯曲等要求。

②气动系统、各类辅助系统的选择及布置符合要求，管路连接结构安全、无泄漏，阀门及仪器仪表的安装和使用安全可靠。

③工作井内的导轨安装方向与管道轴线一致，安装稳固、直顺，确保夯进过程中导轨无位移和变形。

④成品钢管质量检验合格，接口外防腐层补口材料准备就绪。

⑤连接器与穿孔机、钢管刚性连接牢固、位置正确、中心轴线一致，第一节钢管顶入端的管靴制作和安装符合要求。

⑥设备、系统经检验、调试合格后方可使用；滑块与导轨面接触平顺、移动平稳。

⑦进、出洞口范围土体稳定。

（二）定向钻施工

（1）导向孔钻进应符合下列规定：

①钻机必须先进行试运转，确定各部分运转正常后方可钻进。

②第一根钻杆入土钻进时，应采取轻压慢转的方式，稳定钻进导入位置和保证入土角；入土段和出土段应为直线钻进，其直线长度宜控制在20m左右。

③钻孔时应匀速钻进，并严格控制钻进给进力和钻进方向。

④每进一根钻杆应进行钻进距离、深度、侧向位移等的导向探测，曲线段和有相邻管线段应加密探测。

⑤保持钻头正确姿态，发生偏差应及时纠正，应采用小角度逐步纠偏；钻孔的轨迹偏差不得大于终孔直径，超出误差允许范围宜退回进行纠偏。

⑥绘制钻孔轨迹平面、剖面图。

（2）扩孔应符合下列规定：

①从出土点向入土点回扩，扩孔器与钻杆连接应牢固。

②根据管径、管道曲率半径、地层条件、扩孔器类型等确定一次或分次扩孔方式；分次扩孔时每次回扩的级差宜控制在 100 ～ 150mm，终孔孔径宜控制为回拖管节外径的 1.2 ～ 1.5 倍。

③严格控制回拉力、转速、泥浆流量等技术参数，确保成孔稳定，符合线形要求，无坍孔、缩孔等现象。

④扩孔孔径达到终孔要求后应及时进行回拖管道施工。

（3）回拖应符合下列规定：

①从出土点向入土点回拖。

②回拖管段的质量、拖拉装置安装及其与管段连接等经检验合格后，方可进行拖管。

③严格控制钻机回拖力、扭矩、泥浆流量、回拖速率等技术参数，严禁硬拉硬拖。

④回拖过程中应有发送装置，避免管段与地面直接接触，减小摩擦力；发送装置可采用水力发送沟、滚筒管架发送道等形式，并确保进入地层前的管段曲率半径在允许范围内。

（4）定向钻施工的泥浆（液）配制应符合下列规定：

①导向钻进、扩孔及回拖时，及时向孔内注入泥浆（液）。

②泥浆（液）的材料、配比和技术性能指标应满足施工要求，并可根据地层条

件、钻头技术要求、施工步骤进行调整。

③泥浆（液）应在专用的搅拌装置中配制，并通过泥浆循环池使用；从钻孔中返回的泥浆经处理后回用，剩余泥浆应妥善处置。

④泥浆（液）的压力和流量应按施工步骤分别进行控制。

（5）出现下列情况时，必须停止作业，待问题解决后方可继续作业：

①设备无法正常运行或损坏，钻机导轨、工作井变形。

②钻进轨迹发生突变、钻杆发生过度弯曲。

③回转扭矩、回拖力等突变，钻杆扭曲过大或拉断。

④坍孔、缩孔。

⑤待回拖管表面及钢管外防腐层损伤。

⑥遇到未预见的障碍物或意外的地质变化。

⑦地层、邻近建（构）筑物、管线等周围环境的变形量超出控制允许值。

（三）夯管施工

（1）第一节管入土层时应检查设备运行工作情况，并控制管道轴线位置；每夯入1m应进行轴线测量，其偏差控制在15mm以内。

（2）后续管节夯进应符合下列规定：

①第一节管夯至规定位置后，将连接器与第一节管分离，吊入第二节管与第一节管进行接口焊接。

②后续管节每次夯进前，应待已夯入管与吊入管的管节接口焊接完成，按设计要求进行焊缝质量检验和外防腐层补口施工后，方可与连接器及穿孔机连接夯进施工。

③后续管节与夯入管节连接时，管节组对拼接、焊缝和补口等质量应检验合格，并控制管节轴线，避免偏移、弯曲。

④夯管时，应将第一节管夯入接收工作井不少于500mm，并检查露出部分管节的外防腐层及管口损伤情况。

（3）管节夯进过程中应严格控制气动压力、夯进速率，气压必须控制在穿孔机工作气压定值内；并应及时检查导轨变形情况以及设备运行、连接器连接、导轨面与滑块接触情况等。

（4）夯管完成后进行排土作业，采用人工结合机械方式排土；小口径管道可采用气压、水压方法；排土完成后应将余土残土清理干净。

（5）出现下列情况时，必须停止作业，待问题解决后方可继续作业：

①设备无法正常运行或损坏，导轨、工作井变形。

②气动压力超出规定值。

③穿孔机在正常的工作气压、频率、冲击功等条件下，管节无法夯入或变形、开裂。

④钢管夯入速率突变。

⑤连接器损伤、管节接口破坏。

⑥遇到未预见的障碍物或意外的地质变化。

⑦地层、邻近建（构）筑物、管线等周围环境的变形量超出控制值。

（6）定向钻和夯管施工管道贯通后应做好下列工作：

①检查露出管节的外观、管节外防腐层的损伤情况。

②工作井洞口与管外壁之间进行封闭、防渗处理。

③定向钻管道轴向伸长量经校测应符合管材性能要求，并应等待24h后方能与已敷设的上下游管道连接。

④定向钻施工的无压力管道，应对管道周围的钻进泥浆（液）进行置换改良，减少管道后期沉降量。

⑤夯管施工管道应进行贯通测量和检查，并按《给水排水管道工程施工及验收规范》（GB 50268）第5.4节的规定和设计要求进行内防腐施工。

（7）定向钻和夯管施工过程监测和保护应符合下列规定：

①定向钻的入土点、出土点以及夯管的起始、接收工作井设有专人联系和有效的联系方式。

②定向钻施工时，应做好待回拖管段的检查、保护工作。

③根据地质条件、周围环境、施工方式等，对沿线地面、建（构）筑物、管线等进行监测，并做好保护工作。

第五节　其他施工方法

一、气动矛铺管法

气动矛铺管法采用的主要工具是气动矛，它类似于一只卧放的风镐，在压缩空气的驱动下，推动活塞不断打击气动矛的头部，将土排向周边，并将土体压密。同时气动矛不断向前行进，形成先导孔。先导孔完成后，管道便可直接拖入或随后拉入。如果不要求有管道，便可直接拖入或随后拉入电缆等铺设物。

气动矛构造因生产厂家而异，其基本原理相同，构造上的不同之处主要是气阀的换气方式。前端有一个阶梯状由小到大的头部，受到活塞的冲击后向前推进。活塞后部有一个配气阀和排气孔。整个气动矛向前移动时，都依靠连接在其尾部的软管来供应压缩空气。

气动矛铺管法适用地层必须是可压缩的土层，例如淤泥、淤泥质黏土、软黏土、黏质黏土、黏质粉土、非密实的砂土等。在砂层和淤泥中施工，则要求在气动矛之后直接拖入套管或成品管，这样不仅可以保护孔壁，而且可以提供排气通道。

气动矛是不排土的，因此要求覆盖层有一定厚度，要求是管径的10倍。气动矛适用于可压缩的土层，如淤泥、粉质黏土等。施工的长度与口径有关，小口径时一般不超过15m，大口径时一般为30～50m。

二、夯管锤铺管法

夯管锤类似于卧放的双筒气锤，以压缩空气为动力。夯管锤铺管法与气动矛铺管法不同，施工时夯管锤始终处在工作坑内管道的末尾。工作过程类似于水平打桩，其冲击力直接作用在钢管上，这种方法仅限于钢管施工。由于管道入土时，土不是被压密或排向周边的，而是将开口的管端直接切入土层，因此可以在覆盖层较浅的情况下施工。由于管道埋置较浅，工作井和接收井相应也较浅，因此可以节省工程投资。

夯管锤铺管法施工相对比较简单，只需要在平行的工字钢上正确地校准夯管锤与第一节钢管轴线，使其一致，同时又与设计轴线符合就可以了，不需要牢固的混凝土基础和复杂的导轨。为了避免损坏第一根钢管的管口并防止变形，可装配上一个加大了的钢质切削管头。这样可以减少土体对钢管内外表面的摩擦，同时也可对管道的内外涂层起到保护作用。当前一节钢管夯入土体后，后一节钢管与其焊接接长，再夯后一节，如此重复直到夯入最后一节钢管。管内的土可用高压水枪将其冲成泥浆而自流出管道。对于人可进入的管道，则可用手工或机械挖掘，然后运出管道外。该方法施工效率高，每小时可夯管10～30m。施工精度较高，水平和高程偏差可控制在2%的范围内。

夯管锤铺管适用于除有大量岩体或较大的石块的所有土层。夯管长度要根据夯管锤的功率、钢管管井、地质条件而定，最长可达150m。

三、定向钻铺管法

定向钻铺管法是用定向钻机在土中钻孔，钻机的钻头上装有定向测控仪，可改变钻头的倾斜角度，利用膨胀土、水、气的混合物来润滑、冷却和运载切削下来的土体。钻孔施工完毕后，将钻头沿钻孔拉回，然后拉入需要铺设的管道。

地质不同，钻机的给进力、起拔力、扭矩、转速也是不同的，因此定向钻施工前要探明地质情况，这样有利于对钻机的选型或评价，确定能否适用。另外，还要探明地下障碍物的具体位置，如探明已有金属管线、已有各种电缆，以便绕过这些障碍物。

定向钻施工时不需要工作坑，可以在地面直接钻斜孔，钻到需要深度后再转弯。钻头钻进的方向是可以控制的，钻杆可以转弯，但钻杆的转弯半径是有限制的，不能太小，最小转弯半径应为30～42m。铺管长度根据土质情况和钻机的能力而定，在黏性土中，大型钻机可达300m。定向钻适用于黏土、粉质黏土、粉砂土等。

四、旧管更新施工

城市发展了，原有的中径管道就会显得太小，不能再满足需要。另一种情况是旧管道已经破损不能再使用，而新管道往往没有新的位置可铺设，这两种情况都需要更新管道。市区街道人来车往十分繁忙，环境保护要求尽量减少对环境的污染，这就需要用不开槽施工法更新旧管。

1.破管外挤法

利用气动矛破碎旧管道是一种更新办法。气动矛前端系上一根钢丝绳，由地面绞车拖着前进，气动矛的作用是将旧管道破碎，并挤向四周，新管道随气动矛跟进。如果管道较长，还可以在工作井加顶力。

采用上述方式施工，有一定限制：

（1）旧管道必须是混凝土管，无配筋。

（2）周围土体必定是可以压缩的。

（3）适用于同口径管道更新。

2.破管顶进法

如果要求旧管道口径在更新时扩大，就不能采用破管外挤法了。如果管道处于较坚硬的土层，旧管破碎后外挤也存在困难。因此要寻求新的施工方法。

泥水钻进机前面安装一台清管器，随着顶进将旧管道内的残留物和污水推着前移，以免其污染管道四周的土体。进入锥形碎石机的旧管道被破碎，连同泥土一起被运载泥浆通过管路排放到地面。就这样边破碎、边顶进，直至将旧管道全部粉碎排出地层，用新管道代替。这种施工方法的工作井可以较小，最小仅有3m。因此旧井如能满足要求，就不需要建新井，这样可以减少投资，同时还可以缩短工期。这是一种旧管更新的理想施工法。

这一方法施工基本不受地质条件限制，旧管道可以是混凝土管、钢筋混凝土管、陶土管、石棉水泥管等。

第八章　给排水管道管理与维护

第一节　管道及设备的防腐与保温

一、管道及设备的防腐

（一）常用油漆涂料的选用

油漆涂料一般使用在明装管道及设备上，既能防止腐蚀，又有装饰及标志作用。涂刷油漆涂料防腐蚀原理是靠油漆膜将空气、水分、腐蚀介质等隔离开，以保护管道及设备表面不受腐蚀。

油漆是一种有机高分子胶体混合物的溶液，主要由成膜物质、溶剂（或稀释剂）、颜料（或填料）三部分组成。成膜物质实际上是一种胶粘剂，是油漆的基础材料，它的作用是将颜料或填料黏结融合在一起，以形成牢固附着在物体表面的漆膜。溶剂（或稀释剂）是一些挥发性液体，它的作用是溶解和稀释成膜物质。颜料（或填料）是粉状的，它的作用是增加漆膜厚度和提高漆膜的耐磨、耐热和耐化学腐蚀性能。

油漆的品种繁多，性能各不相同。按施工顺序主要分为底层漆和面层漆。底层漆打底，应采用附着力强并且有良好防腐性能的油漆。面层漆罩面，用来保护底层漆不受损伤，并使金属材料表面颜色符合设计和规范规定。

常用的油漆涂料，按其是否加入固体材料（颜料和填料）分为不加固体材料的清油、清漆和加固体材料的各种颜色涂料。

1.管道涂料防腐

室内和地沟内的管道及设备防腐，所采用的色漆应选用各色油性调和漆、各色酚醛磁漆、各色醇酸磁漆，以及各色耐酸漆、防腐漆等。对半通行或不通行地沟内的管道的绝热层，其外表面应涂刷具有一定防潮耐水性能的沥青冷底子油或各色酚醛磁漆、各色醇酸磁漆等。

室外管道绝热保护层防腐，应选用耐气候性好并具有一定防水性能的涂料。绝热保护层采用非金属材料时，应涂刷两道各色酚醛磁漆或各色醇酸磁漆，也可先涂刷一道沥青冷底子油，再刷两道沥青漆。当采用薄钢板做绝热保护层时，在薄钢板内外表面均应先刷两道红丹防锈漆，其外表面再涂两道色漆。

2.明装管道及设备涂料防腐层

明装管道及设备的涂料品种选择，主要根据其所处周围环境来确定涂层类别。

室内及通行地沟内明装管道及设备，一般先涂刷两道红丹油性防锈漆或红丹酚醛防锈漆；外面再涂刷两道各色油性调合漆或各色磁漆。

室外明装管道及设备、半通行和不通行地沟内的明装管道，以及室内的冷水管道，应选用具有一定防潮耐水性能的涂料。其底漆可用红丹酚醛防锈漆，面漆可用各色酚醛磁漆、各色醇酸磁漆或沥青漆。

3.面漆选择

管道内介质品类繁多，目前还没有对各种介质管道制定统一的涂色规定。室内明装给水排水管道面漆一般刷两道银粉漆。

色环涂刷宽度：

外径小于150mm，为50mm；

外径150~300mm，为70mm；

外径大于300mm，为100mm。

色环与色环之间的距离视具体情况掌握，以分布匀称、便于观察为原则。除管道弯头及穿墙处必须加色环外，一般直管段上环间距离保持5m左右为宜。

管道上还应涂上表示介质流动方向的箭头。有两个方向流动可能时，应标出两个相反方向的箭头。箭头一般漆成白色或黄色，底色浅者则漆深色箭头。

（二）油漆涂料施工

涂刷底层漆或面层漆应根据需要决定每层涂膜厚度。一般可涂刷一遍或多遍。多遍涂刷时必须在前一遍油漆干燥后进行，涂刷第一遍底漆时要用劲刷，必须使油漆全部覆盖金属表面。油漆涂刷的厚度应均匀，不应刷得太厚，不得有脱皮、起泡、流淌和漏涂现象。

涂料施工的环境空气必须清洁，无煤烟、灰尘及水汽。环境温度宜在15~35℃之间，相对湿度在70%以下。室外涂料遇雨、降露时应停止施工。涂料施工的方式有下述几种：

1.手工涂刷

手工涂刷是用油漆刷，自上而下，从左至右，先里后外，先斜后直，先难后易，纵横交错地进行。手工涂刷应分层涂刷，每层应往复进行，并保持涂层均匀，不得漏涂（快干性漆不宜采用刷涂）。该方法操作简单，适应性强，但效率低，涂刷质量受操作者技术水平的影响较大。

2.机械喷涂

采用的工具为喷枪，以压缩空气为动力。此喷涂是用喷枪的压缩空气通过喷嘴时产生高速气流，将漆罐内漆液混合成雾状，喷涂于物体表面。喷射的漆流和喷漆面垂直。喷漆面为平面时，喷嘴与喷漆面应相距250～350mm；喷漆面如为圆弧面，喷嘴与喷漆面的距离应为400mm左右。喷涂时，喷嘴的移动应均匀，速度宜保持在10～18m/min。喷漆使用的压缩空气压力为0.2～0.4MPa。这种方法的效率高，漆膜厚薄均匀，表面平整，适合用于大面积物体表面的油漆涂刷。

刷漆的方法还有滚涂、浸涂、高压喷涂等。

（三）埋地金属管道的防腐

为了减少管道系统与地下土接触部分的金属腐蚀，管材的外表面必须按要求进行防腐，敷设在腐蚀性土中的室外直接埋地的管道应根据腐蚀性程度选择不同等级的防腐层。

1.沥青

沥青是一种有机胶结构，主要成分是复杂的高分子烃类混合物及含硫、含氮的衍生物。它具有良好的黏结性、不透水性和不导电性。能抵抗稀酸、稀碱、盐、水和土壤的侵蚀，但不耐氧化剂和有机溶液的腐蚀，耐气候性也不强。它价格低廉，是地下管道最主要的防腐涂料。

沥青有两大类：石油沥青和煤沥青。

石油沥青有天然石油沥青和炼油沥青。天然石油沥青是在石油产地天然存在的或从含有沥青的岩石中提炼而得；炼油沥青则是在提炼石油时得到的残渣，经过继续蒸馏或氧化后而得。在防腐过程中，一般采用建筑石油沥青和普通石油沥青。

煤沥青又称煤焦油沥青、柏油，是由烟煤炼制焦炭或制取煤气时干馏所挥发的物质中冷凝出来的黑色黏性液体，经进一步蒸馏加工提炼所剩的残渣而得。煤沥青对温度变化敏感，软化点低，低温时性脆，其最大的缺点是有毒，因此一般不直接用于工程防腐。

沥青的性质是用针入度、伸长度、软化点等指标来表示的。针入度反映沥青软硬稀稠的程度：针入度越小，沥青越硬，稠度就越大，施工就越不方便，老化就越快，耐久性就越差。伸长度反映沥青塑性的大小：伸长度越大，塑性越好，越不易脆裂。软化点表示固体沥青熔化时的温度：软化点越低，固体沥青熔化时的温度就越低。防腐沥青要求的软化点应根据管道的工作温度而定。软化点太高，施工时不易熔化；软化点太低，则热稳定性差。

在管道及设备的防腐工程中，常用的沥青型号有30号甲、30号乙、10号建筑石油沥青和75号、65号、55号普通石油沥青。

2.防腐层结构及施工方法

埋地管道腐蚀的强弱主要取决于土的性质。根据土腐蚀性质的不同，可将防腐层结构分为普通防腐层（三油二布一薄膜）、加强防腐层（四油三布一薄膜）、特加强防腐层（五油四布一薄膜）三种，应根据土腐蚀等级、选用防腐材料种类、防腐设计规定等通过设计来选用。

石油沥青涂料防腐绝缘层施工应符合下列规定：涂底漆时基面应干燥，基面除锈后与涂底漆的间隔时间不得超过8h。应涂刷均匀、饱满，不得有凝固、起泡现象，底漆厚度为0.1～0.2mm，管两端150～250mm范围内不得涂刷。沥青涂料应涂刷在洁净、干燥底漆上，常温下涂刷沥青涂料时，应在涂刷底漆后24h之内实施。涂沥青涂料后立即缠绕玻璃布，玻璃布的压边宽度应为30～40mm，接头搭接长度不得小于100mm，各层搭接接头应相互错开，管端或施工中断处应留出长150～250mm的阶梯形接槎，阶梯宽度应为50mm。包扎聚氯乙烯工业薄膜保护层时不得有褶皱、脱壳现象，压边宽度应为30～40mm，搭接长度应为100～150mm。沟槽内管道接口处施工应在焊接、试压合格后进行，接槎处应粘接牢固、严密。

环氧煤沥青涂料防腐绝缘层施工应符合下列规定：底漆应在基面除锈后的8h之内涂刷，涂刷应均匀，不得漏刷，管两端150～250mm范围内不得涂刷。面漆涂刷和包扎玻璃布应在底漆表干后进行，底漆与第一道面漆涂刷的间隔时间不得超过24h。

调制冷底子油用30号甲建筑石油沥青，熬制前，将沥青敲碎成1.5kg以下的小块，放入干净的沥青锅中，逐步升温和搅拌，并使温度保持在180～200℃范围内（不得超过220℃），连续熬制1.5～2.5h，直到不产生气泡，即表示脱水完毕。待脱水完毕后的沥青温度降至100～120℃时，按配合比将沥青缓缓地倒入已称量过的无铅汽油中，并不断搅拌到完全均匀混合为止。

采用机械法或酸洗法除去管子表面上的污垢、灰尘和铁锈后，在24h内应在干燥洁净的管壁上涂刷冷底子油。涂时应保持涂层均匀，油层厚度为0.1~0.15mm。

（四）钢管和铸铁管防腐

埋设在地下的钢管和铸铁管，很容易腐蚀。为了延长管子的使用寿命，在管内设置衬里材料。根据介质的种类，设置各种不同的衬里材料，如橡胶、塑料、玻璃钢、涂料等，其中以橡胶衬里和水泥砂浆为最常用。

1.橡胶衬里

（1）衬胶管道的性能

橡胶具有较强的耐化学腐蚀能力，除可被强氧化剂（硝酸、浓硫酸及过氧化氢等）及有机溶剂破坏外，对大多数的无机酸、有机酸及各种盐类、醇类等都是耐腐蚀的，可作为金属设备、管道的衬里。根据管内输送介质的不同及具体的使用条件，衬以不同种类的橡胶。衬胶管道一般适用于输送0.6MPa以下和50℃以下的介质。

根据橡胶含硫量的不同，橡胶可分为软橡胶、半硬橡胶和硬橡胶。软橡胶含硫量为2%~4%，半硬橡胶含硫量为12%~20%，硬橡胶含硫量为20%~30%。

橡胶的理论耐热度为80℃，如果在温度作用时间不长时，也能耐较高的温度（常达到100℃），但在灼热空气长期作用下，会使橡胶老化。橡胶还具有较高耐磨性，适宜做泵和管子的衬里材料，可输送含有大量悬浮物的液体。

在化学耐腐蚀性方面，硬橡胶比软橡胶性能强，而且硬橡胶比软橡胶更不易氧化，膨胀变形也小。硬橡胶比软橡胶的抵抗气体透过性强，工作介质为气体时，宜以硬橡胶做衬里；当衬胶层工作温度不变，机械作用不大时，宜采用硬橡胶。采取橡胶衬里管材通常为碳素钢管。

（2）衬胶管道的安装

防腐蚀衬胶管道全部用法兰连接，弯头、三通、四通等管件均制成法兰式。预制好的法兰管及法兰管件、法兰阀件均编号，打上钢印，按图安装。法兰间需预留衬里厚度和垫片厚度，用厚垫片或多层垫片垫好，将管子管件连接起来，安装到支架上。

衬胶管道安装好后，需做水压试验。试验压力为0.3~0.6MPa，历时15min，水压表指示值不下降则为合格。然后拆下来送橡胶制品厂进行衬里。防腐衬胶管道的第一次安装装配不允许强制对口硬装，否则衬胶后可能安装不上。因此，要求尺寸准确，合理安装。

2.水泥砂浆衬里

水泥砂浆衬里适用于生活饮用水和常温工业用水的输水钢管、铸铁管道和储水罐的内壁防腐蚀。

水泥砂浆衬里常采取喷涂法施工。衬里用的水泥砂浆应混合得十分均匀，且搅拌时间不宜超过10min，其重量配合比为水泥∶砂∶水=1.0∶1.5∶0.32。水泥砂浆衬里厚度与管径有关，厚度5~9mm不等。

水泥砂浆衬里的质量，应达到表面无脱落、孔洞和凸起的最低标准。

3.衬玻璃管道

衬玻璃管的性质和特点。衬玻璃管是采用一定方法将玻璃衬在金属管内壁，以弥补管强度不高的缺点。

玻璃具有良好的耐腐蚀性特点，但它的耐热稳定性和强度较差，如把它衬到赤红的钢管里，由于钢管冷却收缩，使玻璃处在应力状态下，借助压应力的作用和底釉的作用，使玻璃和铁胎紧密地结合在一起，形成一体。这样就提高了衬玻璃管的耐热稳定性和机械强度。

衬玻璃的方法有吹制法衬玻璃、膨胀法衬玻璃及喷涂法衬玻璃。

4.衬搪瓷管道

搪瓷管道是由含硅量高的瓷釉通过900℃的高温煅烧，使瓷釉紧密附着在金属胎表面而制成的。瓷釉的厚度一般为0.8~1.5mm。由于瓷釉是一种很好的耐腐蚀材料，所以搪瓷管道具有优良的耐腐蚀性能，还具有良好的机械性能，因此能防止某些介质与金属离子起作用而污染物品。它广泛地应用在石油化工、医院、农药、合成材料等生产中。

搪瓷管道除有优良的耐腐蚀性能外，还有一定的热传导性能，能耐一定的压力和较高的温度，有良好的耐磨性能和电绝缘性能。同时搪瓷表面很光滑，不易挂料，适于物料洁净的场合。

瓷釉的物理机械性能。搪瓷管道性能主要取决于瓷釉。搪瓷管道的耐温及耐压性能瓷釉与钢铁的热膨胀系数不同。搪瓷厚的管道，在冷热温度的作用下，瓷釉和钢铁之间可能会产生内应力。搪瓷管道一般在缓慢加热或冷却条件下，使用温度为-30~270℃，但与使用条件（如腐蚀性介质成分、浓度、加热条件等）、制造质量等因素有关。搪瓷管道耐温急变性较差，耐冷冲击（瓷层从热突然受冷）容许温度差小于110℃，耐热冲击（瓷层从冷突然受热）容许温度差小于120℃。其容许温度差与使用温度、使用压力、规格尺寸等因素有关。为了延长搪瓷管道的使用寿命，应避免受冷热冲击。

搪瓷管道的使用压力主要取决于钢板的强度、管道的密封性及制造工艺水平。一般管内使用压力0.25～1MPa。目前，高压管道已达到5MPa。

搪瓷管道的耐腐蚀性能。搪瓷管道具有良好的耐腐蚀性能。除了氢氟酸、含氟离子的介质、温度大于180℃的浓磷酸、温度大于150℃的盐酸及强碱外，它还能耐各种浓度的无机酸、有机酸、弱碱及有机溶剂。尤其是在盐酸（常温）、硫酸、硝酸等介质中，具有优良的耐腐蚀性能。从某种意义上说，它还优于不锈钢等贵重金属。从耐有机溶剂及使用温度上考虑，它优于工程塑料。

金属胎材料的选择。搪瓷管道用金属胎一般多采用低碳素钢管，也可用铸铁管。金属胎材料选择恰当与否，直接影响搪瓷质量。

钢管的内表面必须平整，不允许有明显的伤疤、麻点、裂缝、氧化皮及夹渣等缺陷。

搪瓷用的铸铁管，要求组织结构致密，不允许有粗大的分散石墨、气泡、孔隙、裂纹等缺陷。

防腐蚀衬里管道的搬运和堆放。搬运衬里管道应小心谨慎，防止碰撞和振动，以免损坏衬里。已经做好的衬里管道及其附件应在5～30℃的室内存放，室内应整洁、干净，无有害物质。

管段和配件的检查。安装前应检查管段、配件的数量和质量，特别是要检查衬里的完整情况。

二、管道及设备的保温

绝热包括保温和保冷。绝热是减少系统热量向外传递（保温）和外部热量传入系统（保冷）（给水排水管道一般没有保冷要求，只有防结露）而采取的一种工艺措施。

保温和保冷是不同的，保冷的要求比保温高。虽然保温和保冷有所不同，但往往并不严格区分，习惯上统称为保温。在建筑物内部给水排水系统中常常涉及保温。

保温的主要目的是减少冷、热量的损失，节约能源，提高系统运行的经济性。此外，对于蒸汽和热水设备和管道，保温后能改善四周的劳动条件，并能避免或保护运行操作人员不被烫伤，实现安全生产。对于低温设备和管道（如制冷系统）保温能提高外表面的温度，避免在外表面上结露或结霜，也可以避免人的皮肤与之接触受冻。对于高寒地区的室外回水或给水排水管道，保温能防止水管冻结。由此可见，保温对节约能源、提高系统运行的经济性、改善劳动条件和防止意外事故的发生都具有非常重要的意义。

（一）保温材料选用

保温材料的要求：导热系数小，密度在400kg/m³以下；具有一定的强度，一般应能承受0.3MPa以上的压力；能耐一定的温度；对潮湿、水分的侵蚀有一定的抵抗力；不应含有腐蚀性的物质；造价低，不易燃，便于施工；保温材料如用涂抹法施工时，要求与管道有一定的黏结力。

在实际工程中，一种材料全部满足上述要求是很困难的，这就需要根据具体情况具体分析、比较，选择最有利的保温材料。低温系统应首先考虑保温材料的密度小、导热系数小、吸湿率小等特点；高温系统则应着重考虑材料在高温下的热稳定性。在大型工程项目中，保温材料的需要量和品种规格都较多，还应考虑材料的价格、货源及减少品种规格等。品种和规格多会给采购、存放、使用、维修管理等带来很多麻烦。对于在运行中有振动的管道或设备，宜选用强度较好的保温材料及管壳，以免长期受振使材料破碎。对于间歇运行的系统，还应考虑选用热容量小的材料。

目前，保温材料的种类很多，比较常用的保温材料有岩棉、玻璃棉、矿渣棉、珍珠岩、硅藻土、石棉水泥等类材料及碳化软木、聚苯乙烯泡沫塑料、聚氨酯泡沫塑料、泡沫玻璃、泡沫石棉、铝箔、不锈钢箱等。各厂家生产的同一保温材料的性能均有所不同，选用时应对照厂家的产品样本或使用说明书中所给的技术数据。

（二）保温结构及施工方法

1.一般规定

（1）管道保温工程应符合设计要求。一般保温结构由防锈层、保温层、防潮层、保护层、防腐蚀及识别标志等组成，并按顺序进行施工。（2）管道保温施工应在管道试压及涂漆合格后进行。施工前必须先清除管子表面脏物及铁锈，再涂刷两遍防锈漆，防锈油漆应采用防锈能力强的油漆，并保持管道外表面的清洁干燥。冬、雨期施工应有防冻、防雨措施。（3）保温层是保温结构的主要部分，所用保温材料及保温层厚度应符合设计要求。保温层施工一般应单独进行。（4）非水平管道的保温工程施工应自下而上进行。防潮层、保护层搭接时，其宽度应为30~50mm。（5）保温层毡的环缝和纵缝接头间不得有空隙，其捆扎的镀锌钢丝或箍带间距为150~200mm。疏松的毡制品宜分层施工，并扎紧。（6）阀门或法兰处的保温施工，当有热紧或冷紧要求时，应在管道热、冷紧完毕后进行。保温层结构应易于拆装，法兰一侧应留有螺栓长度加25mm的空隙。（7）防潮层所用材料有沥青及沥青油毡、玻璃丝布、聚乙烯薄膜等。防止水蒸气或雨水渗入保温材料，以保证材料良好的保温效果和使用寿命。油毡防潮层应搭接，搭接宽度为30～50mm，缝口朝下，并用沥青玛蹄脂黏结密封。每300mm捆扎镀锌钢丝或箍带一道。玻璃丝布防潮层应搭接，搭接宽度为30～50mm，应粘贴于涂有3mm厚的沥青玛蹄脂的绝缘层上，玻璃丝布外再涂上3mm厚的沥青玛蹄脂。（8）防潮层应完整严密，厚度均匀，无气孔、鼓泡或开裂等缺陷。（9）保温层上采用石棉水泥保护层时，应有镀锌钢丝网。保护层抹面应分两次进行，要求平整、圆滑，端部棱角整齐，无显著裂缝。（10）保护层一般采用石棉石膏、石棉水泥、金属薄板及玻璃丝布等材料，主要是保护保温层或防潮层不受机械损伤。（11）防腐层及识别标志一般采用油漆直接涂刷于保护层上，以防止或保护保护层不受腐蚀，同时也起识别管内流动介质的作用。（12）缠绕式保护层，重叠部分为其带宽的1/2。缠绕时应裹紧，不得有松脱、翻边、皱褶和鼓包，起点和终点必须用镀锌钢丝捆扎牢固，并密封。（13）金属保护层应压边、箍紧，不得有脱壳或凸凹不平现象，其环缝和纵缝应搭接或咬口，缝口应朝下，用自攻螺钉紧固时，不得刺破防潮层。螺钉间距不应大于200mm，保护层端头应封闭。

2.管道保温施工

（1）保温结构的组成

管道保温结构由绝热层、防潮层和保护层三部分组成。

绝热层是保温结构的主体部分，可根据介质的温度、材料供应、施工条件来选择绝热材料。

防潮层使得绝热层不受潮，包扎在绝热层外，地沟、直埋供热管道均需做防潮层。常用的防潮层材料有沥青胶或防水冷胶料玻璃布防潮层、沥青玛蹄脂玻璃布防潮层、聚氯乙烯膜防潮层、石油沥青油毡防潮层等。

保护层具有保护绝热层和防水的性能，且要求其重量轻、耐压强度高、化学稳定性好、不易燃烧、外形美观等。常用的保护层有金属保护层（如镀锌钢板、铝合金板、不锈钢板等）、包扎式复合保护层（如玻璃布、改性沥青油毡等）、涂抹式保护层（如石棉水泥、沥青胶泥等）。

（2）保温结构施工

管道保温结构的施工方法有涂抹法、绑扎法、预制块法、缠绕法、填充法、粘贴法、浇灌法、喷涂法等。

　　涂抹法。采用如膨胀珍珠岩、石棉纤维等不定型的绝热材料，加入胶粘剂如水泥、水玻璃等，按一定的配料比例加水拌和成塑性泥团，用手或工具涂抹到管道表面上即可，每层涂料厚度为10～20mm，直至达到设计要求的厚度为止，但必须在前一层完全干燥后再涂抹下一层。

　　当管道内介质温度超过100℃时，可采用草绳胶泥结构，先在管道上缠一层草绳，再在草绳上涂抹胶泥，接着再缠一层草绳，再涂抹胶泥，直至达到设计要求的厚度为止。

　　涂抹结构在干燥后即变成整体硬结材料，因此每隔一定距离应留有热胀补偿缝，当管内介质温度不超过100℃时，补偿缝间距为7m左右，缝隙为5mm；当管内介质温度超过300℃时，补偿缝间距为5m，缝隙为20mm，缝隙内应填石棉绳。

　　绑扎法。将成型布状或毡状的管壳、管筒或弧形毡直接包覆在管道上，再用镀锌这种绝热材料有岩棉、玻璃棉、矿渣棉、石棉等制品。绑扎法需按管径大小，分别用1.2～2.0mm的镀锌钢丝绑扎固定。对于软质、半硬质材料厚度要求在80mm以上时，应采用分层绝热结构。分层施工时，第一层和第二层的纵缝和横缝均应错开，且其水平管道的绝热层纵缝应布置在管道轴线的左右侧，而不应布置在上下侧。

　　缠绕法。缠绕法用于小直径管道，采用的绝热材料如石棉绳、石棉布、高硅氧绳和铝箔进行缠绕。缠绕时每圈要彼此靠紧，以防松动。缠绕的起止端要用镀锌钢丝扎牢，外层一般以玻璃丝布包缠后涂漆。

　　填充法。它是用钢筋或扁钢做一个支撑环套在管道上，在支撑环外面包扎镀锌钢丝网，中间填充散状绝热材料。施工时，根据管径的大小及绝热层厚度，预先做好支撑环套在管子上，其间距一般为300～500mm，然后再包钢丝网，在上面留有开口，以便填充绝热材料，最后用镀锌钢丝网缝合，在外面再做保护层。

　　粘贴法。将胶粘剂涂刷在管壁上，将绝热材料粘贴上去，再用胶粘剂代替对缝灰浆勾缝黏结，然后再加设保护层，保护层可采用金属保护壳或缠玻璃丝布。

　　套筒法。套筒法绝热是将矿纤材料加工成型的保温筒直接套在管子上，施工时，只要将保温筒上轴向切口扒开，借助矿纤材料的弹性便可将保温筒紧紧套在管子上。

　　浇灌法。浇灌法绝热结构分有模浇灌和无模浇灌两种，浇灌用的绝热材料大多用泡沫混凝土，浇灌时多采用分层浇灌的方式，根据设计绝热层厚度分2～3次浇灌，浇灌前应将管子的防锈漆面上涂一层机油，以保证管子的自由伸缩。

　　喷涂法。喷涂法适用于现场发泡的聚氨酯泡沫塑料。喷涂时可先在管外做一个绝热层外壳，然后喷涂成型。管道直埋敷设常采用这种方法。

（3）预制装配式保温结构

预制块保温是将预制成的半圆形管壳、弧形瓦或板块保温材料拼装覆盖于管道上，用钢丝捆扎。它适用于水泥珍珠岩、超细玻璃棉、玻璃棉、水泥细石等能预制成型的保温材料。由于它是由工厂预制而成，施工方便、保证质量、机械强度好而广泛采用。但因拼装时有纵横接缝，易导致热损失；预制件在搬运和施工过程中易损耗，异形表面的保温施工难度大等。

为了使保温材料与管壁紧密结合，保温材料与保温面之间应涂抹一层3~5mm厚的石棉粉或石棉硅藻土胶泥，然后将保温材料拼装，绑扎在保温面上。对弯头的保温应将保温制品切割成虾米弯进行小块拼装。保温材料拼装时应将接缝错开，对多层拼装时应交错盖缝。接缝间应严密或在接缝处用胶泥填塞，胶泥应用与保温材料性能接近的材料配制。

绑扎保温材料一般采用18~20号钢丝，绑扎间距不应超过300mm，并且每块保温制成品至少应绑扎两处，每处绑扎的钢丝不应少于两道，其接头应放在保温制品的接缝处，以便将接头嵌入接缝内。

（4）缠包式保温结构

缠包式保温是将卷状的软质保温材料包扎一层或几层缠包于管道上。缠包式保温用矿渣棉毡或玻璃棉毡作为保温材料。这种保温方法施工简单，修补方便、耐振动。但棉毡等弹性大，很难做成坚固的保护层，因而易产生裂缝，使棉毡受潮，增大热损失。施工可以采用螺旋状包缠或对缝平包把保温材料包扎在管道上。施工时，先按管子的外圆周长加上搭接宽度，把矿渣棉毡或玻璃棉毡剪成适当的条块，再把这种条块缠包在已涂刷过两道防锈漆的管子上。包裹时应将棉毡压紧，使矿渣棉毡的密度不小于150~200kg/m³，玻璃棉毡的密度不小于130~160kg/m³，以减少它们在运行期间的压缩变形。如果一层棉毡的厚度达不到规定的保温厚度时，可以使用两层或三层棉毡分层缠包。

棉毡的横向接缝必须紧密结合，如有缝隙应用矿渣棉或玻璃棉填塞。棉毡的纵向接缝应放在管子的顶部。搭接宽度为50~300mm，可根据保温层外径的大小确定。保温层外径如小于500mm时，棉毡外面用直径1~1.4mm的镀锌钢丝捆扎，间隔为150~200mm。保温层外径大于500mm时，除用镀锌钢丝捆扎外，还应用网孔30mm×30mm的镀锌钢丝网包扎。

（5）充填式保温结构

充填法保温是将不定型的松散状保温材料充填于四周由支承环和镀锌钢丝网等组

成的网笼空间内。它适用于矿渣棉、玻璃棉、超细玻璃棉等保温材料。这种保温方法所用散状材料重量轻、导热系数小、保温效果好，支承环和外包钢丝网笼不易开裂。但施工麻烦，消耗金属且增加了额外热损失，同时结构要用大量支承环，制作耗费时间。施工时，保温材料的粉末四处飞扬，影响操作人员的身体健康，因此在热力管道保温中较少采用，常用于制冷管道的保温。此外，铝管道多采用充填式保温结构，支承环焊接到支承角钢上。

（6）浇灌式保温结构

浇灌式保温结构用于不通行地沟内或无沟地下敷设的热力管道，分为有模浇灌和无模浇灌两种。浇灌用的保温材料大多用泡沫混凝土。浇灌前，需先在管子的防锈漆面上涂抹一层机油，以保证管子的自由伸缩。

（7）阀门的保温结构

阀门的保温结构有涂抹式或捆扎式两种形式。

涂抹式保温是将湿保温材料直接涂抹在阀体上。所用的保温材料及涂抹方法与管道保温相同。在保温层的外面，用网孔为50mm×50mm的镀锌钢丝网覆盖，钢丝网外面涂抹石棉水泥保护壳，做法与管道保温相同。

捆扎式保温是用玻璃丝布或石棉布缝制成软垫，内填装玻璃棉或矿渣棉，填装保温材料后的软垫厚度等于所需保温层的厚度。施工时将这种软垫包在阀体上，外面用1~1.6mm的镀锌钢丝或直径为3~10mm的玻璃纤维绳捆扎。

除了上述保温方法外还有套筒式保温、粘贴法保温、贴钉法保温等。不管采用什么保温，在施工时应符合下述要求：

管道保温材料应粘贴紧密、表面平整、圆弧均匀、无环形断裂、绑扎牢固。保温层厚度应符合设计要求，厚度应均匀，允许偏差为-10%~+5%。

垂直管道做保温时，应根据保温材料的密度和抗压强度，设置支撑托板。一般按3~5m设置一个，支撑托板应焊在管壁上，其位置应在立管支架的上部200mm。

保温管道的支架处应留膨胀伸缩缝。用保温瓦或保温后呈硬质的材料保温时，在直线段上每隔5~7m应留1条间隙为5mm的膨胀缝，在弯管处管径不大于300mm应留一条20~30mm的膨胀缝。膨胀伸缩缝和膨胀缝需用柔性保温材料（石棉绳或玻璃棉）填充。

3.防潮层施工

对于保冷结构和敷设于室外的保温管道，需设置防潮层。作防潮层的材料主要有两种：一种是以沥青为主的防潮材料，另一种是以聚乙烯薄膜作防潮材料。施工时应将防潮材料用胶粘剂粘贴在保温层面上。

以沥青为主体材料的防潮层有两种结构和施工方法。一种是用沥青或沥青玛蹄脂粘沥青油毡；一种是以玻璃丝布作胎料，两面涂刷沥青或沥青玛蹄脂。沥青油毡因其过分卷折会断裂，只能用于平面或较大直径管道的防潮。而玻璃丝布能用于任意形状的粘贴，故应用广泛。

以聚乙烯薄膜作防潮层是直接将薄膜用胶粘剂粘贴在保温层的表面，施工方便。但由于胶粘剂价格较贵，此法应用尚不广泛。

以沥青为主体材料的防潮层施工是先将材料剪裁下来，对于油毡，多采用单块包裹法施工，因此油毡剪裁的长度为保温层外圆周长加搭接宽度（搭接宽度一般为30~50mm）。对于玻璃丝布，一般采用包缠法施工，即以螺旋状包缠于管道或设备的保温层外面，因此需将玻璃丝布剪成条带状，其宽度视保温层直径的大小而定。

4.保护层施工

用作保护层的材料很多，使用时应随使用的地点和所处的条件，经技术经济比较后决定。材料不同，其结构和施工方法亦不同。保护层常用的材料和形式有沥青油毡加玻璃丝布构成的保护层、用玻璃丝布缠包的保护层、石棉石膏或石棉水泥保护层、金属薄板加工的保护壳等。

（1）沥青油毡加玻璃丝布构成的保护层

先将沥青油毡按保温层或加上防潮层厚度加搭接长度（搭接长度一般为50mm）剪裁成块状，然后将油毡包裹到管道上，外面用镀锌钢丝捆扎，其间距为250~300mm。包裹油毡时，应自下而上进行，油毡的纵横向搭接长度为50mm，纵向接缝应设在管道的侧面，并且接口向下。油毡包裹在管道上后，外面将购置的或剪裁下来的带状玻璃丝布以螺旋状缠包到油毡的外面。每圈搭接的宽度为条带的1/2~1/3，开头处应缠包两圈后再以螺旋状向前缠包，起点和终点都应用镀锌钢丝捆扎，且不得少于两圈。缠包后的玻璃丝布应平整无皱纹、气泡，且松紧适当。

油毡和玻璃丝布构成的保护层一般用于室外敷设的管道，玻璃丝布表面根据需要还应涂刷一层耐气候变化的涂料或管道识别标志。

（2）用玻璃丝布缠包的保护层

用玻璃丝布缠包于保温层或防潮层外面作保护层的施工方法同前。多用于室内架空及不易碰撞的管道。对于未设防潮层而又处于潮湿空气中的管道，为防止保温材料受潮，可先在保温层上涂刷一层沥青或沥青玛蹄脂，然后再将玻璃丝布缠包在管道上。

（3）石棉石膏及石棉水泥保护层

一般适用于室外及有防火要求的非矿纤材料保温管道。施工方法一般为涂抹法。施工时先将石棉石膏或石棉水泥按一定的比例用水调配成胶泥，如保温层（或防潮层）的外径小于200mm时，则将调配的胶泥直接涂抹在保温层或防潮层上；如果其外径不小于200mm，还应在保温层或防潮层外先用镀锌钢丝网包裹加强，并用镀锌钢丝将纵向接缝处缝合拉紧，然后将胶泥涂抹在镀锌钢丝网的外面。当保温层或防潮层的外径不大于500mm时，保护层的厚度为10mm；大于500mm时，厚度为15mm。

涂抹保护层时，一般分两次进行。第一次粗抹，第二次精抹。粗抹的厚度为设计厚度的1/3左右，胶泥可干一些，待粗抹的胶泥凝固稍干后，再进行第二次精抹。精抹的胶泥应适当稀一些，精抹必须保证厚度符合设计要求，且表面光滑平整，不得有明显的裂纹。

为防止保护层在冷热应力的影响下产生裂缝，可在第二遍涂抹的胶泥未干时将玻璃丝布以螺旋状在保护层上缠包一遍，搭接的宽度可为10mm。保护层干后则玻璃丝布与胶泥结成一体。

（4）金属薄板保护壳

作保温结构保护壳的金属薄板一般为薄钢板和薄铝板。其厚度根据保护层直径而定。一般直径不大于1000mm时，厚度为0.5mm；直径大于1000mm时，厚度为0.8mm。

金属薄板保护壳应事先根据使用对象的形状和连接方式用手工或机械加工好，然后才能安装到保温层或防潮层表面上。

金属薄板加工成保护壳后，凡用薄钢板制作的保护壳应在内外表面涂刷一层防锈漆后方可进行安装。安装保护壳时，应将其紧贴在保温层或防潮层上，纵横向接口搭接量一般为30~40mm，所有接缝必须有利于雨水排除，安装时应纵缝接口朝下，接缝一般用自攻螺栓固定，其间距为200mm左右。用自攻螺栓固定时，应先用手提式电钻用0.8倍螺栓直径的钻头钻孔，禁止用冲孔或其他方式打孔。安装有防潮层的金属保护壳时，则不能用自攻螺栓固定，可用镀锌薄钢板包扎固定，以防止自攻螺栓刺破防潮层。

金属保护壳因其价格较贵，并耗用钢材，仅用于部分室外管道及室内容易碰撞的管道和有防火、美观等特殊要求的地方。

第二节　室外给水系统的维护与修理

一、室外给水管道的管理与维护

（一）室外给水管网的管理

供水企业必须及时详细掌握管网现状资料，应建立完整的供水管网技术档案，并应逐步建立管网信息系统。

管网技术档案应包括以下内容：管道的直径、材质、位置、接口形式及敷设年份、阀门、消火栓、泄水阀等主要配件的位置和特征、用户接水管的位置及直径，用户的主要特征、检漏记录、高峰时流量、阻力系数和管网改造结果等有关资料。

供水量大于20×10^4 m³/d的城市供水企业，对供水管网应进行测定。

应实施夏季高峰全面测压并绘制水等压线图。对管网中主要管段（DN2500，其中供水量大于20×10^4 m³/d的供水企业为DN2700），在每年夏季高峰时，宜测定流量。测定方法可采用插入式流量计或便携式超声波流量计。对管网中主要管段，每2～4年宜测定一次管道阻力系数。测定方法可利用管段测定流量装置和管段水头损失进行推算。

（二）室外给水管道的维护

供水企业应按计划做好管网改造工作。对DN275的管道，每年应安排不小于管道总长的1%进行改造；对DN250的支管，每年应安排不小于管道总长的2%进行改造。改造的重点应是漏水较频繁或造成影响较严重的管道。管网改造应因地制宜。可选用拆旧换新、刮管涂衬、管内衬软管、管内套管道等多种方式。新敷管道材质应按安全可靠性高、维修量少、管道寿命长、内壁阻力系数小、造价相对低的原则选择；除特殊管段外，接口应采用橡胶圈密封的柔性接口。

供水企业必须进行漏水检测，应及时发现漏水，修复漏水。采取合理有效的检漏措施，应及时发现暗漏和明漏的位置。可自建检漏队伍进行检漏；也可采取委托专业检漏单位定期检查为主、自检为辅的方式。城市供水企业管网基本漏损率不应大于12%。

加强对管线、阀门及附件的巡检督察工作，要及时保养、维修。对阀门的连接处、密封部位及密合面等经常检查，及时维修。对管线上所有排气阀加强维护检查，建立必要的定期换阀检修制度。

预防水锤产生破坏。严格执行操作规程并设置"水锤"防护装置，设置减压装置，避免超压运行。

对供水进行合理调度，使给水管网的工作压力稳定在一定的范围内，从而避免因管网压力不稳而产生的爆管等现象。

做好冬季管道防冻措施。在结冻并不严重的地区，主要在出水立管上缠扎稻草之类保温材料；在比较严重地区，可在立管周围用水泥或砖砌成防冻围井，井填稻糠或锯末之类的保温材料，也可用珍珠岩保温砖将出水立管包围防冻；严重时，就要采取自动回水防冻水栓。同时要注意检查修复井室的井盖。

为了减少管内的沉积、锈蚀，应对管网进行经常性的冲洗。

配合城市工程建设，提供准确的地下管网图，避免土方开挖时破坏管道，避免在输水干管附近进行强度大的施工，以防止大的振动使管道破裂而漏水。

（三）室外给水管道的检漏

合理利用水资源，降低城市供水成本，保证城市供水压力，必须加强城市供水管网漏损控制。降低漏损的主要措施是及时发现漏水和修复漏水。

常见的检漏方法有以下几种。

观察法：属于被动检漏法，用于检查明漏，通过观察地面现象来判断漏水情况。如管道附近的地面或路面下沉或松动、地面积雪局部先融或有清水渗出，天晴时管道附近地面潮湿不干；或天旱时某处草木茂盛，排水窖井中有清水流出，均表示有漏水的可能。

音听法（听漏法）：属于主动检漏法，用于检查暗漏，地下管道的检漏可用此法。该法是采用音听仪器寻找漏水声，并确定漏水地点的方法。检漏前应掌握被检查管道的有关资料，然后先用电子音听器（或听棒）在可接触点（如消火栓、阀门）听声，以初步判断该点附近是否有管道漏水，再应选择寂静时段（一般为深夜），在沿管段的地面上，每1m左右，用音听器听声。检测的准确度与使用者操作的熟练程度和使用经验是分不开的，其依据是漏水产生振动的响声。当听到有嘶嘶嘘嘘的漏水声时，可在周围多找几个点细听，一般是声音大处，即是漏水点。听准后，打上记号，准备修理。当现场条件适合应用相关仪，可用该仪器复核漏水点。

检漏工作技术流程可采用如下流程。区域漏水状况评估：通常情况下根据掌握的资料对区域漏水状况进行评估，制订检漏计划。区域漏水评估。漏水探测：环境调查、阀栓听声、路面听声、相关分析等。漏水异常探测。漏水点确认及定位：以钻探设备，通过漏水声在近距离高频进行漏水点的准确定位，要求不大于±1m。漏水量计量及修复：利用计量设备，对漏水量进行计量，并对漏点进行修复。漏水原因分析：针对漏点的管材、管径、埋深、形状、漏水量、漏水原因进行分析，并与图片一起存档。存档（电脑化管理）。

相关分析检漏法：即在漏水管道两端放置传感器，利用漏水噪声传到两端传感器的时间差，推算漏水点位置的方法。使用的设备是相关仪，它不用依赖于人的听力，只要输入现场条件（如管材、管径、两传感器之间距离），仪器会自动计算并确定漏水点位置，主要用于过河、过桥、穿越房屋的管道和绿化带、埋设较深的管道，有时也对漏水异常点进行校核、判断，两接触点距离不大于200m且DN2400的金属管段宜采用此法。操作时要求两传感器必须直接接触管壁或阀门、消火栓等附属设备。

区域检漏法：即在一定条件下测定小区内最低流量，以判断小区管网漏水量，并通过关闭区内阀门以确定漏水管段的方法。适用于居民区和深夜很少用水的地区，且区内管网阀门必须均能关闭严密。检测范围宜选择2～3km管长，或2000～5000户居民为一个检漏小区。检漏宜在深夜进行，应关闭所有进入该小区的阀门，留一条管径为DN50的旁通管使水进入该区，旁通管上安装连续测定流量计量仪表，精度应为1级表；当旁通管最低流量小于0.5～1.0m³/（km·h）时，可认为符合要求，不再检漏。超过上述标准时，可关闭区内部分阀门，进行对比，以确定漏水管段，然后再用音听法确定漏水位置。用区域检漏法可找出稍多一些的漏水点，但该法投入较大，检测间隔周期较长。

区域装表法：在检测区的进（出）水管上装置流量计，用进水总量和用水总量差，判断区内管网漏水的方法。为了减少装表和提高检测精度，测定期间该供水区域宜采用单管或两个管进水，其余与外区联系的阀门均关闭。进水管应安装水表，水表应考虑小流量时有较高精度。检测时应同时抄该用户水表和进水管水表，当二者差小于3%～5%时，可认为符合要求，不再检漏；当超过时，应采用区域检漏法或其他方法检漏以确定漏水点。

城市配水管网应主要靠主动检漏法。在漏水较频繁的城市或地区，巡检和居民报漏，能及早发现明漏，是检漏的辅助措施。城市道路下的管道检漏宜以音听法为主，其他方法为辅。非道路下埋地且附近无河道和排水道的输水管道，可以被动检漏法为主，主动检漏法为辅。

二、室外给水管道的维修

（一）室外给水管道修理

钢管、铸铁管、PVC塑料管的修理方法参见室内给水管道修理。混凝土管的修理如下：

1.承插接口漏水修理

承插口密封材料为油麻时，如接口局部泄漏，应将泄漏处两侧宽3cm、深5cm范围内的封口填料轻轻剔除，并注意不要振动不漏的部位，用水冲洗干净后再重新打油麻，捣实后再用青铅或水泥封口。如泄漏范围超过圆周一半以上时，则要将封口填料全部挖出，重新打油麻和用青铅或水泥封口。用胶圈密封的接口，由于胶圈不严产生的漏水，可将柔性接口改为刚性接口，重新用石棉水泥打口封堵；若接口缝隙太小，可采用充填环氧砂浆，然后贴玻璃钢进行封堵；若接口漏水严重，不易修补，可用钢套管将整个接口包住，然后在腔内填自应力水泥砂浆封堵；如果接口漏水的修复是带水操作，一般采用柔性材料封堵的方法，操作时，先将特制的卡具固定在管身上，然后将柔性填料置于接口处，最后上紧卡具，使填料恰好堵死接口。

2.管道有裂缝或砂眼

可用接套袖或防水水泥胶等堵漏剂堵漏的方法修理，但一般采用环氧砂浆修补的方法。环氧砂浆参考配合比为环氧树脂6101号或634号：丁二酯：乙二胺：水泥：砂=100：20：8：（100～200）：（450～650）。修补时，先沿裂缝凿成1.5cm深、2cm宽的V形槽（如为砂眼时可先在砂眼处凿深1.5cm的小圆坑），使局部钢筋外露，槽长在裂缝两端各延伸10～15cm。吹净槽内尘土，使其表面坚固、清洁、干燥、无水和油污。用毛刷在待修补处先涂一层薄而匀的环氧胶粘剂（注意：胶层下不得有气泡），在胶粘剂还发黏时，就用环氧砂浆填补缺槽。较大的裂缝，还可用包贴玻璃纤维布和贴钢板的方法堵漏，以增强环氧砂浆的抗裂能力。玻璃纤维布的大小与层数应视裂缝大小而定，一般为4～6层。严重损坏的管段，可在损坏部位管外焊制一钢套管，内填油麻及石棉水泥。

3.换管修理

当管子无法修理或修理无效时，则考虑换管修理。换管修理一般是将管子砸断取出另换铸铁管。

（二）室外给水管道结冰故障的处理

管道冻结后，轻则影响输水，重则产生管道冻裂事故。管道需先进行解冻处理，若发现管道已冻裂，则按前述方法进行修理。管道解冻可采用热水浇烫、蒸汽融化、浸油火烧、烫筋插入、喷灯火烤、电动解冻器等方法。下面介绍其中三种方法。

1.热水浇烫

先准备足够的开水（2~3壶），从水嘴开始化开，把水嘴打开再逐步往下浇烫，应边敲管子边浇热水，直至水嘴有水流出来为止，管内的水流过一段时间后就会全部化开。

2.烫筋插入

如果用一般方法不能解决，说明立管的地下部分也已结冻。这时应关闭水门，将水嘴的弯头拧下来，把立管内地上部分已融化的冰水抽出来，然后把钢筋烧红，插入立管，热的钢筋就会边化边下沉。待钢筋不热时，换热钢筋再烫、反复几次即可化开。这时，再上好水嘴，打开阀门。

3.电动解冻器

电动解冻器是利用电阻发热的原理制成，是一个很实用的解冻装置。但使用电动解冻器必须有专职电工操作并严格执行安全用电操作要求。

（三）室外给水管道结垢的处理

管道结垢指金属管道受到腐蚀，内壁发生了沉积和锈垢。其危害主要是增加水头损失，影响通水能力和水质。管道结垢后，需及时冲洗干净。可采用水冲洗、水汽联合冲洗和机械刮管三种措施。经过冲洗和刮管后，要在管道内壁加涂保护层，一般采用水泥砂浆涂层。最好在埋设新管时在工厂内喷涂完毕后再进行安装。

第三节　室外排水系统的维护与修理

一、室外排水管道的维护

为维持室外排水管道的水流畅通，保证排水管道的正常工作，必须做好以下日常的维护工作。（1）经常检查排水检查井的井盖、井座是否损坏，损坏的应及时修复或更换。（2）经常检查排水管道，发现管道破损和渗漏等现象，应及时修理。（3）定期检查排水沟渠、检查井及雨水井，了解淤塞情况及水流流速、充满度等情况，并定期清除淤泥和杂物。（4）雨季前后或暴雨后对排水明沟、雨水口等作一次详细检查，清理淤物、疏通管道。（5）高寒地区检查井要作保温处理，防止冻结。（6）加强对入网污水的监督管理，严格实行排水许可制度，禁止不达标的污水排入城市排水管网，应进行局部处理并达标后才准许排入城市排水管网。（7）加大市政设施的监察力度，坚决打击偷盗和破坏市政设施的犯罪行为，同时搞好宣传教育工作，杜绝乱接头、乱倒垃圾的不良现象。

二、室外排水管道的修理

（一）管道损坏漏水的修理

排水管维修方法主要分为明开挖法和非开挖法。

明开挖维修就是将排水管道损坏处的路面挖开后进行维修。此方法施工技术简单，易于操作，适用于管道埋置较浅、管道损坏较严重的情况。但工期长，且施工时需考虑导流，对环境卫生及交通影响较大，不易于管道运行管理等。修理的方法可参照前述的方法。

非开挖维修方法是指不需要开挖路面便可对管道进行检查、维修的施工方法。其特点是：施工工期短，对环境卫生、交通及邻近建筑物影响较小；对管道早期质量缺陷及时维修，能提高管道运行质量，延长使用寿命。非开挖维修方法可分为局部维修和管段维修。局部维修方法较常用，是对节口管道错缝及渗漏点等进行维修，主要有注浆法、注浆加固法和内交套环加固法（有时几种方法可同时使用）。管段维修是对连续的一段管道或窨井至窨井之间的一段管道进行维修，主要有内衬法、缠绕法、翻转法。其技术复杂、费用高、工期长、实际操作难度大，但可用于城市管网的改造。在管道养护中应及时发现局部质量问题，采用局部法维修，尽量避免采用管段维修方法。

局部维修操作过程如下。（1）选取需维修的连续的三座检查井，在两个端井处采用气囊进行封堵，在中间检查井用泵抽出管内余水，并采用鼓风机向管道内鼓入新鲜空气，将废气排出。（2）对管道接口错缝采用千斤顶进行校正，接口缝用沥青麻丝、石棉水泥塞实，对于排水管来说若发生接口错缝较大者，其管口外抹带或外套环也基本上被破坏，需采用内套环进行加固，将内套环加工成C形环，待安装到指定的接口处，再用电焊机将切口焊好，由于在管道内焊接不易操作，可采用斜钉将C形环钥固到管壁上，然后再进行防腐处理。（3）对于管外壁探测的脱空或潜蚀部位，用钻孔机或冲击钻将管壁钻穿，并用快硬水泥胶浆埋置注浆管，注浆管含有内丝，便于连接压浆管和待注浆完毕后用堵头进行封堵，把压力注浆机管与注浆管连接好压入已配制好的水泥浆体，并保持一定的压力和支荷时间，判断土体加固情况，处理管壁及接口的需观察管道接口处浆体渗出的情况，判断处理效果。

（二）管道的疏通

排水管渠必须定期进行清通，以防管内沉积物过多，影响管道的输水能力，甚至堵塞管道。排水管道疏通一般有以下几种方法：

1.竹劈疏通法

这是传统的疏通方法，使用竹劈来疏通管道。若单根竹劈不够长，可用钢丝将几节竹劈接起来使用。竹劈端头可包上锐形铁尖以保护端头并增加锐利。疏通时，应将检查井中的沉积物用钩勺掏清，然后将竹劈从上游检查井推入，来回地进行抽拉。穿通后，在竹劈头上扎一团布或带刺钢丝，再来回拖拉竹劈；或将中间扎有刺钢丝球或麻布包的麻绳用竹劈牵引到下游的检查井，然后在两个检查井间将麻绳来回拉刷，可使管内沉积物松动，使其随水流冲走。此法工人劳动强度大，作业环境差，在井内操作的工人要戴防毒面具以免中毒。

2.排水立管堵塞

堵塞处上部管道的污水无法向下排放，上面污水继续排放则水位上升，就会从堵塞处上部的最低器里溢出，判断堵塞部位的方法是：若某层楼污水可照常排出，而该楼层以上各层污水均无法排放，且会从该楼层的上一层用器具中溢出，就可判定堵塞处在该楼层与上一楼层间的立管中，并采取如下措施。（1）堵塞处靠近检查口时，可打开检查口进行疏通。（2）堵塞处靠近屋面时，可在屋面上将该立管对应的通气帽打开进行疏通。（3）堵塞物位于立管的三通或弯头处时，可打开与这类配件相应的排水管上的清扫口进行疏通，也可在三通或弯头处剔出一个小洞，用钢丝或排水疏通机进行疏通，修好后用小木塞封闭，在讲究外观的场合，宜用手电钻钻孔，处理后在钻孔处攻丝，并配以螺钉封闭。

3.排水横管堵塞

室内排水横管因坡度较小，水流较慢，对污物的冲力不大，管底有沉积物，随使用时间的延长，沉积物逐渐增厚，使管腔变小而形成堵塞。横管中部堵塞此种堵塞只影响堵塞处上游各卫生器具的使用，而不影响其下游和其他楼层的使用。堵塞物所处位置的判断比较容易，它处在一个能排水和邻近一个不能排水的两个卫生器具之间的管段中。疏通时，将排水横管上的清扫口或地漏口打开，插进竹劈或钢丝进行清通，疏通后再封好清扫口。

横管末端堵塞横管末端是指排水横管与排水立管的交汇处。此处发生堵塞会致使排水横管上所连接的全部器具不排水。疏通的方法与疏通横管中部堵塞的方法相同。

4.水力清通

水力清通就是借助水头冲击力，推动管道内淤积物而达到清洗管道的目的。水力清通可以利用管渠内污水、自来水或附近河湖水进行冲洗。此法分自冲法和机械水冲法。

自冲法，即人工闭水法，是通过利用排水道自身污水，采取堵截、提升等方法，用污水将管道污物冲出。要求管道内必须有充足的水源，或在较短时间内有足够的蓄水能力。此法简单，易于操作，适宜埋置较深的排水管疏通，不适宜淤塞比较严重、淤泥黏结密实或无条件蓄水的地方。常用充气球堵塞法，具体做法是：采用气囊充气将检查井管口堵塞，利用上游来水蓄积一定高度的水位，再放去气球内的空气，气球缩小，浮于水面。在上游水头的作用下，污水高速流过，将淤泥冲入下游检查井中，然后用吸泥车抽走。

机械水冲法可采用管道疏通车（高压水冲车）、抽水机进行冲洗管沟。管道疏通车，利用泵将疏通车上水罐内的水通过软管及喷嘴冲洗管内沉积物，同时推动喷嘴前进，冲松的泥浆随水污泥冲至另一井内，再采用吸污车吸走。此法操作简便，效率高，工人操作条件好，不污染路面，但井距较长疏通清淤效果较差。

5.绞车疏通法

该法是将钢丝绳穿过要疏通的管段，钢丝绳两端分别与管段两端检查井上的绞车相连，利用绞车来回拉动钢丝绳，从而钢丝绳中间的清通工具也来回拖动，将管内杂物、污泥刮到检查井处，然后再将污泥捞起。绞车分手动绞车和机械绞车两种。疏通装置中的清通工具种类繁多，有松土器、弹簧刀及锚式清通工具、刮泥的清通工具等几大类。此法适合于疏通淤积严重、淤泥黏结密实的管道。

第四节　管道非开挖修复技术

一、非开挖技术发展与分类

许多管道的损坏仅仅发生在管道接口部位，如果只对接口进行修理，这就叫点状修理；如果对一节管道从头到尾都进行修理，这就叫整体修理。按点状修理和整体修理来划分，是排水管道修理技术分类的一种基本方法。

点状修复主要有嵌补法、注浆法和套环法。嵌补法是应用最早的一种非开挖修理方法，是在管道接口或裂缝部位，采用嵌补止水材料来阻止渗漏的做法。按照所用材料的不同，嵌补法又可分为刚性材料嵌补和柔性材料嵌补。注浆法是采用注浆的方法在管道外侧形成隔水帷幕，或在裂缝或接口部位直接注浆来阻止管道渗漏的做法。前者称为土体注浆，后者称为裂缝注浆。套环法是在接口部位安装止水套环的一种点状修复方法。套环与母管之间的止水材料有两种，一种是橡胶圈，另一种是密封胶。除老式钢套环外，套环法在各种点状修理方法中施工最方便，修理质量也是最可靠的。其缺点是套环对水流有一定影响，容易造成垃圾沉淀，对管道疏通也有妨碍。

线状修复技术即对一整段损坏管道进行修复的技术，又称整体修复技术。

按在旧管修复时新管材料插入旧管的方式，以及新管成型的方法，非开挖修复技术分为翻转、牵引法、制管法和短管内衬法等。其中的翻转法和牵引法属于CIPP（Cured In Place Pipe）现场固化管技术。

翻转法即把灌浸有热硬化性树脂的软管材料运到工地现场，利用水和空气的压力把材料翻转送至管道并使其紧贴于管道内壁，通过热水、蒸汽、喷淋或紫外线加热的方法使树脂材料固化，在旧管内形成一根高强度的内衬树脂新管的方法。由于翻转的动力是空气和水，只要材料加工上没有问题，一次施工的距离可以非常长。在日本北海道的工地上，有过对DN600的污水管道一次性施工长度为500m的记录。

牵引法即把灌浸有热硬化性树脂的软管材料运到工地现场后，采用牵引的方式把材料插入旧管内部，然后加压使之膨胀，并紧贴于管道内壁。其加热固化的方式和翻转法类似，一般也采用热水、蒸汽、喷淋或紫外线加热的方法。

制管法是在旧管内，采用带状的硬塑材料使之嵌合后形成螺旋管，或采用塑料片材在旧管内接合制成塑料新管。在新管和旧管之间的缝隙内注浆，塑料新管只作为注浆时的内壳，起维持修复后管道内部形状的作用。

该方法的特点是在管道内即使有少量污水流动时也可以施工，在大管径（DN800以上）及临时排水有困难的管道进行修复施工时应用较多。其缺点是管道的流水断面损失大，注浆的情况不易确认等。

短管法是在CIPP技术尚未普及时作为临时的应急技术使用的一种修复方法。由于该技术成型的内衬管接头多、管道的流水断面损失大、注浆的情况不易确认等原因，将逐渐被其他技术所替代。

二、管道健康评估

（一）CCTV检测技术

管网健康检查一般采用管道内窥电视检测系统，即CCTV（Closed Circuit Television）检测。

管道检测是进行修复和合理养护的前提，目的是了解管道内部状况。根据管道内部状况，可以确认管道是否需要修复和修复应采用何种工法。对于人员可以进入的大管径管道，从经济上考虑，可以派施工人员直接进入检查记录。而对于人员无法进入的管道，必须采用其他方法。现今使用最普遍的检测工具是管道闭路电视检测系统（简称CCTV）。该系统出现于20世纪50年代，到80年代此项技术基本成熟。通常，CCTV系统安装在自走车上，可以进入管道内进行摄像记录。技术人员根据检测录像，进行管道状况的判读，可以确定下一步管道修复采用哪些方法比较合适。

（二）声呐检测

声呐是利用声音进行探测的一种工具，声呐技术最早应用于军事领域。在排水管道检测中，如果管道中充满水，那么管道中的能见度几乎为零，故无法直接采用CCTV进行检测。声呐技术正好可以克服此难点，将声呐检测仪的传感器浸入水中进行检测。和CCTV不同，声呐系统采用一个适当的角度对管道内进行检测，声呐探头快速旋转，向外发射声呐波，然后接收被管壁或管中物发射的信号，经计算机处理后，形成管道纵横断面图。

声呐检测评估与CCTV检测相似，故不再重复。但相比CCTV检测，声呐检测横断面图像对轻微的结构性损坏缺陷不是非常明显，故一般应用于判断严重的管道结构性缺陷或管道积泥情况。

三、管道非开挖修复

工程实际上常用的有CIPP翻转内衬法、螺旋制管法、HDPE管穿插牵引法等三种方法。

（一）CIPP翻转内衬法修复排水管道

1.工艺原理及特点

CIPP（Cured In Place Pipe）翻转法又称现场同化法，将无纺毡布或有纺尼龙粗纺布与聚乙烯或聚氯乙烯、聚氨酯薄膜复合成片材，根据介质不同选择工艺膜，然后根据被修管道内径，薄膜向外缝制成软管，并用相同品种薄膜条封住缝合口，排出软管内空气，加入树脂，赶压使树脂与软管浸渍均匀，然后利用水或气将软管反转进入被修管道内，此时软管内树脂面翻出并紧紧贴在已清洗干净的被修管道内，经过一定时间或温度，软管固化成刚性内衬管，从而达到堵漏、提压、减阻的管道修复目的。常用的树脂材料有三种：非饱和的聚合树脂（由于性能好，而且经济，故使用最广）、乙烯酯树脂和环氧树脂（耐腐蚀、耐高温，主要用于工业管道和压力管道）。内衬管与外管道的复合结构，改善了原管道的结构与输送状态，使修复后管道恢复或加强了其原来的输送功能，从而延长了管道的使用寿命。

施工时间短。内衬管材料在工厂加工后运至工地，现场的施工从准备、翻转、加热，到固化需要时间短，可十分方便地解决施工临时排水问题。施工设备简单，占地面积小。内衬管耐久实用。内衬材料具有耐腐蚀、耐磨的特点，可提高管线的整体性能。材料强度大，耐久性根据设计要求最大可达50年，管道的地下水渗入问题可彻底解决。管道的断面损失小，内衬管表面光滑，水流摩阻下降（摩阻系数由混凝土管的0.013～0.014降为0.010）。保护环境，节约资源。不开挖路面，不产生垃圾，对交通影响小，使施工形象大为改观，有较好的社会效益。施工不受季节影响，且适用于各种材质和形状管道。目前材料一般需进口，材料成本较高，应进行国产化以降低其成本。一次翻转厚度10mm以上软管，工艺难度较大。

2.施工过程

准备工作。为尽量减小施工作业面，减少对交通的影响，可以原有管井作为翻转施工井。在施工井上部制作翻转作业台，固定翻衬软管施工的诱导管，诱导管下端对准工作段旧管入口。在到达井内或管道的中间部设置挡板，使之坚固、稳定，以防止事故的发生。

翻转送入辅助内衬管。为保护树脂软管，并防止树脂外流影响地下水水质，把事先准备好的辅助内衬管翻转送入管内。

树脂软管的翻转准备工作。在事先已准备的翻转作业台上，把通过保冷运到工地的树脂软管安装在翻转头上，接上空压机等。内衬软管首端进入诱导管，在诱导管出口处将首端外翻并用夹具固定。在作业前要防止材料固化，否则影响质量。

翻转送入树脂软管经检查无误后，开动空压机等设备，用压缩空气使树脂软管沿工作段边外翻边前进，最终全部进入管内。翻转使内衬软管饱含树脂的一面向外，与原管内壁相贴。

管头部切开。树脂管加热固化完毕后，为了保证施工后CIPP管材的管口部分保持整洁光滑，并能与井壁连成一体，把管的端部用特殊机械切开，采用快凝水泥在内衬材料和井壁间做一个斜坡，达到防渗漏、保护管口的目的。

善后工作。拆除临时泵和管内的堵头，恢复管道通水，施工完成，工地现场恢复到原来的状况，管道的隐患解除。

（二）HDPE穿插牵引修复技术修复给水管道

1.工艺原理及特点

（1）连接可靠

聚乙烯管道系统之间采用电热熔方式连接，接头的强度高于管道本体强度，聚乙烯管与其他管道之间采用法兰连接，方便快捷。

（2）适用温度广

高密度聚乙烯的脆化温度约为-70℃，管道可在-60～60℃温度范围安全使用，不会发生脆裂。

（3）抗应力开裂性好

HDPE具有低的缺口敏感性、高的剪切强度和优异的抗刮痕能力，耐环境应力开裂性能非常突出。

（4）抗化学腐蚀性好

HDPE管道可耐多种化学介质的腐蚀，土壤中存在的化学物质不会对管道造成任何降解作用，不会发生腐烂、生锈或电化学腐蚀现象。因此它也不会促进藻类、细菌或真菌生长。

（5）耐老化、使用寿命长

含有2%～2.5%的均匀分布的炭黑的聚乙烯管道能够在室外露天存放或使用50年，不会因遭受紫外线辐射而损害。

（6）可挠性好

HDPE管道的柔性使得它容易弯曲，特别是对于老管线修复，可以吸收管线地质结构变化产生的微小变形。

（7）水流阻力小

HDPE管道具有光滑的内表面和黏附特性，具有比传统管材更高的输送能力，降低了管路的压力损失和输水能耗。HDPE管在加工过程中不添加重金属盐稳定剂，无毒性，具有良好的卫生性能。

2.施工过程

检测：对原管道进行清洗后，必须采用CCTV管道内窥成像系统对清洗后的管道内壁进行检查，管道内不能有尖锐突起杂物，管道错位应进行修补，达到不影响HDPE管道与原管道紧密贴合的程度。清洗后应避免杂物、水等进入管道。

HDPE管道焊接：HDPE管道采用电热熔专用设备焊接，应在无风、干燥的条件下进行，焊接后要自然冷却，绝对禁止油污。应有专人对每道焊口进行质量检验，检查凸边高度是否均匀、错皮量是否大于壁厚10%，不合格的焊口必须割开后重新焊接。必要时进行拉伸试验，检查焊口强度。管道焊接后需要自然冷却，导致焊接工作量较大，单个焊口从开始焊接到冷却完成，至少需要30min以上。为减少现场工作量，制造HDPE管道时应在条件允许的情况下尽量使管段长一些，以减少焊口数量。

HDPE管穿插入管：HDPE管道穿插时，牵引端和操作端应有可靠的通信方式，联合操作，控制牵引速度使HDPE管道匀速入管，避免忽快忽慢。各预焊管段需要连接时，两边要采用预见性减速制动，防止两端操作不同步导致拉力过大造成管道断裂。

管道试压：试压时要做好安全措施，两端临时端板应采用钢管支撑，并临时点焊固定，避免试压时将临时端板压出造成事故。

（三）螺旋缠绕制管法

1.工艺原理及特点

该工艺是将专用制管材料（如带状聚氯乙烯PVC）放在现有的检查井底部，通过专用的缠绕机，在原有的管道内螺旋旋转缠绕成一条固定口径的连续无缝的结构性防水新管，并在新管和旧管之间的空隙灌入水泥砂浆完成修复。

一般情况下无须开沟槽，只需利用现有的检查井，占地面积小。施工所需设备固定放置在施工卡车上，便于移动，施工快速，也可根据现场情况放置在地面。适合在地理位置复杂的地方施工。即使管内留有少量污水（最高达30%）也可带水继续施工。无养护过程，用户支管可在施工后立即打通。在损坏严重的管道内也能穿过断管处和接头断开处。柔性良好，即使在地层运动的情况下也能正常工作。具有独立的承载能力而不依赖原管道。内表面十分光滑，可提高水流通过能力。施工安全，无噪声，不污染周边环境和对居民无干扰。耐化学腐蚀能力强，材料的性能和质量不受环境影响。

2.施工过程

管道参数：螺旋缠绕管工艺施工是从人孔井到人孔井，或通过其他适合的进口安装。修复管道的最长长度限制来源于扩张时的扭矩。如果提供足够的扭矩力，可修复管道的长度就可以无限延长。目前一次性修复最长长度超过200m，带状型材是连续不断地被卷入且中间无任何接口。管道口径从150mm到2500mm均可采用该方法修复。所选产品需经过严格的检验以确保质量。所用型材外表面布满T形肋，以增加其结构强度。内表面则光滑平整。型材两边各有公母锁扣，型材边缘的锁扣在螺旋旋转中互锁。

现场工作井：螺旋缠绕管固定口径法利用检查井作为工作井。对于大口径的管道，在检查井上部进行少量的开挖，扩大入口。检查井周围进行一定范围的围蔽，施工设备和材料直接堆放在检查井边。缠绕机放置在检查井底部。设备连接线和型材可以通过检查井口送到缠绕机。路面上放置型材的滚筒和辅助设备可以固定在卡车上，确保交通影响程度减到最小。

设备准备：所有需要的设备可以安装在卡车上，并在卡车上操作。这些设备包括检查井中制作新管的特殊缠绕机、适用于不同口径的缠绕头、驱动缠绕机的液压动力装置和软管、提供动力和照明的发电机、检查管道及监控施工用的闭路电视、放置型材的滚筒和支架、灌浆用的泵和检查井通风设备。以上设备在施工前安装好，并进行调试。

管道清洗和检测：用高压水清除管道内所有的垃圾、树根和其他可能影响新管安装的废物。需要修复的污水管线通过闭路电视进行检测并录像。所有障碍物都被记录在案，必要时应重新清洗。支管的位置也被记录下来等待安装后重新打开。插入管道的支管和其他可能影响安装的障碍物都必须被清除。

水流改道：通常情况下，在螺旋缠绕扩张工艺的施工中并不需要抽水来改变水流，部分水流还是可以在管内通过。当水流过大或过急影响工人安全或在业主要求的情况下，需要进行水流改道或抽水。修复的管段内的水流可以通过各种方法进行控制。在上游检查井内用管塞将管道堵住或在必要情况下将水抽到下游人孔井、坑道或其他调节系统。螺旋缠绕管工艺的设备允许在施工过程中暂停，让水流通过。

管道的灌浆：按固定尺寸缠绕新管，衬管安装后可能在母管和衬管之间会留有一定的环形间隙（环面），这一间隙需用水泥浆填满。环面灌浆的作用在于将母管的载荷转移到安装的新管上。

为了防止缠绕管因为灌浆而漂浮，采用注水压管分段灌浆。缠绕管安装完成后先封闭末端，然后往缠绕管中注水至管径一半或以上位置，再进行灌浆。整个管环面分段灌浆，每次灌入水泥浆的重量都要小于管内注水重量。先灌浆缠绕管底部，利用水泥浆黏合将缠绕管固定在旧管道底部，然后再逐段完成灌浆，直至整个管环面注满水泥浆。注浆时，通过观察泥浆搅拌器旁边的压力表监控环面是否完全被水泥浆灌满。在灌浆的最后一步，一旦发现水泥浆从位于衬管另一端的注射管顶流出，马上关闭注射管阀门，然后水泥浆搅拌器上的压力表显示压力升高。这意味着水泥浆已经完全灌满，过量的水泥浆造成了水泥浆内部的压力升高。至此，灌浆应立即结束以防止损坏已经安装好的缠绕管。

第九章　城市道路排水与雨水口设计

第一节　城市道路路面雨水输水能力计算

一、路面雨水输水水力学

道路水流容量（SHC）包括两方面：输水能力和蓄水能力。道路输水量（SHCC）与道路雨水流量成正比。道路蓄水量（SHSC）与蓄水体积有关。尽管道路和下水道可以最快的速度收集道路上的雨水，但是SHC的计算可以优化雨水系统设计。

下面以双面坡单幅路中半幅为例讨论道路输水量，雨水降到路面后由于道路横坡的原因流向路边，在路边形成一横断面为三角形的排水沟，通过这个三角形排水沟横截面的雨水流量按重力流渠道考虑，用修正的曼宁公式描述。

$$Q = \frac{K_c}{n} i_{横}^{\frac{5}{3}} l^{\frac{8}{3}} i_{纵}^{\frac{1}{2}} \tag{9-1}$$

式中，Q：断面流量，$\mathrm{m^3/s}$。K_c：经验系数，0.376。n：粗糙系数，沥青路面一般采用0.016。$i_{横}$：道路横坡，%，一般为1%~2%。$i_{纵}$：道路纵坡，%。l：道路水流扩散宽度，mm。

过水断面面积按照式（9-2）计算。

$$A = \frac{1}{2} i_{横} l^2 \tag{9-2}$$

式中，A：水流有效断面面积，$\mathrm{m^2}$。

则水流速度如下：

$$v = \frac{Q}{A} = \frac{2K_c}{n} i_{横}^{\frac{2}{3}} l^{\frac{2}{3}} i_{纵}^{\frac{1}{2}} \tag{9-3}$$

式中，v：水流断面的平均流速，m/s。

二、水流扩散宽度与便道高度

可以看出，公式（9-1）主要参数是水流扩散宽度，允许的水流扩散宽度尽量不侵占道路中间的一个或几个机动车道。$i_横$是雨水的最深值，其数值不能大于人行道侧石高度，因此水流扩散宽度的设计公式如下：

$$l = \min(\frac{h_c}{i_横}, \ L - L_中) \tag{9-4}$$

式中，h_c：侧石高，m。L：半幅路宽，m。$L_中$：中间的一个或几个机动车道宽，m。

三、可允许的vh乘积值

公式（9-1）表明流量只由排水沟的几何结构和道路表面粗糙系数决定，实际上，考虑安全因素时，流量会减小。流量的减小应该与道路单位宽度的雨水输水能力和水流的动量相关，通常采用水流速度v和水深h的双曲线关系来控制道路的最大径流排放量，即vh的乘积要受到限制。通过式（9-5）可以计算vh的乘积。

$$Q = Av = \frac{1}{2}hlv = \frac{l}{2}vh \tag{9-5}$$

式中，h：排水沟中靠近侧石处的水深，m。

公式（9-5）描述了流量和vh乘积之间的关系。根据公式（9-5），单位扩散宽度的道路雨水输水量q如下：

$$q = \frac{Q}{l} = \frac{vh}{2} \tag{9-6}$$

排水沟内雨水的动量M与排水沟的流量有关，根据式（9-7）计算。

$$M = \rho Qv = \frac{\rho}{2i_横}(vh)^2 \tag{9-7}$$

式中，M：动量，kg·m/s。ρ：水的密度，kg/m³。

式（9-4）并没有反映出水流速度的影响。式（9-6）和式（9-7）表明流量和动量都与vh的乘积成正比。vh乘积的减小将直接限制单位宽度的流量和排水沟水流的动量。vh乘积不应该超过安全限度D[例如，拉斯维加斯的克拉克郡建议D=0.56（m²/s）]。

$$vh \leqslant D \tag{9-8}$$

式中，D：可允许的 vh 乘积，m^2/s。

将式（9-3）代入上式得：

$$\frac{2K_c}{n}\left(i_{横}l\right)^{\frac{2}{3}}i_{纵}^{\frac{1}{2}} \leqslant D \tag{9-9}$$

上式解得：

$$l \leqslant \frac{1}{i_{横}}\left(\frac{nD}{2K_c\sqrt{i_{纵}}}\right)^{0.6} \tag{9-10}$$

根据式（9-5）和式（9-8），道路可允许输水流量（ASHCC）为：

$$Q_D = \frac{1}{2}Dl_D \tag{9-11}$$

式中，Q_D：道路允许输水量，m^3/s。l_D：可允许的 vh 乘积时水流扩散宽度，m。

考虑到 vh 乘积的限制，式（9-4）被修正如下：

$$l = \min(\frac{h_c}{i_{横}}, \ L-L_{中}, l_D) \tag{9-12}$$

式（9-12）帮助设计人员在考虑到排水沟允许水深、行车道的宽度及安全性的前提下选择合适的水流扩散宽度。将水流扩散宽度的设计值代入式（9-1）即得到流量。

也可以将限制 vh 乘积转换为一系列的折减系数。可允许的流量等于排水沟的最大容量乘折减系数，定义如下：

$$R = \frac{Q_D}{Q_{Full}} \tag{9-13}$$

式中，Q_{Full}：排水沟最大流量，m^3/s。R：折减系数。

如之前所述，当水流扩散很宽时，道路上雨水按照直线流动考虑，如 $h=h_c$ 时，流量最大。将式（9-5）、式（9-11）和式（9-3）、式（9-10）代入式（9-13）产生式（9-14）。

$$R = \frac{\frac{1}{2}Dl_D}{\frac{1}{2}v_ch_cl_c} = \frac{1}{(l_ci_{横})^{2.67}}\left(\frac{nD}{2k_c\sqrt{i_{横}}}\right)^{1.60}(0 < R < 1) \tag{9-14}$$

计算时，首先要根据排水沟最大水深或者排水沟中的水深等于便道高度时对应水流扩散宽度，利用式（9-1）计算排水沟全容量，然后应用排放折减系数确定可容许的SHCC。正如式（9-14）所示，如果有确定的区域性数值就可以派生出一系列的折减系数。对于道路纵坡大（陡坡）的路面，式（9-14）中$R<1.0$，表明设计流量将会降低；对于道路纵坡小（缓坡）的路面，式（9-14）中$R>1.0$，表明道路排水沟可以在不超过可允许的vh乘积的情况下承受较高的雨水量。通过式（9-14）确定排放折减系数后，可以利用式（9-13）直接得到与之对应的可容许流量。

为保证区域参数的一致性，可以从区域水流扩散宽度和限制性vh乘积值来获得一系列的折减系数以便设计时采用。例如某城市采用的折减系数，如果$i_横=2\%$，人行道高15cm，如其最大扩散宽度=7.5m，考虑到区域性问题，式（9-14）可以改写为如下公式：

$$R = \frac{1}{(l_R i_横)^{2.67}}\left(\frac{nD}{2k_c\sqrt{i_纵}}\right)^{1.60} \qquad （9-15）$$

式中，l_R：区域水流扩散宽度，m。

对于小雨，$l_R=3.8$m，$vh=0.1$m²/s；对于大雨，$l_R=6.2$m，$vh=0.2$m²/s。道路纵坡越大，排放折减系数就越低。

对于可允许vh值的选择，要综合考虑当地气候、交通安全和道路排水规划。例如，干旱少雨地区，雨水沟渠系统并非经济实用，可以使用较高的可容许vh值，以使路面来传输更多的雨水。相反，对于多雨地区，通过下水道来收集大部分雨水，设计排水系统时可以使用较低的可容许vh值。

四、城市道路路面雨水输水分析

道路输水能力远远大于单算雨水口（20 L/s）及双算雨水口（35 L/s）的泄水能力。一般情况下，在设计雨水口时希望下雨时路面尽量没有雨水积水，雨水尽快进入地下的雨水管渠系统，方便人们出行。

但是在行人较少的地段，该路段最大径流量小于路面输水能力，在一定的道路横纵坡、路面输水出路有保障的情况下，由本章计算可以看出不建道路雨水口，依靠路面输水能力也可以将路面的雨水排走，可以在每隔一定距离处将路面的雨水引至路边的绿地或路边渗透池，这样不仅可以最大限度地减少管道系统的雨水量，而且便于就地雨水利用。输水道路的长短要根据汇水面积、道路情况及受纳场地情况等计算得到。

另外，对于干旱少雨地区径流量很小的情况，也可以考虑不建地下排水管渠。例如在美国内达华州拉斯维加斯地区，由于干旱气候，年降雨量约为 101.6mm（4in），条件许可的道路就不建地下排水管渠，设计时使用较高的可容许 D 值，允许更多的路面来传送雨水。当发生暴雨时，18.3m（60ft）宽的道路其水流扩散宽度只有 6.1m（20ft）。

在不建地下管渠或雨水口的设计中，道路输水能力的计算结果会对道路设计有一定的制约，如道路横、纵坡等，这与一般情况的道路设计思路不一样，应该引起道路设计人员的注意。

第二节　城市道路路面雨水储水能力计算

一、道路储水量计算

道路积水有两种情况：一种情况是大部分路面没有积水，只有个别地方积水，如道路低点或路口处；另一种情况是整条道路被淹。本节讨论第一种情况。道路局部地方积水说明大部分雨水可以被排水系统排走，局部积水主要是本身设计的原因——积水点雨水口少或没有，也有地面沉降不均原因，造成局部洼地，从而形成积水，后一种原因只能通过修补解决，现在讨论如何在设计阶段考虑避免前一种原因造成的积水现象。

由于道路上雨水口低于周围路面，所以在雨水口附近形成一洼地，在持续时间的一系列暴雨中，可以计算出雨水口附近洼地流进体积和流出体积的最大容量差，对于具体的降雨时间，流入的径流体积由式（9-16）计算。

$$V_i = 60\varphi F q t \tag{9-16}$$

式中，V_i：雨水口附近洼地流进体积，L。t：降雨历时，min。F：雨水口收水面积，hm²。φ：径流系数。q：暴雨强度，L/（s·hm²）。

$$q = \frac{167 A_1 (1 + c \lg P)}{(t + b)^n} \tag{9-17}$$

式中，P：设计重现期，a。A_1，c，b，n：地方参数。

设 $a=167A_1(1+c\lg P)$，则

$$q=\frac{a}{(t+b)^n} \qquad (9\text{-}18)$$

假设雨水口均匀进水，根据雨水口的进水能力计算雨水口附近洼地流出体积，如式（9-19）。

$$V_0=60Q't \qquad (9\text{-}19)$$

式中，Q'：雨水口进水量，L/s。V_0：雨水口累计进水量，即洼地流出体积，L。

综合式（9-16）~式（9-19）得到暴雨滞留体积 V_d。

$$V_d=V_i-V_0=60\varphi F\frac{a}{(t+b)^n}t-60Q't \qquad (9\text{-}20)$$

为了求得最大的储存量，对式（9-20）关于降雨时间求一阶导数，使导数为零，即

$$\frac{\mathrm{d}V_d}{\mathrm{d}t}=\left[\frac{-nt}{(t+b)^{n+1}}+\frac{1}{(t+b)^n}-\frac{Q'}{a\varphi F}\right]_{t=t_s}=0 \qquad (9\text{-}21)$$

式（9-21）的解为

$$t_n=\frac{1}{n}\left[(t_n+b)-\frac{Q'}{a\varphi F}(t_n+b)^{n+1}\right] \qquad (9\text{-}22)$$

式中，t_n：设计降雨时间，min。

通过式（9-22）可以求解 t_n，将 $t=t_n$ 代入式（9-20）中，可以得到雨水口附近洼地最大的设计降雨滞留体积。当然，这个最大解也可以通过有限差分法求得。

雨水口附近洼地储水体积由两部分组成：低于侧石高度的部分和高于侧石高度的部分。洼地储水量的体积与圆锥体相似，以道路横坡为圆锥母线，低于侧石部分体积按圆锥体计算，高于侧石部分按圆台体计算体积，两部分体积相加即得洼地积水总体积。

$$V_b=\frac{1}{3}h_cA_c+\frac{h-h_c}{3}A+A_c+\sqrt{AA_c} \qquad (9\text{-}23)$$

式中，h：水深，m。h_c：侧石高，m。A：水表面积，m²。V_b：雨水口附近洼地储水体积，m³。$h_c=0$，也就是在没有侧石的情况下，$A_c=0$，式（9-23）简化为

$$V_h=\frac{1}{3}hA \qquad (9\text{-}24)$$

（一）对于h≤hc的体积计算

当水深h低于或者等于侧石高度h_c时，水的表面积约等于圆形的一部分，表面积与整个圆面积的比值用k表示，这部分的大小由雨水口在道路的位置决定。位于道路90°转弯处，$k=1/4$；位于直线段处，$k=1/2$；位于路口处，$k=3/4$；无侧石的情况下，$k=1$。当水深$h≤h_c$时，不同的表面积有不同的k，表面积用式（9-25）表示。

$$A_h = k\pi R_b^2 \qquad (9-25)$$

式中，k：水面所占圆的比例；R_b：雨水口附近洼地水表面半径，近似等于水深h与道路横坡之比。

$$R_b = \frac{h}{i_{横}} \qquad (9-26)$$

将式（9-25）和式（9-26）代入式（9-24）中，得

$$V_b = \frac{k}{3} \times \frac{\pi h^3}{i_{横}^2} \qquad (9-27)$$

（二）对于h>hc的体积计算

超出侧石高度的部分，即h和h_c之间的体积近似为圆台体积，即

$$V_b' = \frac{\pi(h-h_c)}{3i_{横}^2}(h_c^2 + h^2 + h_c h) \qquad (9-28)$$

当水深高于侧石高度时，总存储体积为：

$$V_b' = \frac{k}{3} \times \frac{\pi h_c^2}{i_{横}^2} + \frac{\pi(h-h_c)}{3i_{横}^2}(h_c^2 + h^2 + h_c h) \qquad (9-29)$$

通过式（9-20）和式（9-22）可以计算雨水滞留体积，水深时可以通过式（9-27）计算h；当$h>h_c$时，可以通过式（9-29）计算h，进而计算相应的扩散半径R_b。

第三节　城市道路雨水口的设计

一、雨水口的形式及位置

常见雨水口形式有平箅式、立式和联合式。平箅式雨水口又分为地面平箅式和偏沟式两种，其中偏沟式平箅雨水口适用于有侧石的道路，地面平箅式雨水口则适用于有/无侧石的路面、广场、地面低洼聚水处等；立式雨水口有立孔式和立箅式两种，适用于有侧石的道路。

雨水口的位置是由道路形式、流量和雨水口的泄水能力等因素决定的。一般而言，在道路上，两个相邻的雨水口之间的距离应为25~50m，道路纵坡大于2%，间距可以大于50m。

二、道路雨水口处流量的确定

雨水口处的流量由两部分组成：上游雨水口未及时排除的雨水量及该雨水口汇水面积上的径流量，这些水量会有一部分无法进入雨水口，即转输流量。因此雨水口的截留量为：

$$Q_a=Q_1+Q_2-Q_c \tag{9-30}$$

式中，Q_a：雨水口的截留量，m^3/s；Q_1：该雨水口汇水面积上的径流量，m^3/s。Q_2：上游雨水口未及时排除的雨水量，m^3/s。Q_c：该雨水口转输流量，m^3/s。

如果雨水口分布均匀，$Q_2=Q_c$；或者如果雨水口能够将本段及上游雨水全部截留，$Q_2=0$，$Q_c=0$，则雨水口的截留量为：

$$Q_a=Q_1 \tag{9-31}$$

一般情况下，在具有一定坡度的道路上，雨水口可以截留70%~80%的地面径流，因此道路上雨水口处设计流量计算如下。

$$Q=Q_1+Q_2=Q_a+Q_c \tag{9-32}$$

式中，Q：雨水口设计流量，m^3/s。

考虑到雨水口的堵塞情况，在计算雨水口处的流量时要注意选择的重现期，一般情况下，此处的重现期应大于管渠设计时选择的重现期。例如，美国有的州市区道路上雨水口处水量设计时采用的重现期一般为5~10年，主要道路为10年；在我国，以前的设计规范里没有明确，但在2014版的《室外排水设计规范》里明确"雨水口和雨水连接管流量应为雨水管渠设计重现期计算流量的1.5~3倍"。在计算道路雨水口处的流量时，集水时间一般选5min。

三、雨水口泄水能力

《06MS—2018雨水口标准图集》明确指出，雨水口的泄水能力与道路的坡度、雨水口形式、箅前水深等因素有关，根据对不同形式的雨水口、不同箅数、不同箅形式室内1：1的水工模型的水力实验（道路纵坡为3‰~3.5‰，横坡为1.5%，箅前水深40mm），各类雨水口的设计泄水能力见表9-1。

表9-1　设计泄水能力

雨水口形式		泄水能力/（L/s）
平箅式雨水口	单箅	20
偏沟式雨水口	双箅	35
立式雨水口	多箅	15（每箅）
	单箅	30
联合式雨水口	双箅	50
	多箅	20（每箅）

四、平箅式雨水口水力学

（一）雨水口布置在雨水聚集的位置

平箅式雨水口布置在雨水聚集的位置，不考虑道路的横、纵坡。水浅时，平箅式雨水口没有被全部浸没，所以水流沿孔口四周流入，近似堰流，按照式（9-33）计算；当水深时，雨水口全部浸没，为孔流，按照式（9-34）计算。

$$Q_w = \frac{2}{3}C_d\sqrt{2g}P_eY^{1.5} \tag{9-33}$$

$$Q_0 = C_d m A_0\sqrt{2gY} \tag{9-34}$$

式中，Q_w：堰流流量，m³/s。C_d：流量系数，0.6~0.7。g：重力加速度，9.81m/s²。P_e：有效堰长，m。Y：有效水深，m。Q_0：孔流流量，m³/s。A_0：孔口面积，m²。m：孔口有效面积系数。

目前，堰流和孔流之间的界限并不是非常清晰。从理论上来说，当雨水口周围的雨水高度达到一定值时，使得堰水位—流量关系曲线与孔水位—流量关系曲线相交时，即可能发生水力现象的转换。在实际中，当雨水达到一定深度时，雨水口的截留能力可通过式（9-33）和式（9-34）分别计算，计算后取二者中最小值。

$$Q_a = \min(Q_w, Q_0) \tag{9-35}$$

（二）雨水口布置在具有一定坡度的位置

雨水口布置在具有一定坡度的位置，雨水口截留量由两部分组成：在雨水口宽度范围内沿道路纵坡方向流向雨水口的纵向流量和在雨水口宽度范围外流向雨水口的侧向流量。其中纵向流量点道路总径流量的比例为：

$$E_B = \frac{Q_B}{Q} = 1 - (1 - \frac{B}{l})^{\frac{8}{3}} \tag{9-36}$$

式中，E_B：纵向流量在总径流量中的比例。Q_B：纵向流量，m³/s。Q：雨水口设计流量，m³/s。B：雨水口宽度，m。I：水流扩散宽度，m。侧向流量Q_x在总径流量Q中的比例为

$$E_x = \frac{Q_x}{Q} = 1 - E_B \tag{9-37}$$

式中E_x：侧向流量在总径流量中的比例。

当采用平算式雨水口时，算子对纵向流雨水的截留比是由雨水算的长度、平均断面流速和由于雨水算的影响造成的飞溅速度决定的。飞溅速度v_0（水流刚刚开始飞跃雨水口的临界速度）是雨水算类型和算子宽度的函数，须针对不同的算子形式做水工试验得出。

雨水算的截留能力是由纵向流和侧向流共同决定的。当$v > v_0$时，纵向流的截留比例R_w可由式（9-38）计算。

$$R_B = 1 - 0.295(v - v_0) \tag{9-38}$$

式中，R_x：纵向流的截留百分比。L_c：飞溅速度。v：平均断面流速，m/s，该值

可按式（9-3）计算。

对于大多数情况，$v \leqslant v_0$，$R_w=1$。侧向流的截留比例R_x可由式（9-39）计算。

$$R_x = \frac{1}{(1 + \frac{0.0828v^{1.8}}{i_横 L_c^{2.3}})} \qquad （9-39）$$

式中，R_x：侧向流的截留百分比。L_c：雨水口有效长度，m。

因此，总的截留量Q_a为：

$$Q_a = R_B Q_B + R_x Q_x = [R_B E_B + R_x(1-E_B)]Q \qquad （9-40）$$

五、立式雨水口水力学

（一）雨水口布置在雨水聚集的位置

立式雨水口布置在雨水聚集的位置，不考虑道路的横、纵坡。水浅时，孔口不是完全被淹没，类似于侧边堰流，采用式（9-33）计算；水深没顶后，雨水口的排水能力计算采用式（3-34）计算，有效水深为水面到雨水口中心高度差。

（二）雨水口布置在具有一定坡度的位置

在具有一定坡度处设置路边立式雨水口，满足完全截留雨水流量的设计径流量Q所需要的雨水口的长度L_t可由式（9-41）计算。

$$L_t = 0.817Q^{0.42}i_纵^{0.30}\left(\frac{1}{ni_横}\right)^{0.6} \qquad （9-41）$$

式中，L_t：将雨水完全截留所需的雨水口总有效长度，m。n：曼宁粗糙系数，沥青路面一般取0.016。$i_横$：道路横坡，%。$i_纵$：道路纵坡，%。

实际的立式雨水口的有效长度应该小于但尽量接近L_t。路边立式雨水口的截留能力可由式（9-42）计算。

$$Q_a = Q\left[1 - (1 - \frac{L_e}{L_t})^{1.80}\right] \qquad （9-42）$$

式中，Q_a：雨水口截留能力，m³/s。L_e：雨水口的实际有效长度，m。

六、联合式雨水口水力学

联合式雨水口在使用过程中如果其中一个堵塞了，另一个仍然可以继续使用。然而，通过经验公式对二者进行设计，往往是建立在二者独立运行的基础上的。联合式雨水口之间的相互作用目前仍然没有被完全认识。相互独立运行的假设相当于立式雨水口紧邻平算式雨水口的下游。换句话说，立式雨水口接收平算式雨水口的转输流量。如果平算式雨水口的截流比例为100%，那么立式雨水口不会接收雨水。

理论上讲，联合式雨水口的过流能力是平算式和立式雨水口过流量的总和。

第十章 城市黑臭水体控源截污治理技术

第一节 点源污染控制技术

一、截污纳管技术

（一）截污纳管技术简介

截污纳管是一项水污染处理工程，就是通过建设和改造位于河道两侧的工厂、企事业单位、国家机关、宾馆、餐饮、居住小区等污水产生单位内部的污水管道（简称三级管网），将其就近接入敷设在城镇道路下的污水管道系统中（简称二级管网），并转输至城镇污水处理厂进行集中处理。简而言之，即污染源单位把污水截流纳入污水截污收集管系统进行集中处理。这样污水经处理达标后再排放，就削减了排入河流的污染物总量。

（二）截污纳管技术分类

1.根据截污纳管是新建还是改造分

（1）旧村改造（雨污完全分流制）。

对旧村大面积拆迁改造，在区内形成雨污分流管系，雨水就近入河，污水排入市政污水管网。但是，旧村改造非常困难，投资较大且改造周期长，投资与环境效益难以在短期内见效。

（2）区内纳管（不完全分流制）。

主要针对新建小区，其内部已建雨污分流管道，但因建设和管理造成的原因局部仍存在雨、污合流或污水直接入河现象。区内纳管采用现场调查，在原排水管道的基础上实行整改达到雨污分流的目的，这种方法投资少，见效快。

对于有一定宽度的道路，有条件敷设污水管的（明挖或非开挖法施工），则要补齐污水管，以便于区内污水接管和今后新建建筑的污水排放。

2.根据截污纳管沿河边敷设的不同位置分

（1）完全截污

截流全部污水和雨水。这是一种彻底的截污方式，但因截流全部雨水，流量大，相应管道管径也大，对于河道正常水位较高地区还需设置合流泵站。一方面造价非常高、施工难度也大；另一方面现有城市排污系统无法接纳大量截流雨水。

（2）不完全截污

截流全部污水和初期雨水，流量小，相应管道管径也小，因截流了初期雨水基本达到消除污染源的目的，是一种比较合理的截污方式。由于现状污水或合流污水均为直排河道，因此沿河敷设截污管，将污染源直接收集后就近排入市政污水管道，截污效果最佳。

3.沿河截污按截污涵管的类型和在河岸或河道的位置分

（1）河岸敷设管道

沿河道在岸上敷设截污管，该方法施工方便，截污彻底，一般适合在河岸有一定的宽度、建筑物离河坎较远的场合使用。

（2）河岸截污涵管

将涵管贴着护岸设置，多为方形，在水下设置。该工艺费用低，施工比较简单，适合无铺管空间的河岸截污，但该工艺占用河道，影响河道净宽，而且由于污水管与水体直接接触，需要做一定的结构处理。

（3）敷设于沿河道路下

如沿河有规划市政道路，则与之结合。反之，则敷设于沿河现状道路下。

（4）敷设于防汛通道内

如沿河没有道路，则敷设于防汛通道内。

（5）敷设于沿河企事业单位内

沿河企事业单位内如有空地或内部道路时，也可考虑敷设截污管。

（6）河道内设置截污管

即在河道里面设置截污管，河道两侧污水通过埋藏在河坎中的竖向支管接入截污管。该工艺施工不便、两侧接管不便，清通困难，由于管道需埋设在河底以下，往往高程较低，需增设提升泵等设施，水利部门在河道清淤时应确保该管的安全。

4.根据河道护岸形式和截污管标高的不同分

护岸为混凝土或浆砌块石硬质驳岸时，采用在驳岸上设承托结构支撑架空管道。护岸为土坡时，有两种情况：当管道覆土（不含淤泥层）能满足0.6 m时，则可直接敷设于土坡中；当管道标高较高，无法直接敷设于土坡中时，可采用小方桩加承台的桩架结构支撑架空管道。

因现状溢管基本为雨、污合流管，截污时也无法进行雨污分流，因此需设置溢流设施，一般为溢流井（采用玻璃钢接头时用玻璃钢特殊接头）。

（三）截污纳管技术原理

针对缺乏完善污水处理系统的水体，通过建设和改造水体沿岸的污水管道，把污水截流纳入污水截污收集系统进行集中处理。这样污水经处理达标后再排放，从而削减了排入河流的污染物总量。截污纳管可以从根本上解决城市河流水污染的问题。对于目前尚无条件进行截污纳管的污水，可采用原位高效强化污水处理技术或者工艺，快速去除污染物。

加强污水管网建设和污水处理设施建设是截污纳管技术实现的前提。通过推进城镇雨污分流式排水系统建设，对仍实行合流制的老城区，加快雨污分流制管网改造进度，难以改造的采取截流、调蓄和治理等措施。强化县城和重点城镇污水管网建设，有条件的地区要推进初期雨水收集、处理与资源化利用。

（四）截污纳管技术优缺点

1.优点

（1）在污染控制方面，能够最大限度地减少对城市河网水系污染物的排放，保护城市内河、内湖等水体的水质，从而保护整个城市的生态环境。（2）采取截污措施，能更好地完善污水收集系统，提高污水收集率和处理率。（3）合理选用不同的截污方式，既能有效地改善河道水质情况，改善人民的居住生活环境，又能远近结合，发挥截污纳管工程的长期效益。

2.缺点

（1）河水水位较高时，容易导致截流井河水倒流。（2）受条件限制，截污管口径不可能很大，坡度也比较小，养护条件差，故管道容易堵塞，影响排水户的排水。（3）在串联多个排水户出水管时，由于出水管标高不一致，会造成截污管标高较深。（4）有可能会造成二级管网受纳的水量超过设计能力从而引起污水冒溢。

二、入河水治理技术

（一）雨水泵站调蓄池

1.雨水泵站调蓄池处理技术简介

雨水泵站调蓄池主要是处理雨水系统的初期雨水和旱季存水，通过在雨水泵站前设置调蓄截流设施，将雨水系统的初期雨水和旱季存水等高污染负荷雨水收集、储存，进行水质处理后再排入受纳河道，以控制其对水体的污染负荷。

泵站设备和调蓄池设备均由可编程逻辑控制器（PLC）控制，运行分为旱季模式、雨季模式、调蓄池运行模式。

（1）旱季运行模式

汇水范围内的部分污水进入泵站，先经过雨水格栅进入集水池，粗大漂浮物被雨水粗格栅拦截，而后经泵站内旱季污水泵提升排入相应的污水管道。此种工况下，雨水泵站进水闸门、调蓄池进水闸门开启，排入河道的闸门关闭。

（2）雨季运行模式

初期雨水调蓄模式。降雨初期，雨水泵站进水闸门、调蓄池进水闸门开启，排入河道的闸门关闭，雨水经由水泵提升至调蓄池，直至调蓄池贮满为止。

降雨后期排江模式。降雨继续，调蓄池内的液位计探测到高水位后，发出信号自动开启雨水泵、关闭调蓄池进水闸门，同时开启雨水泵站排入河道的出水闸门，雨水泵逐台进入运行状态，管内雨水排放至河道。

（3）调蓄池运行模式

调蓄池排空模式。降雨过后，当下游总管及污水处理厂产生空余容量时（此信号来自水务监控部门），调蓄池排空泵开始工作，将池内初期雨水通过污水管道就近排入污水处理厂。

调蓄池冲洗模式。调蓄池排空后，紧接着进行池底淤积物的冲洗。调蓄池排泥槽内的液位计探测到低水位后，将信号传递给液压系统，自动控制第一台冲洗拍门开启，冲洗第一廊道内的淤积物，排泥槽内的液位上升，调蓄池排空泵继续工作，使排泥槽内的液位降至低水位，液位信号再次传递给液压系统，自动控制第二台冲洗拍门开启，冲洗第二廊道内的淤积物，如此往复进行，直至所有廊道冲洗完毕，排泥槽内的液位降至排空泵停泵水位，排空泵停止工作。

2.雨水泵站调蓄池技术原理

当截流管无法接纳超出截流能力的初期雨水时，建设雨水泵站调蓄池是十分必要的。调蓄池主要是截流初期雨污混合污水，提高合流制系统截流倍数，减少暴雨期间合流制管道的溢流量，从而减少对水体的污染。当晴天或是降雨量较小时，在雨水不超过污水处理厂的处理能力时，雨水直接进入污水处理厂；当暴雨发生时，一部分雨污水的混合污水溢流进入到调蓄池进行储存，等管道的排水能力恢复后输送到污水处理厂进行处理，以减少污水处理厂在强降水时的负荷，也避免了含有大量污染物的溢流污水直接排入到水体中。这不仅缓解了冲击负荷，确保了污水处理厂的正常工作，同时提高了拦截量，减少了直接排放到自然水体的污水，减少了水体污染。

3.雨水泵站调蓄池处理技术优缺点

（1）优点

提高合流制系统截流倍数，减少暴雨期间合流制管道的溢流量，从而减少对水体污染。调蓄池工程有助于减少水体污染，提高城市防汛能力。能够提高工程造价效益比、节约工程投资。减少排水系统费用，减轻排水管网压力。

（2）缺点

雨水调蓄池使用后底部不可避免地滞留沉积杂物，如果不及时清理会造成污染物变质，产生异味。沉积物聚积过多将使得雨水调蓄池无法发挥其作用。依靠人力清洗、冲洗和搬运沉积物，危险性高，劳动强度大。

（二）磁絮凝法处理技术

1.磁絮凝法处理技术简介

磁絮凝法处理技术主要是处理具有瞬时排放量大，污染物含量高、变化大、组分复杂等特点的点源污染中的城市溢流雨水。由于在降雨过程中，雨水及所形成的径流流经城市地面，冲刷、聚集了一系列污染物，导致溢流污水中污染物含量高、变化大、组分复杂，溢流污水如果不经任何处理直接排放至水体，会对城市水体造成严重污染。又因溢流污染在雨天产生，故其排放具有间歇性、突然性、随机性且瞬时排放量较大的特点，这为城市径流污染物的处理造成了很大困难。

磁絮凝法处理技术是常规混凝与磁化技术的有机结合，可以有效处理溢流污水。该技术通过磁化接种，即投加磁粉，并投加混凝剂，使污染物与磁粉絮凝结合成一体，形成带有磁性的絮凝体，从而使原本没有磁性的污染物具有磁性，然后通过高梯度磁分离技术或自身的高效沉降，使具有磁性的絮凝体与水体分离，从而将水体中污染物去除。

2.磁絮凝法处理技术原理

采用该工艺处理污废水时，根据废水的水质特性，在投加絮凝剂的同时投加磁种，可以形成以磁种为核心的初始矾花，然后带有磁性的矾花吸附废水中的带电颗粒，进一步形成较大的复合磁絮凝体，最终在磁场的作用下快速沉降。经"絮凝剂+磁种+磁场"处理后，COD、NH_3—N、总磷（TP）和总悬浮物（TSS）去除率增加，对于溢流的雨水的净化处理，磁絮凝法处理技术具有明显的优势。

由于磁粉的加入增加了颗粒的浓度和碰撞效率，形成了较大的、具有较强运动能力的含磁絮体，进而在磁场的作用下，通过磁凝聚力和絮凝剂的吸附架桥作用进一步形成粗大紧密的絮凝胶团，强化絮凝过程，最终增强了絮凝效果。但当磁种投加过量时，在形成较大的絮凝体之前，磁种会在磁场的作用下先凝聚在一起，这样不仅不能强化絮凝效果，还会阻碍磁性絮体的生成，从而降低絮凝效果。

3.磁絮凝法处理技术优缺点

（1）优点

简单快速，经济有效。能实现快速分离和快速沉降，而且在占地、能耗、操作、污泥含水率、脱水性能方面与传统分离技术相比具有明显的优势和独特性。磁絮凝作用能缩短污水处理周期，从而节约成本。

（2）缺点

磁絮凝过程受多种因素影响，一旦有一种出现差异，就不能达到预期效果。

（三）雨水入河污染物的多维生态截控技术

1.雨水入河污染物的多维生态截控技术简介与原理

雨水入河污染物的多维生态截控技术应用于处理点源污染重的分流制雨水入河污染物截控，该系统应设置在河堤的一侧，沿河堤呈阶梯状分布。管网雨水经雨水管道流入第一级跌水平台，进入调蓄池。再经第二级跌水平台流入生态缓冲带，最后经第三级跌水平台流入植生滞留池。第一级跌水平台与生态缓冲带为斜坡状，植生滞留池种植有植物。该技术在保证排水的同时能够减少雨水污染径流直接入河的风险，降低了对河道水体水质的冲击破坏，实现了对入河污染物的有效控制及水环境的改善，也提升了城市水体的景观价值。

2.雨水入河污物的多维生态截控技术优缺点

（1）优点

该排水系统，既能满足排水要求，又能利用现有资源，减小占地面积。进水方式对雨水水量和水质适应能力强，水质净化效果稳定可靠。通过植物截留、土壤渗滤作用净化初期雨水径流污染，改善入河水质。通过植物截留、土壤渗滤作用降低雨水径流的流速，削减径流量，降低雨水对河道水体的冲击负荷，增加了水力停留时间，充分体现滞留的思路。充分利用径流雨量，补充涵养地下水，也可对处理后的雨水加以收集利用，缓解水资源的短缺，充分体现可持续发展理论。经过合理的设计和妥善的维护能改善景观环境，达到良好的景观效果，充分体现生态设计理念；滞留池蓄积雨水的蒸发吸热及植物的蒸腾作用可以调节空气湿度和温度，减少热岛效应，改善周围的环境条件。通过对雨水提供暂时的储存空间来减缓雨水径流对河岸的冲刷，达到保护河道边坡的目的。

（2）缺点

工程投资成本较高，占地面积较大。

第二节　面源污染控制技术

一、初期雨水控制与净化技术

（一）截流式综合排水技术

1.截流式综合排水技术简介

随着城市化进程的不断加快，城市面源污染程度也在加剧。在降雨发生时，雨水对屋面、路面等不同城市下垫面所沉积污染物的不断冲刷，导致雨水径流尤其是初期雨水径流的污染程度非常高。污染物随雨水汇入雨水管道后，最终排入城市河网、湖泊等受纳水体，造成城市内河、内湖的严重污染。为解决由此而产生的城市面源污染问题，在原有分流制排水体制上提出了截流式综合排水体制。

截流式综合排水体制是在传统分流制排水体制的基础上，结合截流式合流制提出来的，其内部排水管网系统允许合流制与分流制共存，而不是逐步统一成分流制。同时，截流式综合排水体制将沿城市水体的截流系统作为一个重要的组成部分，而不仅仅是分流制建设过程中的一种过渡形式。

2.截流式综合排水技术原理

（1）内部排水管网体系

截流式综合排水体制中内部排水管网系统可分为两个部分：一是常规管网体系；二是附加的源头污染削减和雨水利用措施。

截流式综合排水体制对于常规管网体系要求相对宽松，允许合流制与分流制共存，即可以在不同的区域根据其客观条件和限制因素，因地制宜地选择和实施不同的排水体制，并不刻意要求合流制向分流制改造。在旧城区，截流式综合排水体制不要求在内部管网系统中进行强制性的分流制改造。对经济条件允许、管网空间足够并且其他条件成熟的地区，可以逐步进行分流制改造；而对于各类条件暂时不成熟的旧城区，可以保留现有的排水体制。在新城区，由于分流制相对合流制而言，是更加成熟和理想的排水体制，本身具有一定的优越性，因此新城区内部的管网系统仍然需要按照分流制进行规划建设。此外，对于新城区，如果条件允许，可以考虑将部分调蓄池的位置提前，即在管道的上游或中游即对初期雨水进行调蓄，这样不仅可以有效避免部分城市由于河网较少、雨水汇流时间较长难以有效截留初期雨水的问题，还能够在上游或中游削减洪峰，从而减小对下游管网的压力，进而减小城市内涝发生的概率，具有重要的现实意义。

（2）沿城市水体两岸敷设的截流干管系统

沿河截污干管系统由沿城市水体敷设的截流干管、截流泵房和调蓄池组成。旱天截流混接到分流制雨水管道中的污水或排入合流制管道中的污水，形成截流污水；雨天则主要对合流制管道中的混合雨污水、分流制雨水管道中混接污水与初期雨水实施截流，形成合流污水。

旱季时，截流式综合排水体制可将截流污水全部送入污水处理厂。雨季时，通过截流设施，将收集到的合流污水部分输送至污水处理厂，超出污水干管输送能力的合流污水则通过雨水调蓄池（包括高效溢流净化池等）进行调蓄和初步处理，进一步削减溢流污染。调蓄后的雨污水可在污水处理厂低峰时输送至厂内继续处理。在调蓄方式上，除了采用单座调蓄池的点状调蓄方式外，还可以因地制宜地选择长距离调蓄涵洞的线状调蓄等方式。对于降雨后期水质相对较为干净的合流污水，则可以充分利用水体的自净能力，将其排入附近水体。

（3）污水处理厂系统

在截流式综合排水体制中，对于污水处理厂运行管理的要求有一定的提高。主要表现在：雨天截流式综合排水体制要求将部分初期雨水截流到污水处理厂，这将引起污水处理厂进水水质、水量的波动，对污水处理厂产生较大的冲击。因此，在截流式综合排水体制中，需要结合调蓄池的设置，科学制定污水处理厂运行管理模式，灵活并充分利用污水处理厂低峰时的富余处理能力，做到既解决初期雨水的污染问题又避免对污水处理厂的冲击。

当污水处理厂无法对截流雨污水进行有效处理时，则需要考虑对污水处理厂进行扩容等升级改造，同时在污水处理厂设计时适度放大变化系数，将雨天截流雨污水的水量冲击考虑在内，即从"污水处理厂的总污染容量"角度进行考虑和设计，充分利用污水处理厂的处理能力。同时在雨天较大截流雨污水量的冲击情况下，适当放宽对污水处理厂的出水要求，合理地调整污水处理厂的处理工艺流程，例如将"串联"处理改为"并联"处理，在不严重损害处理效果的前提下，最大限度地提高过水能力，增加对污染物总量的削减控制，从而保证截流式综合排水体制的实施效果。

3.截流式综合排水技术优缺点

（1）优点

在污染控制方面，能够最大限度地减少对城市河网水系污染物的排放，保护城市内河、内湖等水体的水质，从而保护整个城市生态环境。在经济成本方面，减少了大规模改造城市内部现有排水管网及污水处理厂扩容的费用，仅需要沿城市水体两岸敷设截流干管，综合成本较低。在初期雨水污染削减方面，通过建设附加污染削减控制措施，可有效滞纳、削减地表径流污染物，降低初期雨水的污染浓度。在城市防洪排涝方面，通过在内部管网体系的源头建设附加污染削减控制措施及调蓄池的设置，可以提高雨水的渗透和滞纳能力，延缓洪峰的产生时间，从而减轻城市排水管道的压力。在实际操作方面，可以避免对城市内部现有管网体系大规模的改造，从而减少施工阶段对城市交通、居民生活等方面的显著影响，更具可操作性。

（2）缺点

城市规划用地未考虑截流污水水管管位、泵站和调蓄池的建设用地，征地和拆迁困难。前期根据规划实施的分流制污水管及污水厂容量未考虑增加这部分截流污水量。对城市交通、生活环境也造成诸多负面影响，综合成本较大。

（二）前置库技术

1.前置库技术简介

前置库是置于水库之前的"库"，是另外修建的位于水库之前的小库，用于收集面源污染的雨水，设法使其净化后再流入水库。准确地说，前置库是指通过延长水力停留时间，促进水中泥沙及营养盐的沉降，同时利用子库中大型水生植物、藻类等进一步吸附、吸收、拦截营养盐，从而降低进入下一级子库或者主库水中的营养盐含量，抑制主库中藻类过度繁殖，减缓富营养化进程，改善水质。

2.前置库技术原理

前置库是一种相对较小的，水体停留时间为几天的水库。它们通常紧靠着需要改善水质的主体湖泊或水库。在前置库中，水体所含的营养物质首先通过浮游植物从溶解态转化成颗粒态，接着浮游植物和其他颗粒物质在前置库与主体湖泊（水库）连接处沉降下来，整个沉降过程包括自然过程和絮凝沉降。通常，水体中存在正磷酸盐的化学絮凝和吸附过程，但在前置库中，当pH为6～8时，藻类对正磷酸盐的吸收远大于这种物理化学过程。

前置库中的沉降过程与浮游生物结构有关，沉降速率较大的藻类（如硅藻）占优势的时候，对沉降过程十分有利。同时避免各种滤食性浮游动物（如水蚤等）的大量繁殖，防止造成浮游植物生物量的急骤下降和营养物质的大量再矿化，可有效加大正磷酸盐的沉降和去除。

前置库通常由三部分构成，即沉降系统、导流系统和强化净化系统。

（1）沉降系统

其主要机理是利用水源地的涧河入库口，加以适当改造，在引入全部或部分地表径流的同时，通过泥沙及污染物颗粒的自然伴随沉淀至底，结合系统的水生植物有效吸收去除底部沉淀物中的营养物质，从而达到初步净化水体水质的效果。

（2）导流系统

针对水库水源地保护区内河涧一般为山溪性河道及污染突发性、大流量、低浓度等特点，为防止前置库系统暴溢，超过设计暴雨强度的径流通过导流系统流出，从而不会影响水体净化处理效果，最大限度去除截流的面源污染物。

（3）强化净化系统

砾石床过滤，利用微生物及植物根系的转化、吸附和吸收，使水体中的有机物、氮和磷等营养物质发生复杂的物理、化学和生物转化，同时砾石床的土壤及沙石通过吸附、截流、过滤、离子交换、络合反应等去除水中的氮、磷等营养成分。植物滤床净化，种植具有经济价值的挺水植物，利用其根系吸收营养物质，同时通过拦截水流作用，促进泥沙和其他颗粒物沉降。深水强化精华区，利用高效水生生物的净化作用和生物浮岛、固定化脱氮除磷微生物和高效、易沉藻类等人工强化技术，高效去除氮、磷等营养物质。放养滤食性的鱼类、蚌和螺类，放养一定密度的底栖动物和滤食性鱼类，以有效去除悬浮颗粒、有机碎屑及浮游生物，促进良好生态系统的形成。岸边湿地建设，结合水库类型和水体存在消落带现况，前置库岸边营造湿地，培育湿生植物、湿生花卉和挺水植物、浮叶经济水生植物、沉水植物。该系统能进一步沉降粒径较小的泥沙，总氮（TN）、总磷的去除率分别达35%和50%左右。

3.前置库技术优缺点

（1）优点

有效减少面源有机污染负荷，特别是去除地表径流中的氮、磷。占地少、成本低。能抑制藻类过度繁殖，减缓富营养化进程，改善水质。有效解决了面源污染的突发性、大流量等问题。

（2）缺点

前置库的净化功能与河流的行洪功能往往矛盾。在运行期间，前置库区经常出现水生植物的季节交替问题。

（三）初期雨水净化技术

1.初期雨水净化技术简介及分类

由于降雨初期，初期雨水溶解了空气中的大量酸性气体、汽车尾气、工厂废气等污染性气体，降落地面后，又由于冲刷屋面、沥青混凝土道路等，使得前期雨水中含有大量的污染物质（如原油、氮、磷、重金属、有机物质等），前期雨水的污染程度较高，甚至超出普通城市污水的污染程度。经城市排水管道或漫流进入河道、湖泊等受纳水体，形成典型的城市降雨径流污染。随着城市化进程的推进，城市中道路、桥梁、建筑物等不可渗透表面不断增加，降雨径流渗透减少，径流量急剧增加。

雨水径流污染的来源主要为汽车产生的污染物，屋面建筑材料，建筑工地、路面垃圾和城区雨水口的垃圾和污水，大气的干湿沉降等。初期雨水净化技术可以分为湖滨带净化技术、径流促渗利用技术、城市道路径流污染控制技术和小区雨水径流污染控制技术。

2.初期雨水净化技术原理

对前期雨水进行弃流处理，可以设置初期弃流过滤装置，或者经过土壤渗透、过滤或者利用填料，水生动植物和各种微生物组成并具有景观效果的多级天然生物生态雨水净化系统，去除雨水中的污染物，将得到过滤净化后的雨水再排到城市雨水管道、明渠或河道中。对降雨后期污染程度较轻的雨水，经过截污挂篮截留水中的悬浮物、固体颗粒杂质后，可以直接排入自然受纳水体。

3.初期雨水净化技术优缺点

（1）优点

在污染控制方面，能够最大限度地减少初期雨水污染物的排放，保护城市内河、内湖等水体的水质。可有效削减初期雨水污染地表径流，降低初期雨水的污染浓度。可以增强雨水的渗透和滞纳能力，从而减轻城市排水管道的压力。

（2）缺点

改造综合成本较大。

（四）初期雨水过滤技术

1.初期雨水过滤技术简介及分类

过滤技术是通过雨水汇集池及多个沉淀池对雨水进行过滤净化，雨水也可以经泥土、粗石层、碎石层、幼砂层、过滤网等地下预设层，植物、微生物及鱼虾类水生动物的栖息地，达到过滤水体的作用。

按照过滤原理的不同，初期雨水过滤技术分为沉淀过滤、平行过滤、生物过滤、重力过滤四种净水过滤系统。

2.初期雨水过滤技术原理

（1）沉淀过滤技术

沉淀过滤技术是通过湿地自然溢流进行净水的生态过滤系统，主要通过雨水汇集池及多个沉淀池对雨水进行过滤净化。雨水在汇集池中停留一段时间，较大的脏物粒子初步沉淀，经控制堰溢至第一沉淀池进行中型脏物粒子的沉淀，然后雨水再经控制堰溢入第二沉淀池，沉淀较小的脏物粒子，接着通过控制堰溢入第三沉淀池。同时植物将污染物自然吸收，最后通过沉淀过滤的雨水排放到河流。

（2）平行过滤技术

平行过滤技术是根据水流的自然方向，设置垂直式过滤网而进行水流净化的生态过滤系统。该系统结合长木栈道和浮动平台的设计，于木栈道和水上平台下悬垂单向穿透性过滤网直至水底，雨水通过此过滤网进行有效过滤后才能排放，此结构为浮动式，可根据水位自动调节，从而确保雨水过滤净化效果的实现。

（3）生物过滤技术

生物过滤技术是通过临水区域设置鱼虾等生物培育基地，对水体进行生物净化的生态过滤系统。该系统设有一系列小型生态水岸小岛，区内水位处于常水位线，水岸除了种植吸引虫鱼鸟类的多层次植栽外，还设置了培育鱼虾类水生动物的栖息地结构，以不同的结构形式吸引多种鱼虾类生物在此繁殖，有效地促进了区域水体的生态净化和过滤过程。

（4）重力过滤技术

重力过滤技术是通过水体的自然重力效应，经过多重过滤层而实现将污水逐步净化的过滤排水系统。该系统靠地心引力的自然特征，让地表渗入的雨水经泥土、粗石层、碎石层、幼砂层、过滤网等地下预设层，流入半渗透性的管道内，再将水排入河流。此系统将直接渗入软性地表的雨水过滤及汇水入河，代替明沟的功能，多层的重力过滤系统还能处理限量的生活污水。

3.初期雨水过滤技术特点

削减了城市降雨径流引起的非点源污染物，能够有效改善水质、涵养水源、调节区域气候、保护生物多样性、保护和美化环境，具有良好的生态效益。

二、畜禽养殖面源污染控制技术

（一）厌氧沼气池技术简介及分类

畜禽养殖场废弃物，如畜禽粪便、污水都可作为制造沼气的原料，沼气技术可以使废弃物得到最完全、最彻底的利用。以畜禽养殖废弃物的综合利用和污染治理为目的的厌氧沼气池技术属于环境友好型项目，采用粪尿分类、雨污分离、固体粪便堆肥处理利用、污水就地处理后农地回用等技术方式，不仅能解决农村畜禽养殖环境污染问题，还能起到代替一次能源，使得广大农村不再单一的燃烧煤和秸秆，能源短缺的局面得到缓解，而且节约了能源消耗的支出，使农村环境得以改善。

（二）厌氧沼气池技术原理

厌氧沼气池由前处理系统和后处理系统组成。其反应器采用受力特性较好的球形结构，池壁及池顶口填土均匀夯实，保证土壤承载力，防止拉裂变形，池内密封，加涂防腐材料，防止池漏。

前处理系统（占系统容积60%~70%）包括两个沉淀预处理池及1~2个厌氧消化池。沉淀预处理池1主要利用金属栅格挡较大块状、不易消化的固体废物；沉淀预处理池2是利用重力沉降将比水重的悬浮颗粒从水中除去，同时对厌氧消化池进行水封，最大限度地保证厌氧条件。经过沉淀预处理池的处理，一般可去除污水中50%~60%的悬浮物。

厌氧消化池采用环流结构，以增长水流循环路径，增加水力停留时间（HRT）。污水流入第一级厌氧消化池，厌氧菌开始繁殖，该级无须填料，HRT为24h。第二级为主发酵池，厌氧菌在该池内大量繁殖，为避免菌群被污水带走，池内加有软性填料（占整个体积的15%~25%）作为载体吸附菌群，在隔绝空气的情况下，利用微生物的代谢过程，使废水中的有机物得以降解，在净化水体的同时有少量沼气产生，HRT为24h。厌氧消化池采用双层盖密封，以保证厌氧条件。

（三）厌氧沼气池技术特点

1.优点

管理简便，不消耗动力，运行稳定。从源头上控制养殖污染，提高农村用水水质。集中治污，规模化处理设施。耐冲击负荷高。实现了污水的资源化，做到了能源自用。

2.缺点

厌氧方法虽然负荷高，去除有机物的绝对量高，但出水COD浓度高于好氧处理。厌氧微生物对有毒物质较为敏感，如对有毒废水性质了解不足或操作不当可能会导致反应器运行条件的恶化。厌氧细菌繁殖较慢，导致厌氧反应器启动过程缓慢。工程实施经常受当地城市交通、用地类型控制等因素制约。

三、土壤与绿化肥分流失控制技术

（一）土壤与绿化肥分流失控制技术简介与分类

土壤与绿化肥分流失是由于降雨作用于表层土壤，引起表层土壤及 N、P 等养分溶解流失，或径流泥沙含有和吸附的颗粒态养分随径流迁移，进入水体的过程。土壤及肥分养分流失一方面造成了土壤质量退化、土地生产力下降，另一方面养分进入河流、湖泊等水体，引发水体富营养化等一系列问题，是造成城市黑臭水体的原因之一。

土壤与绿化肥分流失控制技术分类为两类，一类是土壤流失控制技术，另一类是土壤肥分流失控制技术。

（二）土壤与绿化肥分流失控制技术原理

1.土壤流失控制技术

化学处理。应用阴离子聚丙烯酰胺（PAM）防治水土流失，已成为国际普遍采用的化学处理措施。在表土，用PAM液雾喷施风干的土壤比直接用干PAM颗粒处理的土壤更能及时有效地控制侵蚀。

综合治理。一是水土保持生态建设动态监测评价关键技术。二是在生物工程治理中，培育根系发达、固土蓄水性能好、抗旱能力强、生长速度快、经济价值高的乔木、灌木和牧草，以解决当前林木成活率低、生态效益和经济效益差的问题。三是进行土地集约化利用和人口承载力研究，对土地粗放利用、人口密度过大和生态环境改善造成影响的问题，提出具体的解决办法。四是进一步完善退耕还林、还草治理措施，使已得到治理的不反弹，生态环境进一步得到改善，未得到治理的尽快治理。

针对大片人口密度比较小、降雨适当的地区，要采取退耕、封育、禁牧等措施，促进生态自然修复，恢复植被覆盖，加快水土流失治理进程。退耕还林、还牧其目的是因地制宜，封山、育林、种草和禁牧，达到"山清、水秀、村美、人富"。坚持退耕还林、还草，禁止陡坡开荒种地，恢复林草植被。同时应制定政策，禁止对现有荒山荒坡的开垦，禁止对荒山荒坡过采、过牧等掠压式经营，以免造成新的水土流失。还要加强对现有林草植被的保护，封山育林育草，使荒山荒坡的植被得到一定恢复后，再进行植树种草的荒山绿化工作。再按照"统一规划，合理布局，配套建设，适当超前"的原则，切实搞好高标准基本农田示范区建设，对基本农田进行田、水、路、渠的科学规划，对废弃地进行复垦整治，建成田面平整、格田成方、绿化成行、灌排设施配套、地力水平较高的高标准农田，实现经济、社会、生态三方效益共赢，同时可以防止水土流失。

生物措施。农业技术措施包括深耕改土、科学施肥、选育良种、地膜覆盖、轮作复种等。

2.土壤肥分流失控制技术。

根据坡耕地土壤N、P流失的特征和影响因素，控制养分流失可以从以下两个方面着手。

植物篱技术与保护性耕作。植物篱控制养分流失的机理是它能有效阻止侵蚀泥沙的向下搬运，在植物篱带前形成泥沙堆积；并且对不同粒径的土壤颗粒的流失均有控制效果，对粒径较大的颗粒的流失控制效果更明显。研究表明，以等高植物篱为代表的坡地生态工程能相当有效地减少坡面N、P养分损失量。秸秆覆盖与少免耕相结合的保护性耕作具有明显的保持水土作用，但是采用少免耕而无秸秆覆盖配合的情况下，水土流失甚至高于传统翻耕的情况研究表明，长期的少耕和退耕能显著增加地表的残留物和土块，具有水土保持的作用，而且相对于常规耕作并没有副作用。

坡改梯工程技术。坡耕地改梯田是我国开发利用坡耕地，发展农业生产的一种传统方式，也是我国坡耕地治理的一项重要的工程措施。坡耕地改为梯田后可以显著提高水土保持效果，减少养分流失，对于提高土壤肥力增加作物产量具有重要的意义。但是其明显的缺点是投入巨大，农民不能接受，而且不适当的工程也会造成新的水土流失。

（三）土壤与绿化肥分流失控制技术特点

1.优点

从源头上控制，控制农村土壤营养流失。集中治污，规模化处理。

2.缺点

工程量大，影响范围广。工程实施受用地类型等因素制约。

第三节　内源污染控制技术

一、底泥疏浚技术

（一）底泥疏浚技术简介及分类

底泥是河流污染的内源因素之一，底泥中的有机物在细菌作用下发生分解，会降低水中的溶解氧浓度，同时产生硫化氢、磷化氢等恶臭气体，使河水变黑变臭。

底泥疏浚（又称环境疏浚），即通过挖除表层的污染底泥，减少底泥污染物释放。底泥疏浚能永久去除底泥中的污染物，有效减少内源污染，对改善河流水质有较好的作用，但该法工程量大，而且淤泥清除力度过大，会将大量的底栖生物、水生植物同时带出水体，破坏原有的生物链系统。再有疏浚过程中会产生大量的淤泥，如处理不善，会造成严重的二次污染。

底泥疏浚技术包括机械清淤和水利清淤等方式。

（二）底泥疏浚技术方案

1.疏浚方案的制定

一般情况下，实施疏浚工程的目的主要有两方面：一是改善江河泄洪能力，改善航道通行条件，增加湖库调蓄能力；二是清除内源污染，改善江河湖库水环境，为进一步修复污染水体创造条件。对于单纯以提高泄流能力或增加湖库调蓄能力为目的的疏浚工程，其疏浚技术要求相对简单，实施比较容易。而对以改善水环境为目的的疏浚工程，则相应的技术要求比较高。如果达不到这样的要求，疏浚效果就会大打折扣，甚至导致水质恶化。为此，有必要对以改善水环境为目的的疏浚方案的制定进行探讨。

在制定以改善水环境为目的的疏浚方案时，首先，应对污染底泥的沉积特征、分布规律、理化性质等有比较清楚的了解；其次，应在比较精确的测量数据的基础上确定合理的疏挖深度，完成沉积物总量测算及总量调查，对疏挖范围及规模、疏浚作业区的划分及工程量、疏挖方式及机械配置、工作制度及工期等做出科学合理的安排；最后，对底泥堆放场地的选择、处置工艺的选取等都要有明确的技术方案，尤其要提出综合利用方案。

2.疏浚深度

疏挖深度的确定应综合考虑清除内源性污染、控制巨型水生植物的生长和有利于生态恢复等问题。底泥的深度随着湖泊水库的形态、水力状况、调度运用情况等而变化，对河流而言，河槽的形态、水力状况也影响到底泥深度。此外，底泥中营养盐的分布是多变的，在富营养化发展的湖泊中，表层底泥的营养盐通常高于下层。底泥中营养盐的释放与温度、pH、细菌、溶解氧等诸多因素有关。在20 cm以下的底泥基本上不直接参与营养盐对水体的释放。有实验表明，疏浚深度为30 cm时，在好氧条件下，其氮、磷释放量反而比未疏浚时大。也就是说，并不是任意的疏浚深度和任意时间内的疏浚都可减少营养盐释放量。从国内情况来看，太湖五里湖清淤工程，建议全部清除底泥较浅区域（底泥厚度小于40 cm）的淤泥，对底泥厚度大于40 cm的区域应以监测资料为依据，清除上层污染物含量高的部分，底泥厚度大于60 cm后，污染物含量明显降低，所以建议一般区域清淤厚度以40~60 cm为宜，对局部污染严重区域，可清淤直到硬地。以改善水环境为目的的底泥疏浚深度的确定显然要比单纯的以增大泄洪能力、改善航运条件、增大调蓄能力为目的的疏浚深度的确定要困难一些。

3.疏挖形式

底泥疏挖一般有两种形式：第一种方法是干湖疏浚，将湖水抽干，然后使用排干疏浚设备推土机和刮泥机清除表层底泥；第二种方法是带水疏浚，是带水作业。此方法应用范围广泛，河湖疏浚都可用之。

疏浚设备的选择需要考虑设备的可得性、项目时间要求、底泥输送距离、排放压头和底泥的物理和化学特征等。带水作业的疏浚设备基本有两大类：专用疏浚设备与常规挖泥船改造。专用疏浚设备多为国外产品，开发研制时间长，产品比较成熟，疏浚质量好。目前最先进的环保式底泥疏浚设备是绞吸式挖泥船，该设备是直接由管道在泥泵的作用下吸起表层沉积物并远距离输送到陆地上的堆场，疏浚船上安装自动控制和监视系统，大大提高了疏浚精度。

4.底泥处置。

首先是底泥处置场的设计，应综合考虑可容纳的底泥体积、悬浮固体含量、底泥颗粒分布、密度、流变性或者塑性、沉降特征等要素。疏浚底泥中往往含有各种类型的污染物质，很容易对环境造成二次污染，必须有切实可行的处置方案。国际上一些发达国家甚至要求在疏浚前对污染底泥进行生态风险评估。关于清除后污染底泥的处置技术主要有堆存封闭法、污染泥集装化、生物修复和资源化利用等，应该鼓励在可能的条件下使污泥处置与综合利用相结合。目前底泥的综合利用主要是用于生产建筑材料、肥料，改良土壤和建造景观等。

（三）底泥疏浚技术特点

1.适用范围

一般而言适用于所有黑臭水体，尤其是重度黑臭水体底泥网污染物的清理，能够快速降低黑臭水体的内源污染负荷，避免在进行其他治理措施的时候，底泥污染物向水体中释放。

2.优点

通过疏浚能够有效去除易再悬浮的表层污染沉淀物。可以减少湖内污染源，增加湖泊容量，并可以控制水生植物的生长。能够改善河道水质。

3.缺点

如果疏浚过程中采取的疏浚方案不当或技术措施不力，很容易导致底泥空隙水中的磷及其他污染物质重新进入水体，也有可能在水流和风的作用下将释放的污染物质扩散进入表层水体。底泥疏挖还能去除底栖生物，破坏鱼类的食物链。如果底泥被完全疏挖，可能需要 2～3 年的时间，才能重新建立底栖生物群落，不利于水生态的自我修复。疏浚项目施工期间可能对水域的航运、旅游及水产养殖业带来一定的不利影响，也会产生一定的大气污染（如底泥堆放场的恶臭）和噪声污染，施工过程中的扰动也会对水域水环境产生二次污染。底泥堆放场会受到自然降雨的冲刷，泥浆余水中可能含有重金属及氮、磷等污染物，这些问题可能导致污染物随径流影响周围水环境。

二、固体废弃物清理技术

（一）固体废弃物清理技术简介

固体废弃物主要包含生活垃圾、工业固体废物、危险废物、建筑垃圾、旅游垃圾、风运垃圾、水生植物和岸带植物的季节性污染物等。固体废物未经无害化处理随意堆放，将随天然降水或地表径流进入河流、湖泊等水体，长期淤积、阻塞河道。有毒有害固体废物进入水体，废物中的有毒有害成分必然被浸滤出来，从而使水体发生酸性、碱性、富营养化、矿化、悬浮物增加甚至毒化等变化，危害生物和人体健康。

城市中的河道基本上都是在居民区附近，尤其是城市郊区的居民产生的生活垃圾很多都是堆放在河堤上，基本上是一些塑料袋、破衣服、烂蔬菜等生活垃圾，各种气味混合起来，令人作呕。遇到下雨的天气，垃圾就会被冲进河里，随河道流进市中心，污染水源，影响市容。

固体废弃物中的建筑垃圾是城市建设过程中，一些建筑工人直接将破砖烂瓦、渣土等固体废弃物偷偷倒入河道中，严重污染了河道的水质。固体废弃物中的旅游垃圾是城市河道垃圾中不可忽视的一部分，人们在旅游的时候一般都会选择有山有水的地方，在河边欣赏水中的游鱼，或者拿起鱼竿在河边垂钓，可是在他们兴致勃勃地与河水"亲近""嬉戏"的时候却没有注意环境卫生，随手将方便袋、用过的纸巾丢进河中，长此以往，河中的垃圾越积越多，河两岸的臭味越来越浓。固体废弃物中的风运垃圾指的是在大风天气的时候，一些农贸市场中产生的塑料与树叶等垃圾被吹到河里，形成了一部分漂浮在河面的垃圾。固体废弃物中水生植物和岸带植物的季节性收割、季节性落叶等季节性污染物，需要在干枯腐烂前清理；水面漂浮物如各种落叶、塑料袋、其他生活垃圾则需要长期打捞。

固体废弃物可通过人工直接打捞或者清洁工人驾船打捞。大量的城市河道垃圾越发成为城市生态绿化建设的棘手问题，在河道的桥梁底下经常有竹竿，是垃圾清理工人自制的简易垃圾清理工具。

（二）固体废弃物清理技术优缺点

1.优点

清除河道内排污口、水闸、河埠等附属设施周边区域的固体废弃物，消除影响水质环境的各种污染物。提高水体自净能力。全面清除河道障碍物，确保泄洪安全。清理河道垃圾，提升社区环境风貌。

2.缺点

以人工打捞为主，成本高，效率低。耗时长，见效慢。季节性生物残体和水面漂浮物清理的成本较高，监管和维护难度大。

第十一章　城市水体生态修复技术

第一节　岸带与河道护坡生态修复技术

一、岸带修复技术

（一）岸带修复技术简介与分类

1.岸带修复技术简介

水岸带泛指水陆界面被水间歇性淹没的地段，水岸带中的生物成分与非生物成分构成的生态系统，称为水岸生态系统。水岸生态系统是介于陆地与水体之间的过渡地带，是非常重要的典型生态交错区，是连接水生生态系统和陆地生态系统的枢纽。

岸带修复包括广义和狭义两种。广义是指靠近河边的植物群落，包括其组成、植物种类及土壤湿度等高低植物被明显不同的地带；狭义指河水—陆地交界处的两边，直至河水影响消失为止的地带，目前大多采用后一种定义。

2.岸带分类

（1）陆向辐射区

该区域是指没有被水淹没，但是受水体影响，土壤水分间隙性饱和的地段，植物以中生或耐水湿的乔木或灌木成分为主，一般乔木是该区域的建群种。

（2）水位变幅区

该区域是指被水间隙性淹没的地段，土壤水分常年处于饱和状态，植物以耐水、湿生的草本植物、灌木与乔木成分为主，一般灌木或湿生植物为该区域的建群种。

（3）水向辐射区

该区域是指长期被水淹没的地段，一般水深在2m以内。植物组成以浮水植物、挺水植物及部分沉水植物为主，一般以挺水植物为建群种。

3.岸带修复技术分类

（1）植物护岸

植物护岸是河流护岸中比较重要的一种形式，它充分利用护岸植物的发达根系、茂密的枝叶及水生护岸植物的净化能力，既可以达到固土保沙、防止水土流失的目的，又可以增强水体的自净能力。同时，岸坡上的植物所形成的绿色走廊还能改善周围的生态环境，营造安全、舒适的人类活动空间。

（2）木材护岸

木材护岸是采用各种间伐木材和其他一些已死了的木质材料为主要护岸材料。木材可根据需要制成各种形状，一般是与石材搭配，以增强岸坡的稳定性。此外，木材粗糙表面可附着大量的微生物，起到净化水质的作用。木材护岸一般分为以下两种形式。①栅栏护岸；②生态坝护岸。

（3）石材护岸

石材是大自然中存在最多的天然材料，其形状有条状的、立方体状的，也有不规则形状的。在护岸工程中，石头可以无规划地堆放，也可以有规划地堆砌，可以放置在石笼中再堆砌，也可以与水泥混凝土混合垒砌。

在护岸保护中具有成本低廉、来源广泛、抗冲刷能力强、经久耐用的特点，此外，其粗糙的表面还可以为微生物提供附着场所，石头与石头之间也可以成为水生植物和鱼儿等水生动物的生存空间。

（4）石笼护岸

石笼护岸是用镀锌、喷塑铁丝网笼或者竹子编的竹笼装碎石（有的装碎石、肥料和适合于植物生长的土壤）垒成台阶状护岸或做成砌体的挡土墙，并结合植物、碎石以增强其稳定性和生态性。石笼护岸比较适合于流速大的河道断面，具有抗冲刷能力强、整体性好、应用比较灵活、能随地基变形而变化的特点，同时，又能满足生态的需要，即使是全断面护砌，也可为水生动物、生物提供生存空间。

（二）岸带修复技术原理

岸带修复技术主要用于已有硬化河岸（湖岸）的生态修复，属于城市水体污染治理的长效措施。采取植草沟、生态护岸、透水砖等形式，对原有硬化河岸（湖岸）进行改造，通过恢复岸线和水体的自然净化功能，强化水体的污染治理效果。

在水域相对开阔，水流较缓，河道水位变化不大的河段可以采用植物的根、茎（枝）或整体作为生态护岸结构的主体元素对河岸进行防护。这种防护方式将植物的根、茎（枝）或整体按一定方式和方向排列插扦、种植或掩埋在边坡的不同位置，在植物群落生长和建群过程中，植物的根系在土中错综盘结，使边坡土体在其延伸范围内成为土与根系的合材料，加固和稳定边坡。

在水流较急、岸坡坡度较陡的河段，植物根系无法控制土体深层滑动，若植物根系延伸范围内无稳定的岩土层，则其防护作用便不明显，需结合坊工进行河岸防护。采取污工防护措施对减轻护岸修建初期的不稳定性效果很好，其深层锚固措施对边坡的加固作用非常有效。随着时间的推移、混凝土的老化、钢筋的腐蚀，材料强度会降低，坊工防护与加固效果也越来越差。而随着植物的生长和繁殖，生物量的增加，植物措施在减轻坡面不稳定性和防治侵蚀方面的作用会越来越大。

因此，植物措施与坊工措施相结合，发挥二者各自的优点，在保证边坡稳定的同时，起到生态修复作用，达到人类活动与自然环境相和谐的目的。

岸带修复技术能避免纯工程性护坡技术带来的弊端，能恢复和保护自然环境、改善生态条件，同时也起到传统护坡的防护作用，实现了河流安全防护与环境恢复、保护的有机结合。

（三）岸带修复技术优缺点

1.优点

（1）保护功能

岸带修复技术具有可以提供各种生物的栖息地、保持物种的多样性、调节河溪的微气候、稳定河岸复合生态系统等功能。

生态的河岸带可以减缓径流、截留污染物。一定宽度的河岸带可以过滤、渗透、吸收、滞留、沉积物质和能量，减弱进入地表和地下水的污染物毒性，降低污染程度。对于宽度，很多学者做了相关的研究。河岸带的净化水体、减轻污染的功能受径流中营养物质的含量、酸碱度、水中的有机质含量、气候及周围土地利用格局的影响。生态岸带截留和过滤出的污染物中，因为根际微生物活动强烈，这些污染物被较多地降解，大部分有害微生物和寄生虫都被过滤和消灭。

（2）连接功能

连接功能主要表现为廊道的连接、传输、交换、源汇等功能。

廊道是组成景观结构的单元之一，具有宽而浓密植被的河流廊道可控制来自景观基地的溶解物质，为两岸内部物种提供足够的生境和通道；不间断的河岸植被廊道能维持诸如水温低、含量高的水生调节，有利于某些鱼类生存。沿河岸植被覆盖，可以减缓洪水的影响，同时生态河岸带又为生物繁育提供了重要的场所，河边较为平缓的水流为幼种提供了较好的生存与活动环境。

（3）缓冲功能

通过河岸植被带的过滤、渗透、吸收、拦截来发挥涵养水源、净化水体、减少洪涝、防控灾害的功能。

河水的冲刷和侵蚀，对岸边的结构具有一定的破坏性，特别是洪涝灾害到来之际，能否把损害降低到最低，植物的根、茎起到了非常大的作用，由此可见，生态河岸带对岸边的保护功能主要通过河岸带植物的护坡机理来实现。河岸带植被可以减缓表径流，减轻水流的冲刷作用。植被的枝干和根系与土壤互相作用，增加土层的机械强度，有的还可以直接加固土壤，起到固土护坡的作用。

（4）资源功能

资源功能提供了丰富的生物、土地及景观观赏资源，丰富了物种的基因，提高物质资源丰富度。

由于河岸带是功能最完备、系统最复杂的生态系统，不同区域的环境，气候调节和交替出现的消涨带，使得不同地区不同时间表现出强烈的不均一性和差异性，形成了很多小环境，为中间竞争创造了不同条件，使物种的组成和结构具有很大的分异性，为众多的植物、动物物种提供了可持续的生存繁衍场所，从而丰富了物种基因。

河岸带又常是高等植物资源的宝库，纤维植物分布广泛，种类繁多；同时生态河岸带也有丰富的动物资源，据调查，在水路交错的区域，仅鸟类就有160种，其中有的还是世界和国家保护的珍稀动物。可见生态的河岸带也为社会的可持续发展提供了宝贵的物质资源，提高了物质资源的丰富度。

（5）调节局部地微气候

调节局部地微气候主要是通过植物的花、叶、茎等对水体形成的阴影，减少阳光直射，调节河岸带水体温度，使其更适宜动植物生长。同时，河岸带丰富的植物景观，也形成了一个天然的氧吧，能改善周边空气湿度，提供更多的氧气，使这一地区的气候更加宜人。

（6）休闲娱乐功能

河岸带是极易创造亲水环境的区域。一个优秀的生态河岸带，它的建筑、人文、休闲娱乐设施等景观版块均具有线条、质地和土地利用和谐性等景观美学意义，它既是具有景观适宜性的区域，又是人与水和谐共处的过渡平台，同时还具有休闲、旅游、娱乐功能和观赏价值。

2.缺点

工程投资成本较高。

二、河道护坡生态修复技术

（一）护坡生态修复技术简介与分类

1.全系列生态护坡技术

全系列生态护岸技术是从坡脚至坡顶依次种植沉水植物、浮叶植物、挺水植物、湿生植物（乔木、灌木、草本）等一系列护岸植物，形成多层次生态防护，兼顾生态功能和景观功能。挺水、沉水、浮叶植物能有效减缓波浪对岸坡水位变动区的侵蚀。坡面常水位以上种植湿性强、固土能力强的草本、灌木及乔木，共同构成完善的生态护岸系统，既能有效控制土壤侵蚀，又能美化河岸景观。

全系列生态护坡技术主要应用在出现表层土壤侵蚀、植被稀少、景观要求较高的河段。主要分为草皮护坡、网垫植物复合型护坡和网垫高分子材料复合型护坡。

2.土壤生物工程护坡技术

土壤生物工程是一种边坡生物防护工程技术。用于公路边坡、河道坡岸、海岸边坡等各类边坡的生态治理。这类护岸技术使用大量的可以迅速生长新根的本地木本植物，最常用的木本灌木和乔木如杨柳、山茱萸等，利用这些存活的植物体（主要是枝条），以点、线、面的种植方式对整个边坡进行生态修复。

土壤生物工程技术不同于普通的种草种树之类的边坡生物防护工程技术，它具有生物量大、结构稳定、养护要求低、生境恢复快、施工简单、费用低廉、近自然等特征。该类技术一般运用在土壤侵蚀严重、土质松散、景观要求低的郊区河段。主要分为活枝扦插、柴笼、灌丛垫三种类型。

3.复合式生物稳定技术

复合式生物稳定技术是生物工程护岸技术与传统工程技术相结合的复合式生态护岸技术。这种生态护岸技术强调活性植物与工程措施相结合，采用水泥桩浆砌石块的传统护岸技术，以达到在复杂地质条件下的固坡作用，辅以活枝柴笼捆插和活枝扦插土壤生物工程技术。这种生态护坡技术的核心是植生基质材料，依命锚杆、植生基质、复合材料网和植被的共同作用，达到对坡面进行绿化和防护的目的。该技术主要用于修复那些侵蚀非常严重、出现整体滑塌的陡坡，主要分为土工材料复合种植基护坡、生态袋护坡、多孔结构护坡和自嵌式挡土墙护坡四种类型。

（二）护坡生态修复技术原理

植物的根系在土中错综盘结，根系和周围土体组成了一个整体。当其深入土层深处时，将会起到铺固、加强周边土体的作用。当周围的土壤因为外力发生位移时，深根系将会产生一定的摩擦力，对土壤发挥抵抗滑坡的功能。

灌木和草本类植物的根系对浅层土体起到的是加筋作用。表层浅根系在土中盘根错节，可以把表层土视为纤维加筋土的模式，发挥对表层土壤的加固效应。浅根系的加筋作用增加了土壤的黏聚力和抗剪强度，增强了抵御水流冲刷和波浪冲刷的能力。

由挺水植物、浮水植物、沉水植物组成的水生植物带起到保护岸坡的作用。植草的主要作用是阻挠水流，保护岸坡，以草根加固和制约土体水生植物护岸。水生植物可以消除水流能量，使水中泥沙沉淀，减少水中含沙量，使水体变清澈。水流速度及波浪对岸坡土壤产生的水流侵蚀作用是非常明显的，这种破坏作用会导致岸边水生植物根部土壤变松，植物密度降低，长久的积累会导致岸坡滑坡或崩坍。

总之，在植物群落生长和建群过程中，利用植物发达的根系的力学效应（深根锚固和浅根加筋）和水文效应（降低孔压、削弱溅蚀和控制径流）进行护坡固土、防止水土流失。植物根系能明显改善土堆的物理性质，提高土坡抗剪强度，在一定条件下，可以把土堆抗剪强度的增加归结为植物根系存在的结果。

（三）护坡生态修复技术特点

（1）由于生态护坡的技术方法简单，造价便宜，效果明显，可以大规模在我国西部、东北、西南和中原等落后地区的土堆侵蚀、水资源管理和水土保持上广泛应用。（2）应用土壤生物工程的方法和当地的植物资源对山地斜坡、江河湖库堤岸等地区的各类边坡实现稳定加固、水土流失控制和生态修复，可在很大程度上改善这些地区的生态环境。（3）用生态护坡工程建设的各类边坡，将随着植物群落的生长和成熟，植物根系网络的生长和扩张，边坡生态系统的完善和有序，越来越坚固和稳定。对水土流失和土壤侵蚀的控制，对整个河道生态系统（包括陆生和水生生态系统）的影响，乃至对河流水质的改善，将越来越明显和突出。（4）土壤生物工程的护坡植物形成的河岸景观比较单一，有时密集生长的护坡植物导致生物多样性可能降低；复合式生物稳定技术对河岸的稳固作用最有效，护坡植物杞柳生长良好，但成本和施工难度较高，且石笼、土工布等人工基质不适合其他本地植物的生长，导致植物群落结构单一，多样性较低。（5）植物护岸技术是利用速生植物枝条作为主要的护岸结构的一种护岸技术，固坡作用突出，具有近自然型、成本低、养护要求低、施工简单等优势，为各类边坡（山地斜坡、江河湖库堤岸、海岸坡岸、城市河网等）的侵蚀控制和生态修复提出了新的工程技术方法。

第二节 人工浮岛与水生植物生态修复技术

一、人工浮岛水体修复技术

（一）人工浮岛技术简介

1.人工浮岛按照水与植物是否接触可分为干式和湿式两种

水和植物接触的为湿式，不接触的为干式。

（1）干式浮岛

干式浮岛因植物与水不接触，可以栽培大型的木本、园艺植物，通过不同木本的组合，构成良好的鸟类生息场所，同时也美化了景观。但这种浮岛对水质没有净化作用，一般这种大型的干式浮岛以混凝土或者发泡聚苯乙烯为材料制作。

（2）湿式浮岛

湿式浮岛又分有框架和无框架两种，有框架的湿式浮岛，其框架一般可以用纤维强化塑料、不锈钢加发泡聚苯乙烯、特殊发泡聚苯乙烯加特殊合成树脂、盐化乙烯合成树脂、混凝土等材料制作。据统计，到目前为止湿式有框架型的人工浮岛的施工案例比较多，占七成。无框架浮岛一般是用椰子纤维编织而成，对景观来说较为柔和，又不怕相互间的撞击，耐久性也较好，也有用合成纤维作植物的基盘，然后用合成树脂包起来的做法。

2.人工浮岛按照结构不同可以分为框架式人工浮岛和拼盘式人工浮岛两种

（1）框架式人工浮岛

框架式人工浮岛采用框架纤维强化塑料管，内置浮力材料，采用绳索装成浮岛框架，采取拉杆浮力装置及高分子网状纤维作为固定植物界面，不但轻便，易于搬运施工，而且紧实、坚固，在不影响行洪的同时耐久性好，便于维护。

（2）拼盘式人工浮岛

拼盘式人工浮岛整体采用耐候性强的高分子材料组成，具有结构合理、适度的刚性及柔性物理指标、外形美观、重量轻、浮力大、拆卸组合方便、使用寿命长和可回收利用等优点，使用年限达5～8年，可以组成任意形状（如圆形、S形、菱形、方形等），主要起到点缀河道景观的作用。所栽培的植物均经过特殊驯化培育，选取了根系发达、纳污力强的品种组成小型生态结构，特别针对城市景观水体中有机物及氮、磷等营养盐浓度较高的特点，强化了这些植物的耐污和纳污能力。

（二）人工浮岛技术原理

人工浮岛净化水体的原理是，利用漂浮栽培的技术在被污染的水体中种植挺水植物和陆生植物，通过固定在浮床上的水生植物根系固定和吸附水体中的各种污染物质，在植物根系形成生物膜，营造微环境，通过微生物的分解和合成代谢降解污染物质，同时有效去除水中的有机污染物和其他营养元素，使环境水质得以净化，从而达到修复和重建水体生态系统的目的。一方面，利用表面积很大的植物根系在水中形成浓密的网，吸附水体中大量的悬浮物，并逐渐在植物根系表面形成生物膜，膜中微生物吞噬和代谢水中的污染物成为无机物，使其成为植物的营养物质，通过光合作用转化为植物细胞的成分，促进其生长，最后通过收割浮岛植物和捕获鱼虾减少水中营养盐；另一方面，浮岛通过遮挡阳光抑制藻类的光合作用，减少浮游植物生长量，通过接触沉淀作用促使浮游植物沉降，有效防止"水华"发生，提高水体的透明度，这一作用相对于前者更为明显，同时浮岛上的植物可供鸟类栖息，下部植物根系形成鱼类和水生昆虫的生息环境。

（三）人工浮岛的主要功能

1.水质净化

人工浮岛的水质净化主要针对富营养化的水质而言，通过减少COD、氮、磷的浓度来抑制赤潮的发生，提高水的透视度。人工浮岛的净化功能主要体现在以下几个方面。（1）植物茎等表面对生物特别是藻类的吸附。（2）植物的营养吸收。（3）水生昆虫的摄饵、羽化等。（4）鱼类的摄饵、捕食。（5）防止已沉淀的悬浮性物质再次上浮。（6）日光的遮蔽效果。

2.抑制夏季的植物性浮游生物的细胞繁殖

人工浮岛对COD的抑制效果在夏季也比较明显，植物的遮蔽效果在抑制植物性浮游生物的细胞繁殖方面起了很大作用。

3.可作为鱼类生息场所

人工浮岛本身具有适当的遮蔽、涡流、饲料等效果，构成了鱼类生息的良好条件。调查表明，在设施周围、人工浮岛的下面聚集着大量的各类鱼种。为了强化人工浮岛作为鱼类产卵床的机能，有的在浮岛的下面系上一些绳子，由于绳子对污泥有吸附作用，又可净化水质，这样可以改善鲤鱼等鱼类的浮式产卵床的结构。

4.可作为鸟类、昆虫类的生息空间

有关人工浮岛上的鸟类研究相对比较多，特别是研究鸟的种类、筑巢情况等。有时为了吸引某种鸟在岛上搭窝，根据该鸟的筑巢习惯，可在人工浮岛上进行特殊布置，为鸟类创造筑巢的条件。

5.消波作用

（1）因有较高的水交换机能，防止堤防内的（海）水污染作用较大。（2）不受设置水域深浅的影响，即使在深水区也比固定式防波堤的建设费用要低。（3）与水下地基的好坏没什么关系，即使设置在软弱地基上，也不需要进行地基处理。（4）设置场所的变更容易。（5）现场施工的工期短。（6）一般可在场外制作，质量容易保证。

除了上述的若干优点外，比起其他防波建筑物，防波用的浮岛与岸边植物带的融合性更好，而且浮岛本身又可成为生物的良好生息场所。

（四）人工浮岛技术特点

与传统污水治理技术相比，在人工浮岛覆盖率为25%的条件下，可削减94%的浮游植物（藻类）生物量，表明人工生物浮岛技术是治理水体富营养的最有效的方式之一。

1.人工生物浮岛技术优点

（1）费用低廉。相比传统治污技术，生物浮岛工艺可节省50%以上的建设费用，并且一旦建成之后，不再需要动力等维护费用。（2）利用陆生植物生长过程中对大量氮、磷吸收和光合作用，去除水中氮、磷，无须施肥，避免肥料对水体的污染，且病虫害少，生物生产量高。（3）不受水体深度、透光度和富营养化程度等条件限制，适合湖泊塘堰富营养化的黑臭水体的治理；避免沉水植物人工种植后，由于光照等生境条件难以保障其正常生育而死亡的现象。（4）可以避免淤积、阻塞，也不需要考虑定期对基质进行去淤更换。（5）创造生物的生息空间，浮岛本身具有遮蔽和营养条件，构成鱼类、岛类生息的良好生境。（6）改善景观，可以通过浮岛种植一些观赏性的植物，营造水体景观。

2.人工浮岛在建设方面的优点

（1）不需要大型生产设备，节约了首次投资，不管工程大小都非常容易上马。（2）从选择材料到浮岛设置，整个工艺流程成本低廉，是目前其他浮岛制作工艺成本的十分之一乃至几十分之一。（3）竹子和PVC管等为基本材料，耐老化、耐腐蚀、耐冲击、抗风浪。（4）浮岛浮体可大可小，形状变化多样，易于制作和搬运。（5）跟人工湿地相比，植物更容易栽培。（6）无须专人管理，只需定期清理，大大减少人工和设备的投资，降低了维护保养费和设备的运行费等。

3.缺点

（1）处理耗时长，很难满足一些时效性要求较高的处理项目。（2）在冬季植物基本是停止生长的，处理效果也基本停滞，所以还只能作为一种预防和改善措施，要彻底达标还需其他水处理措施协助。（3）浮岛技术是采用把水体氮、磷吸收到植物体内的方式把污染带出水体，但大量植物体的处置又是一个棘手的难题。（4）相关配套技术和设施的缺乏也制约着浮岛技术的发展。浮岛载体基本都是现场手工制作，水平都较低，缺乏工业化的配套设施。

（五）人工浮岛技术实施方案

1.浮岛载体

人工浮岛在进行设计和实施时，需要考虑以下四个方面的问题：

（1）浮岛结构的稳定性

为防止被风浪冲走或者单元与单元之间的碰撞，浮岛应该具有足够的稳定性，以保持其位置和形状。

（2）浮岛的经久耐用

尽量选择无污染、抗老化、耐腐蚀的材料，否则不仅管理困难，还容易造成浪费。

（3）经济性

在达到设计效果的同时，设计要力求减少投资成本，降低运行费用。

（4）可扩展，便于运输，易于拼接

依据不同的工程规模要求拼接成所需的大小和形状，这也是一个很重要的方面。

2.浮岛载体的材料选择

浮岛载体的选料原则为无污染、耐久、经济。浮岛载体材料的可选择范围非常广泛，但是考虑到施工工艺和造价，目前所用的浮力材料大部分为竹子、泡沫、木头、废旧轮胎、PVC管等。其中竹子具有浮力效果好、结实、耐水浸、无污染、成本低等优点。发泡塑料容易老化并会产生环境荷尔蒙等二次污染，所以此种材料没有被日本、欧洲各国采用。植物载体材料要求耐水浸、不易腐烂、无污染，关键是植物可以在上面良好地生长，使用较多的是椰子纤维和树枝材料，用这些材料做成的载体垫子既蓬松，有利于植物根系的缠绕，使得植物可以牢牢地附着在上面，不易散落，又经久耐用，不会污染水体。

3.植物栽培基盘

植物栽培基盘用椰子树的纤维、渔网之类的材料和土壤混合在一起使用的比较多，由于装入土壤会增加重量且促进水质恶化，目前使用的比较少，只有20%左右在用。

4.浮岛植物选择

浮岛植物的选择是浮岛技术中至关重要的一个环节，作为浮岛技术的核心，浮岛植物必须适应当地的气候环境，并且能在水环境中健康成长，耐受病虫害，并较少依赖人工维护。

干式浮岛上植物的生长条件和陆上相同，植物的生长环境基本不变，不存在植物的驯化问题。湿式浮岛植物很多原本是陆生的或根系要接触底泥的，移栽到浮岛上将改变植物的生长环境，所以对新环境的适应性驯化是必不可少的。湿式浮岛植物的选择应该遵循以下几个原则。

（1）无害性

所选择的植物不能危及当地的生态系统，要注意生物安全，不能造成生物入侵的后果。

（2）相近性

浮岛提供的是水生环境，因此选中的植物一般是要喜水或耐水耐滞的，这样能减小驯化的难度，提高驯化的成功率。

（3）易驯化性

因大部分的浮岛植物都要改变原来的生境，驯化过程必不可少，不能适应水体环境的植物是不能作为浮岛植物的。

（4）本土性

选用浮岛植物时尽可能选用当地的本土植物，不论是成本、无害性还是气候适应性，选用本土植物都能带来事半功倍的效果。

（5）易维护性

浮岛植物要生命力强，抗病虫害能力强，需要的人工照顾少。浮岛下水之后，相应的维护都不是很方便，植物太"娇气"会带来很大的麻烦。

5.浮岛栽种植物的种类

当前浮岛栽种植物大体上可分为四大类：花卉类、蔬菜类、饲料类、其他类。

6.浮岛的规模

人工浮岛的布设规模因目的的不同，规模也不同，到目前为止还没有固定的公式可套。研究结果表明，提供鸟类生息环境至少需要1 000m²的面积，若是以净化水质为目的，除了小型水池以外，相对比较困难。专家认为覆盖水面的25%～30%是很必要的，若是以景观为主要目的的浮岛，至少应在视角10°～20°的范围内布设。

7.浮岛单元形状

一块浮岛的大小一般来说边长1～5m不等，考虑到搬运性、施工性和耐久性，边长2～3m的比较多。形状上长方形居多，也有三角形、菱形、六角形或各种不同形状组合起来的，面积一般在2～5m²。以往施工时单元之间不留间隙，现在趋向各单元之间留一定的间隔，相互间用绳索连接（连接形式因人工浮岛的制造厂家的不同而各异）。这样做的理由有四点：①可防止由波浪引起的撞击破坏；②可为大面积的景观构造降低造价；③单元和单元之间长出茂盛的浮叶植物、沉水植物、丝状藻类等，可以成为鱼类良好的产卵场所、生物的移动路径；④有水质净化作用。

8.人工浮岛的水下固定设计

人工浮岛的水下固定设计是一个较为重要的设计内容，既要保证浮岛不被风浪带走，又要保证在水位剧烈变动的情况下，能够缓冲浮岛和浮岛之间的相互碰撞。水下固定形式要视地基状况而定，常用的有重量式、锚固式、杭式等。另外，为了缓解因水位变动引起的浮岛间的相互碰撞，一般在浮岛本体和水下固定端之间设置一个小型的浮子的做法比较多。

二、水生植物生态修复技术

（一）水生植物生态修复技术简介与分类

1.水生植物生态修复技术简介

水生植物生态修复技术，以植物操控技术及生态学原理为指导，将生态系统结构与功能应用于水质净化，充分利用自然净化与水生植物系统中各类水生生物间功能上相辅相成的协同作用来净化水质。根据水面的大小不同布置植物网箱，控制去污能力强、生长速度快的植物的生长范围，既有水景绿化的作用，也起到净化水质、保护鱼类生长环境、保护河流生物多样性的目的。

水生植物修复是一种应用广泛、环境友好和经济有效的修复污染环境的方法，是在发生逆向演替的水生生态系统中施加一定的人为影响，有目的地引种优良水草品种或将原有的已被破坏的植物重新恢复起来，促进退化水体生态系统中水生植被的恢复，实现水体生态系统的良性循环。

根据不同特点采用不同的生物材料进行修复。在前段种植耐污性的前锋物种，中段主要种植枯草、波浪草等漂浮植物，后段种植聚草等对营养要求较低的漂浮植物。在整个河段都放养食藻虫，控制藻类的爆发，在水生植物达到一定的规模以后放养河蚌、草鱼等水生动物。

2.水体生态中的不同水生植物

水生植物按生态类型，可分为藻类、沉水植物、漂浮植物、浮叶植物、挺水植物。利用特定技术，还可以将浮游藻类、陆生植物应用于富营养化水体修复中。不同水生植物在富营养化水体修复中具有不同的效果，其生活习性各异，对环境因子要求不同，水生植物吸附、吸收、消减、富集水体中营养物质能力和其对藻类化感作用能力各异。

（1）藻类

藻类植物是植物界中原始低等的类群，它的每个细胞都能繁殖，且非常迅速，并能消耗大量的营养物质；其体内含叶绿素a等光合色素，能进行光合作用，释放氧气；它的分布很广，绝大多数在水中，浮游、底栖或固着在水中各种物体上，又具有分解、氧化、过滤、吸附等作用。利用藻类植物的这些特性可以消除水体中过多的营养物质。

常用的是水网藻，生长快，分布温度范围广，能够大量去除水体中的氮、磷物质。通过人工培养高浓度藻类，缩短处理时间，也可以通过人工调控，利用载体将藻类固定化，形成固定化藻类反应器，克服了传统藻类污水处理系统停留时间长、占地面积大、处理效率不稳定的缺陷。水网萍还具有藻细胞浓度高、易于收获等优点。

（2）沉水植物

常见的沉水植物有伊乐藻、狐尾藻、篦齿眼子菜、金鱼藻濯草、轮藻、鱼藻、微齿（禾叶）眼子菜、马来眼子菜、苦草等。

沉水植物是指植物体全部位于水层下面营固着生活的大型水生植物，它们的根系不发达或者退化，植物的各部分如茎、叶和表皮都与根一样具有吸收作用，能有效地降低水体中营养物质的含量，因此具有较强的净化能力。沉水植物能够从底质沉积物中补充不足的营养，在水生植物群落中占据营养竞争优势。这种营养资源使得沉水植物在水体中营养浓度很低的情况下仍能生长。

沉水植物通过有效增加空间生态位，抑制生物性和非生物性悬浮物；改善水下光照，通过光合作用增加水体溶解氧，为形成复杂的食物链提供了食物、场所和其他必需条件，也间接支持了肉食和碎食食物链。

然而沉水植物在富营养化水体中却难以恢复。光照对沉水植物生长有很大影响，这也是制约沉水植物在富营养化水体修复中应用的瓶颈。

（3）漂浮植物

常见的漂浮植物有水花生、水浮莲、满江红、紫萍、浮萍、西洋菜和凤眼莲。

漂浮植物是根不着生在底泥中，整个植物体漂浮在水面上的一类浮水植物。浮在水面上，在光照竞争中占绝对优势，生长力很强，能够高效吸收水体中的营养物质。漂浮植物容易打捞，但繁殖能力很强，能在很短的时间里占领整个水域，将其他植物种类排挤掉成为优势种，使整个水生生态系统的物种多样性大大降低，同时阻隔水体与外界的阳光、空气交换，降低水体中溶解氧，不利于生态系统的健康发展，因此必须严格注意控制其过度繁殖。

（4）浮叶植物

常见的浮叶植物有睡莲、关、菱、萍蓬、药菜、眼子菜、水菜花等。

浮叶植物指生于浅水中，叶浮于水面，根附着在底泥或者其他基质上的植物。叶漂浮水面或挺出水面，与浮游生物在光照、营养竞争中具有优势，形态优美，可用于公园水体修复。

（5）挺水植物

挺水植物是指植物的根茎生长在水的底泥之中，茎、叶挺出水面，有的种类生长在潮湿的岸边。这类植物在空气中的部分，具有路生植物的特征，生长在水中的部分具有水生植物的特征。

在水体修复工程中，挺水植物可以直接引植于沿岸地带，也可以在人工生物浮床、人工湿地中应用。在直接引植于沿岸地带时，挺水植物在光照竞争中处于优势地位，能够从底质沉积物及水体中补充营养，在水生植物群落中占据营养竞争优势，生物量大。

（二）水生植物生态修复技术原理

1.化感作用

高等水生植物对藻类的克制作用具有一定的普遍性。一方面是水生植物与藻类之间对矿质营养的竞争；另一方面，高等水生植物通过向环境释放化感物质促进或抑制藻类的生长，这种现象称为化感作用，这是植物之间相互作用的两种不同机制。

高等水生植物与藻类之间存在着明显的竞争作用，可通过向水体中释放化感物质来抑制浮游植物的生长。化感物质是高等水生植物生长过程中产生的次生代谢物质。研究表明，这是其在水体生态系统生物竞争营养、光照和空间等资源中取得优势的有效策略。高等水生植物对藻类的抑制效应受很多因素的影响，研究表明，植物对不同藻类产生的化感作用不同，并对调整浮游植物的种群演替有积极作用。

2.吸收作用

植物具有庞大的叶冠和根系，在水体或土壤中，与环境之间进行着复杂的物质交换和能量流动，在维持生态环境的平衡中起着重要作用。自然界中可以净化环境的植物有100多种，常见的水生植物有水葫芦、浮萍、芦苇、灯心草、香蒲和凤眼莲等。被植物直接吸收的污染物主要有氮、磷等植物营养物质、对水生生物有毒害作用的某些重金属和有机物等。

（1）直接吸收作用

植物从污染水体或土壤中直接吸收有机物，然后将没有毒性的代谢中间体储存在植物组织中，这是植物去除环境中的中等亲水性有机污染物的一个重要机制。第一类是被吸收后用以合成植物自身的结构组成物质；第二类则是脱毒后储存于体内或在植物体内被降解。

植物本身的吸收作用是去除氮、磷的主要机制之一。植物吸收营养维持生长和繁殖，所吸收的营养在其生长过程中基本上被保留在植株中，只有枯死才会被微生物分解，因此可以说水生植物是一个营养贮存库，收割植物可将这些营养物移出系统。

（2）促进生物降解作用

植物可以释放一些物质到污染环境中，这些物质包括酶及一些有机酸，它们为根区微生物提供了重要的营养物质，促进了根区微生物的生长和繁殖，刺激了根区微生物的活性。同时水生植物群落的存在，为微生物和微型生物提供了附着基质和栖息场所，这些生物能大大加速截留在根系周围的有机物的分解矿化。

（3）吸附、过滤作用

浮水植物发达的根系与水体接触面积很大，能够形成一道密集的过滤层，当水流经过时，不溶性胶体会被根系黏附或吸附而沉降下来，特别是将其中的有机碎屑沉降下来。与此同时，附着于根系的菌体在进入内源生长阶段后会发生凝集，部分被根系所吸附，部分凝集的菌胶团则把悬浮性的有机物和新陈代谢产物沉降下来。

3.泌氧作用

通过水面上叶子的光合作用释放的氧气经枝干输送至根部。因此，与根或茎直接接触的土壤会与其他部位的土壤不同而呈好氧状态。这些氧气用以维持根区中心及周围的好氧微生物的活动。

4.其他作用

水生植物群落的存在，为水生物多样性、优势种群的变化提供了条件。水生植物为微生物和微型动物提供了附着基质和栖息场所。一些微型动物大量捕食浮游藻类，能够有效控制藻类的群体数量。水生植物的存在减少了水中的风浪扰动，这为悬浮固体的沉淀去除创造了更好的条件，并减小了固体重新悬浮的可能性。水生维管束植物新陈代谢能大大加速截留在根系周围的有机胶体或悬浮物的分解，通过植株枝条和根系的气体传输和释放作用，增加水体中的溶解氧。

（三）水生植物生态修复技术优缺点

1.优点

（1）基建投资较小，运行管理简单，耗能少，运行费用低，对环境扰动少。（2）较高的美化环境价值，有一定的环境和社会效益。（3）对水体的富营养化物质、有机污染物、重金属污染物等具有良好的处理效果。（4）适用范围广，被社会所接受。（5）可以实现水体营养平衡，改善水体的自净能力。（6）水生植物修复可以现场进行，减少运输费用和人类直接接触污染物的机会。

2.缺点

（1）水生植物净化效果的季节性问题和持续性问题尚未得到很好的解决。（2）水生植物生长过密容易引起蚊虫滋生。（3）植物残体打捞不及时会造成二次污染。（4）修复污染水体的速度相对较慢。（5）占地面积大，受气候影响较大。

第三节　人工水草与生物栅生态修复技术

一、人工水草水体修复技术

（一）人工水草水体修复技术简介与分类

人工水草水体修复技术是生物膜水体修复技术的一种。生物膜水体修复技术是人们长期以来根据自然界中水体自净现象，农田灌溉时土壤对污染物的净化作用及有机物的腐败过程，总结并模拟而发展起来的一种污水处理技术。主要是指以天然材料或人工合成材料（塑料、纤维等）等为载体，使载体表面形成一种特殊的生物膜，供细菌絮凝生长，有利于加强对污染物的降解作用。

人工水草材质一般是碳素纤维，碳素纤维又称碳纤维，学名“聚丙烯腊基碳纤维”，由碳纤维与相关的基体树脂（如环氧树脂）制备而成，是由碳元素组成的一种特种纤维，其含碳量随种类不同而异，一般在90%以上。碳素纤维通常被用于强化树脂、陶瓷、金属等基本材料和作为辅助性材料使用。因为其具有优秀的机械性能（高强度、高弹性）和碳的特征（低密度、低热膨胀率、耐热性、化学稳定性、自身的润滑性）而被广泛应用手工业及制造业。用于水处理领域的，与工业应用碳纤维的主要区别在于：碳素纤维人工水草由碳纤维丝组合成束，纤维表面经过特殊处理，使其放置于水中时能迅速散开，纤维丝数量及表面微孔众多的特点使其在水中比表面积巨大。

根据形状不同，人工水草可以分为以下几类：

1.细绳状生态填料

细绳状生态填料在20世纪90年代诞生于日本，填料主体是由聚氯乙烯、聚丙烯和维尼纶等人工合成材料制成的环状小丝体群，以细绳为中心，其丝条呈立体状态向四周辐射的细绳状构造。细绳状生态填料在日本各地有较为广泛的应用。

2.仿生生态草

通过对现有多孔高分子材料进行改良，研制出一种新型生态水草，该材料外形为多环串联，上端有浮球，下端为固定配重物，中间为直径8cm的圆形载体，两端由一根绳连接。分别用该材料与软性填料处理富营养化水体，生态草实验组的透明度要比软性填料的高25cm左右，实验结果表明生态草效果要优于软性填料。

3.生物飘带

生物飘带处理技术是利用生物飘带这种新型填料，采用淹没式接触氧化法工艺治理河湖污水的一项新技术。利用生物飘带处理技术在水体内建设分散污水处理设施，能够达到消除水体黑臭的目的。污水中的微生物一般带负电荷，而飘带表面交联了一层正电性材料，使飘带表面呈正极性，细菌更容易附着生长，挂膜速度快。

4.阿科蔓生态基

阿科蔓生态基是一种用于生态水处理的高科技材料，于1995年推广应用于世界各地的水生态环境修复和水污染防治领域。该技术具有投资管理费用低、治理标准高、见效快、实现就地处理、大幅减少管网建设、操作简易、灵活性高、景观环境一体化建设、实现"零占地"等特点。

（二）人工水草水体修复技术原理

人工水草水体修复技术本质上是利用微生物的新陈代谢来分解污染物，将具有耐性高、柔性好、对环境无污染的材料模仿天然水体中的水草设计而成的仿生水草投放到受污染水体中时，会将原本存在于水体底泥、植物根系或悬浮于水中的本土微生物富集在生态水草表面，由于生态水草的存在，使这些微生物找到更加适宜的居住空间，从而培养起种类更丰富、数量巨大的适应于水体的微生物，通过微生物对水中营养盐、有机物的吸收分解，以降解污染物，强化水体的自净能力；随着水体水质的提升，大量水生动植物开始不断生长和繁衍，从而逐步恢复水体的良好生态系统，长期维护水质于健康的状态。

（三）人工水草水体修复技术特点

（1）人工水草具有巨大的比表面积，可附着大量的微生物，在河流或湖泊中投放人工水草，可以使污水与生物膜的接触面积增大数十倍甚至上百倍，因此人工水草对污染物的净化能力很强。（2）生物膜的挂膜速度、厚度、微生物活性及处理效率较高。（3）微生物高度富集在人工水草表面，活性微生物不易流失，污泥产量少。（4）人工水草寿命较长，无污染问题，无须反冲洗等操作。（5）效果持久，提升改善水体水质的同时，增强水生态系统的自净能力。（6）可兼容水体内部循环系统、石英砂过滤系统或者紫外线消毒系统，持续保持水体的景观效果。（7）技术实施简单，管理要求低，运行费用非常低。

二、生物栅技术

（一）生物栅技术简介

水生植被的恢复与重建是提高和改善污染水体环境质量的重要手段之一，但由于较高营养水平导致水体透明度过低，光补偿点不能正常维持光合作用，是制约水生植被重建的关键因子。在较高营养水平条件下，寻求一种较快提高水体透明度，以至提高光补偿点的技术，对水生植被的重建和改善水体景观质量有着十分重要的意义。生物栅正是基于此种目的研发的一种原位水质改善技术。生物栅是生物膜水体修复技术的一种，是对现有的多孔高分子材料进行改性、比选、优化而成的，生物栅多孔材料具有很大的比表面积，在有限的空间内富集巨大的生物量，有助于构建多层次净水系统，利用植物、微生物、水生动物等生态要素的协同作用来实现生态修复功能，对固体物质、胶体物质及NH_3—N等有一定的沉降、拦截和吸附作用，适合富营养水质的改善。

（二）生物栅技术原理

生物栅技术是利用植物、微生物、水生动物和底栖动物等生态要素的协同作用来实现生态修复功能，在有限的空间内富集巨大的生物量，以达到快速、高效的处理效果。生物栅系统具有巨大的由植物根系和组合填料形成的表面积，对固体物质、胶体物质及NH_3—N等有一定的沉降、拦截和吸附作用。

生物栅是一种绳状人工生物载体，直接固定在河底支架上。一般由竹筏、填料支架、填料组成。填料与填料支架漂浮在水面，净化水体上层水，在水力动能等作用下，生物栅周围易产生湍流有利于垂直交换，增加水体含氧量。这种绳状生物载体填料上栖息的微小生物，由于其固着生长而不容易被大型水生动物和鱼类吞食，使单位体积水体的有益生物数量呈几何级数增长，为参与污染物净化的微生物、原生动物、小型浮游动物等提供附着生长条件和免受大型水生动物过度捕食，增加单位体积水体中固着生长的微生物和原生动物的数量，强化了对河道的水质净化作用，增强了河道的自净能力。生物栅系统对水体中污染物的净化过程是多种物理、化学和生物作用综合的结果，其中填料对水体中颗粒态污染物具有良好的截留、过滤、吸附、沉淀净化作用，填料和植物根系上生长的大量微生物（生物膜）是污染物分解、转化的功能主体，它们与动、植物共同形成复杂食物链（网）对水体中污染物质具有快速、高效的净化效果。

（三）生物栅技术特点

（1）生物栅是一种可以应用于富营养化水体水质改善的原位净化技术，不需要任何动力和能源，具有较好的生态安全性；（2）可以明显抑制水体中藻类的生长，遏制或者消除水华，从而迅速提高水体的透明度，改善水体景观质量；（3）该技术可以在不降低水体营养水平的情况下，在较短的时间内显著提高富营养水体透明度，为富营养水体水生植被恢复与重建营造一个适宜的理想环境。

第四节　水生动物与微生物生态修复技术

一、水生动物修复技术

（一）水生动物修复技术简介与分类

水生动物修复技术是当水体发生污染时，浮游植物大量生长，应用生物操纵技术，通过改善水生生物种类、组成和密度来调节水体生态的过程。

生物操纵技术就是用调整生物群落结构的方法改善水质，主要原理是调整鱼群结构，保护大型牧食性浮游动物，从而控制藻类过量生长。通过捕捞鱼类等水生生物把氮、磷等营养物质转移出湖（库）。鱼群结构调整的方法是在湖泊中投放、发展某些鱼种，而抑制或消除另外一些鱼种，使整个食物网适合于浮游动物或鱼类自身对藻类的牧食和消耗，从而改善湖泊环境质量。这种方法不是用直接减少营养盐负荷的办法改善水质，而是采用减少藻类生物量的途径达到减少营养盐负荷的效果，效果可持续多年。生物操纵比较适用于小而浅的、相对封闭的湖泊系统，由于在浅水湖泊生物分布垂直空间差异较小，因而生物调控在一定时间内对某些浮游植物控制的效果较好。

对应于传统的营养盐削减技术，生物操纵是管理生物组成，通过管理湖泊内较高层次的消费者生物而控制藻类，实现水质管理目标。主要采用捕获、毒杀鱼类以增加浮游动物和直接投放肉食性鱼类来控制浮游动物食性鱼类，进而促进大型浮游动物发展，借以控制水华发生。

1.浮游动物

浮游动物主要包括原生动物、轮虫、枝角类等。浮游动物是水生食物网中的重要一环，在水生生态系统结构与功能、能量传递和物质转换方面具有重要意义。浮游动物既能以浮游植物、细菌、碎屑等为食，同时又是鱼类和其他水生动物的食物，在水域生态系统中起着极其重要的作用。此外，浮游动物还可通过排泄和分泌作用，参与水生态系统中有机质的分解和循环，一些浮游动物对污染物极为敏感，且有积累和转移作用，从而使它们在生态毒理和水环境保护等研究方面占据重要地位，利用浮游动物群落能确切反映水体的质量，目前应用浮游动物群落结构和生物量变化及优势种分布情况特征的变化监测和评价河流污染程度和自净作用，在国内外应用较为广泛。

2.底栖动物

底栖动物是按栖息地点所标明的一个综合性的动物类群。它们是指生活史的全部或大部分时间生活于水底的水生动物类群，是水生生态系统的重要组成部分，其种类繁多，个体大小不一。从分类学观点来看，一般将不能通过40目孔径筛网的个体称为大型底栖动物或大型底栖无脊椎动物，主要由环节动物（水栖寡毛类）、软体动物（螺类、蚌类）、线形动物（线虫）、扁形动物（涡虫）、节肢动物（甲壳纲、昆虫纲等）组成。在大部分水体中，大型底栖动物的种类、数量及生物量在底栖动物中超过90%，因此，底栖动物生态学研究对象多以大型底栖动物为主。

3.鱼类

淡水鱼类食物范围极广，不同食性的鱼类在淡水生态系统的营养结构中占据不同的位置。淡水生态系统中，植食性鱼类有中华螃蟹，以碎屑、浮游植物为食；草鱼以水生高等植物为食。杂食性鱼类有麦穗鱼、棒花鱼，以浮游植物、浮游动物、水生昆虫幼虫为食；泥鳅以浮游植物、浮游动物、水生昆虫幼虫、碎屑为食；鲫鱼以水生高等植物、浮游植物、浮游动物、水生昆虫幼虫、碎屑为食；鲤鱼以水生高等植物、浮游藻类、底栖动物中的寡毛类、蚌类、螺类、虾类为食。

（二）水生动物修复技术原理

1.污染物通过水生动物细胞膜的方式

污染物通过水生动物细胞膜的方式有两大类：被动运输和特殊转运。被动运输又包括简单扩散和过滤；特殊转运又可分为载体运输、主动运输、吞噬和胞饮作用。可见，这些方式与植物有类似之处，体现了生物膜结构与功能的高度统一。某些固态物质与细胞膜上某种蛋白质有特殊亲和力，当其与细胞膜接触后，可改变这部分膜的表面张力，引起细胞膜外包或内凹，将固态物质包围进入细胞，这种方式称为吞噬作用；如吞食细胞外液的微滴和胶体物质也可通过这种方式进入细胞，则称为胞饮作用。

2.水生动物体对污染物质的吸收

水生动物对污染物的吸收一般是通过呼吸道、消化道、皮肤等途径。

（1）经呼吸道吸收

水体中的污染物进入水生动物呼吸道后顺气管进入肺部，其中直径小于5nm的悬浮颗粒能穿过肺泡被吞噬细胞所吞食；部分毒物能在肺部长期停留，会使肺部致敏纤维化或癌；部分毒物运至支气管时刺激气管产生反应性咳嗽而吐出或被咽入消化道。鱼类吸收水体污染物首先通过鱼鳃过滤，然后进入呼吸系统，并将污染物质带入肺部，鱼鳃也是吸收污染物的重要途径。

（2）经消化道吸收

消化道是水生动物吸收污染物的主要途径，肠道黏膜是吸收污染物的主要部位之一。整个消化道对污染物都有吸收能力，但主要吸收部位是在胃和小肠，一般情况下主要由小肠吸收，因小肠黏膜上有微绒毛，可增加吸收面积约600倍。肠道吸收量因污染物化学形态不同而有很大差异。

（3）经皮肤及其他途径吸收

皮肤是水生动物体对污染物吸收的一道重要的防卫体系，它由表皮和真皮构成。表皮又分为角质层、透明层、颗粒层和生发层；真皮是表皮下一层致密的结缔组织，又分为乳头层和网状层。经皮肤吸收一般有两个阶段：第一阶段是污染物以扩散的方式通过表层，表皮的角质层是最重要的屏障；第二阶段是污染物以扩散的方式通过真皮。

3.利用食物链来净化水体

底栖生物修复的原理在于食物链效应，即维持水体中食鱼性鱼类、食浮游性鱼类、浮游生物之间的食物链平衡，通过放养食鱼性鱼类来减少食浮游性鱼类的数量，从而保护了摄食藻类的浮游生物的数量并最终达到改善水质的目的。水生动物可有效地减少水体中的悬浮物，提高透明度，延长生态系统的食物链，提高生物净化效果。

在重富营养型湖泊内无软体动物，底栖软体动物的生物量均以寡毛类或摇蚊幼虫组成。通过增加螺蛳、河蚌放养量，能够补充底栖软体动物资源数量，增加系统稳定性，促进物质循环，达到净化水质的目的。

（三）水生动物修复技术优缺点

1.优点

（1）水生动物修复技术具有低成本、对生态系统影响较小的特点。（2）水生动物修复技术可最大限度地降低污染物浓度，基本不产生副作用和二次污染。（3）水生动物修复技术可应用于其他技术难使用的场所，可同时修复受损底质和水体。（4）水生动物中底栖动物有较强的过滤能力、耐污能力、富集能力和分解能力，能有效吸收和转化重金属、氮、磷及其他水体污染物。（5）底栖动物和鱼类虽然在冬季生长缓慢，但是仍然具有一定的水体净化能力。（6）底栖动物和杂食性鱼类从水体中大量摄取营养物质、积累污染物，可以与其他多种净化措施加以组合形成高效净化系统，有效降低水中有毒物质和营养元素的含量。

2.缺点

水生动物修复技术的修复速度较慢。

二、微生物修复技术

（一）微生物修复技术简介与分类

微生物修复技术是生物修复技术的一种，微生物降解有机物的巨大潜力，是生物修复的基础。微生物修复是自然界中微生物对污染物的生物代谢作用。大多数环境中都存在着天然微生物降解净化有毒有害有机污染物的过程，只是由于环境条件的限制，使得微生物自然净化速度很慢，因此微生物修复一般指的是在人为促进条件下的微生物修复。

按照修复场地技术分类，可以分为原位生物修复和异位生物修复两类：

原位生物修复是指对受污染的水体不做搬迁而在原来的污染场地进行生物修复，修复过程主要依赖于污染场所微生物的自然降解能力或人为创造的合适的降解条件。

异位生物修复则是将被污染的介质进行转移，处理完毕后再返送回原地的方法。这种方法增加了对被污染介质的采掘与运送工程费用，目前异位生物修复主要有旁路生物反应器处理、厌氧处理等方法。

按照微生物来源分类，可以分为以下三类：

用于黑臭水体治理的微生物修复主要有三类：一是向污染河道水体投加微生物促生剂（营养物质），促进"土著"微生物的生长；二是直接向污染河道水体投加经过培养筛选的一种或多种微生物菌种；三是直接向水体中投加微生物促进剂。

目前，在大多数生物修复工程中实际应用的都是土著微生物，其原因一方面是由于土著微生物降解污染物的潜力巨大，另一方面也是因为接种的微生物在环境中难以保持较高的活性及工程菌的应用受到较严格的限制。引进外来微生物和工程菌时必须注意这些微生物对该地土著微生物的影响。

投加微生物促生剂。土著微生物在与环境长期共存的过程中逐步形成了与环境相适应的微生物区系或群落，并能利用污染物作为底物进行分解代谢，但在毒性物质、环境缺氧、营养缺乏特别是微量营养缺乏等恶劣环境下，往往处于被抑制状态，使得微生物自然净化速度很慢。因此微生物修复一般指的是在人为促进条件下的微生物修复，通过解毒、促生和微生物整合技术，通过提供氧气、添加氮磷营养盐、接种经过驯化培养的高效微生物等来强化。

这一过程，扩增土著微生物，将土著微生物和解毒剂、促生剂、共代谢底物一起，投放到环境中，进行底泥生物氧化和水体生物修复，使污染环境中的土著微生物大量繁殖的同时，对残存的有机污染物质进行降解，逐步改善污染环境，环境中的溶解氧也渐渐升高，有助于好氧微生物区系的建立，竞争性地抑制了只能在污染环境中生存的微生物，加快污染物质的降解速度，迅速去除污染物质，缩短降解时间。

投加微生物。微生物投放技术，已广泛应用于水产养殖、农业等领域。向水体中添加一定量的微生物制剂，增加水体中微生物浓度，从而加速水体中污染物降解，增强水体的自净功能。在我国城市水环境治理中，应用的微生物制剂主要包括美国的Clear-Flo系列菌剂、LLMO生物活性液（Liquid live microorganisms），日本的有效微生物菌群（Effective microorganism，EM）、中国的光合细菌（Photo，synthesis bacteria，PSB）、硝化细菌等，并取得了一定的治理效果。

投加微生物促进剂。在许多受污染的水体中存在着大量具有净化能力的土著微生物，但是因为生存环境太恶劣，生物活性受到抑制，无法发挥它们的作用。生物促生法通过向受污染的水体投放生物激活剂，促进土著微生物的生长，加速污染物的降解。促生剂富含微生物所必需的细胞分裂素、维生素和微量元素，能促进废水处理系统中微生物的新陈代谢，促使微生物在较差环境中快速大量地生长，形成良好的菌胶团，从而提高微生物降解有机污染物的效率，改善废水处理效果。同时，微生物促生剂还能增加微生物物种多样性，通过延长食物链和提高食物链的循环效率，使多种微生物更有效地协同发挥作用，从而提高对污染物的降解能力和系统的抗冲击能力。

按照微生物存在方式，可以分为以下两种技术。①固定化微生物技术。固定化微生物技术是指用物理或化学方法将游离微生物细胞、动植物细胞、细胞器或酶限制或定位在某一特定空间范围内，保留其固有的催化活性，并能被重复和连续使用的技术。②生物膜技术。生物膜技术是指使微生物群体附着于某些载体的表面上呈膜状，通过与污水接触，生物膜上的微生物摄取污水中的有机物作为营养吸收并加以同化，从而使污水得到净化。

（二）微生物修复技术原理

1.多菌群协同代谢作用

微生物作为生态系统中的主要分解者，它们能够分解转化水体环境中各种污染物，其实质就是污染物无害化过程。微生物菌群中既有分解性细菌，又有合成性细菌，既有厌氧性菌、兼性菌，又有好氧菌。作为多种细菌共生的一种生物体，激活后的微生物通过驯化在污水中迅速繁殖，能快速分解污水中的有机物，同时依靠相互间共生增殖及协同作用，代谢出抗氧化物质，生成稳定而复杂的生态系统，并抑制有害微生物的生长繁殖，抑制含硫、氮等恶臭物质产生的臭味，激活水中具有净化功能的原生动物、微生物及水生植物，通过这些生物的综合效应来达到净化水体的目的。

2.优势种群作用

在微生物与环境构成的生态系统内，微生物之间具有复杂的微生物生态结构，对水体的质量起着决定性的作用，而在微生物生态结构中，微生物菌群的优势菌种会对整个菌群起着决定作用。一旦水体受到外来污染，大量的污染物质进入水体，微生物生态受到干扰，由于大量有机污染物消耗水中溶解氧使水体处于缺氧或厌氧状态，原有的微生物生态就会失去平衡，优势种群发生更替，而有效微生物能快速分解水中的污染物质，提高溶解氧，促进有益微生物的生长繁殖，抑制腐败、有害微生物的生长，从而恢复原来的优势种群。

3.生物拮抗作用

有益微生物产生的有机酸，如乳酸、乙酸、丙酸等可以降低反应器内的pH，不利于有害微生物的生长繁殖；产生的强氧化物质，对潜在的干扰微生物有杀灭作用，能防止产生有害物质，能合成多种酶类，可以降解水中的碳水化合物。

4.水体污染程度及恢复状况的指示作用

随着水体及底泥中的有机物的分解转化，系统中微生物种类、数量及种群结构也会呈现有规律的变化。生态系统中微生物类群增加并向良性生态区系演替，自养型微生物指数上升，种群结构变化为适合于厌氧环境下生长的反硫化细菌数量减少，与有机污染呈正相关的异养细菌总数及与粪便污染呈正相关的大肠菌群数下降，只能在水体溶解氧较高的条件下才能生长的硝化细菌数量增加。

5.不同微生物种类的修复原理

适合于河流净化的微生物主要有硝化菌、光合细菌，以及一些放线菌类、乳酸菌类、酵母菌类等。其中既有分解性细菌，又有合成性细菌；既有厌氧菌、兼性菌，又有好氧菌。

光合细菌能将水体中的磷吸收转化、氮分解释放、有机物迅速转化为可被水生生物吸收的营养物。光合细菌中紫色非硫细菌不仅能够利用光能进行高产的能量代谢，在厌氧光照的条件下也能以低分子有机物及二氧化碳等作为光合作用的电子供体进行光能异养生长，而且能在微好氧黑暗条件下，以有机物为呼吸基质进行好气异养生长。光合细菌群在本身生长过程中能产生大量VC和VE和各种氨基酸和刺激素，促进动植物生长，提高抵抗力。另外，光合细菌还能分解利用亚硝胺及其衍生物，消耗污染水体中的"三致"污染物质。

放线菌中的大多数菌种，具有较强的分解复杂含氮和不含氮有机物的能力，对自然界物质转化和土壤改良起着重要作用。

高效的基因工程菌也可以显著提高污染物的降解效率，它为解决生物修复周期长等问题提供了崭新的道路。

乳酸菌属于多种杆菌，在有氧条件下能够获得能量合成细胞物质，在厌氧状态发酵乳糖，产生乳酸而形成酸性环境，可有效地抑制腐败微生物的繁殖，促进有益微生物的生长，改善环境中的微生物群落。

高效复合微生物菌群（EM），由酵母菌、放线菌、乳酸菌、光合菌等多种有益微生物经特殊方法培养而成。作为多种细菌共存的一种状态，各微生物在其生长过程中产生有用物质及其分泌物形成相互生长的基质和原料，并通过相互共生、增殖关系即可形成一个组成复杂、结构稳定、功能广泛的具有多种多样细菌的微生物群落，通过这些生物的综合效应达到净化水体的目的。

（三）微生物修复技术优缺点

1.优点

（1）就地处理，操作简便，对周围环境影响较小。（2）修复时间较短，修复经费较传统方法少。（3）不产生二次污染，遗留问题少。

2.缺点

（1）微生物修复易受环境条件变化的影响，pH、温度及其他环境因素等都将影响着微生物修复的进程，并非所有进入环境的污染物都能被微生物利用。（2）污染物的低生物有效性、难利用性及难降解性等常常使得微生物修复不能进行，特定的微生物只能吸收、利用、降解、转化特定类型的化学物质。（3）需要对污染环境进行详细和周密的调查研究，前期工作时间较长，花费高。

结束语

　　市政工程主要分为两类，一类是社会性基础设施设备，另一类是生产性基础设施设备，其在城市的发展中占据着尤为重要的地位，可以说城市在发展的过程中如果没有市政工程的建设，城市根本就不可能发展起来，甚至是生存不下去，而市民的日常生活都离不开任何一类市政工程。市政建设要时刻牢记以人为本，要以保障居民的生命财产安全为目标要求，要以提高全体工作人员的素质及其质量意识为前提紧抓工程质量。相关部门和单位要采取相应的改进措施,不断完善城市功能，从而提升市民的生活水平。

参考文献

[1]中国市政工程协会.中国市政工程海绵城市建设实用技术手册[M].北京：中国建材工业出版社，2017.

[2]刘春玲.青岛近代市政建设研究[M].长春：东北师范大学出版社，2017.

[3]宋太全，程飞.市政基础设施建设管理与给水工程[M].北京：团结出版社，2017.

[4]陈春光.城市给水排水工程[M].成都：西南交通大学出版社，2017.

[5]伍培，李仕友.建筑给排水与消防工程[M].武汉：华中科技大学出版社，2017.

[6]赵金辉.给排水科学与工程实验技术[M].南京：东南大学出版社，2017.

[7]杨顺生，黄芸.城市给水排水新技术与市政工程生态核算[M].成都：西南交通大学出版社，2017.

[8]张建锋.给排水科学与工程专业水环境实验教程[M].西安：西安交通大学出版社，2017.

[9]杜贵成.给排水·采暖·燃气工程计价应用与实例[M].北京：金盾出版社，2017.

[10]梁纪生，陆继斌，王建勇.市政道路技术和城市建设[M].长春：吉林大学出版社，2018.

[11]张国栋.建设工程造价岗位培训训练题库市政工程[M].北京：中国建筑工业出版社，2018.

[12]解振坤.住房和城乡建设领域关键岗位技术人员培训教材·市政工程施工技术[M].北京：中国林业出版社，2018.

[13]董建威，司马卫平，禇志彬.建筑给水排水工程[M].北京：北京工业大学出版社，2018.

[14]王霞，李桂柱.建筑给水排水工程[M].西安：西安交通大学出版社，2018.

[15]吴德荣.石油化工给水排水工程设计[M].上海：华东理工大学出版社，2018.

[16]浙江省建设工程造价管理总站.浙江省市政工程预算定额·排水工程[M].北

京：中国计划出版社，2018.

[17]李海林，李清.市政工程与基础工程建设研究[M].哈尔滨：哈尔滨工程大学出版社，2019.

[18]李春燕.市政基础设施建设与环境保护研究[M].延吉：延边大学出版社，2019.

[19]梁政.铁路（高铁）及城市轨道交通给排水工程设计[M].成都：西南交通大学出版社，2019.

[20]饶鑫，赵云.市政给排水管道工程[M].上海：上海交通大学出版社，2019.

[21]房平，邵瑞华，孔祥刚.建筑给排水工程[M].成都：电子科技大学出版社，2020.

[22]孙明，王建华，黄静.建筑给排水工程技术[M].长春：吉林科学技术出版社，2020.

[23]许彦，王宏伟，朱红莲.市政规划与给排水工程[M].长春：吉林科学技术出版社，2020.

[24]张胜峰.建筑给排水工程施工[M].北京：中国水利水电出版社，2020.08.

[25]李月俊，王志强，种道坦.建筑工程与给水排水工程[M].长春：吉林科学技术出版社，2020.

[26]张伟.给排水管道工程设计与施工[M].郑州：黄河水利出版社，2020.

[27]李亚峰，王洪明，杨辉.给排水科学与工程概论（第3版）[M].北京：机械工业出版社，2020.

[28]梅胜，周鸿，何芳.建筑给排水及消防工程系统[M].北京：机械工业出版社，2020.

[29]王庆利，查文.南水北调中线渠道工程降排水优化研究[M].郑州：黄河水利出版社，2020.

[30]蔡奉祥，肖潜.投资建设项目标准化管理指引：市政公用工程[M].北京：人民交通出版社，2021.

[31]姚智文，刘云龙.BIM技术在市政基础设施建设中的应用[M].青岛：中国海洋大学出版社，2021.

[32]李永琴.住房和城乡建设部土建类学科专业"十三五"规划教材市政工程安全实训[M].北京：中国建筑工业出版社，2021.